铭记光辉历史　传承红色基因

宝塔山高

王东仓◎著

中国方正出版社

《信念与作风丛书》
编写委员会

总序

FOREWORD

■ 叶笃初

《中国共产党章程》总纲规定：中国共产党是中国工人阶级的先锋队，同时是中国人民和中华民族的先锋队，是中国特色社会主义事业的领导核心；党的最高理想和最终目标是实现共产主义。

总纲的这项根本性规定是我们党作为马克思主义政党赖以生存和发展的思想基础和政治灵魂，是我们党团结和凝聚亿万人民、始终赢得人民群众拥护的根本政治立场和政治旗帜，是我们党保持先进性和纯洁性，始终站在时代最前列的根本保证。

在近一百年来的时光里，我们党率领着千万计的广大党员，坚定不移地在这项根本性规定指引下，历尽艰辛和困苦，几经曲折，前仆后继，从而赢得了最后的胜利，建立起一个在党领导下的民族独立的社会主义新中国。近几十年来，我们党始终坚守着这项规定，迎着风浪，不惧艰难，把中国特色社会主义事业推向了一个又一个新的高潮。

2016 年 7 月 1 日，在庆祝中国共产党成立 95 周年大会上习近平总书记告诫全党："理想信念动摇是最危险的动摇，理想信念滑坡是最危险的滑坡。一个政党的衰落，往往从理想信念的丧失或缺失开始。我们党是否坚强有力，既要看全党在理想信念上是否坚定不移，更要看每一位党员在理想信念上是否坚定不移。"

放眼党的近百年历程，从石库门到天安门、从兴业路到复兴路，一个开初只有50多名党员的政党，如今已发展成为拥有9000多万名党员的世界第一大政党。这件看似不可能的事情背后，的确隐藏着多重可知的密码，其中之一即是党的"理想信念坚定不移"。不管党的事业发展到什么程度、什么阶段，要想保证党的事业经久不衰，坚定理想信念是一个永恒的课题。

党的作风是党的理想信念的具体体现。信念体现在党员的意识层面，作风则体现在党员的行为层面，包括日常言谈举止等。党的作风是党组织和党员个人在工作中表现出来的态度和行为。习近平总书记在指导兰考县委常委班子专题民主生活会时生动地指出两者之间的关系："信念是本，作风是形，本正而形聚，本不正则形必散。"这就是说，作风是党性和世界观的反映，是理想信念的重要表现形式。

党在不同时期形成的种种具体的革命精神，不断地充实并完善着党的精神谱系，是党的信念与作风最直观展现。根据我们党革命根据地斗争史进行创作的纪实文学作品《信念与作风丛书》，就是以史实阐释党的精神谱系的一个大胆尝试。本丛书讲述了自1927年党在武汉召开的八七会议至1949年毛泽东率领党的中央机关"进京赶考"，前后共计二十二年的新民主主义革命血与火的奋斗史。在这段奋斗历程中，党逐步觉醒、日渐成熟，将马列主义基本原理与中国实际相结合，开辟出一条“农村包围城市、武装夺取政权”的中国革命道路；面对国民党军队的重重“围剿”、万里长征的生死考验、日本帝国主义的铁蹄践踏、力量数倍于己的战略决战，党的经历可谓“雄关漫道真如铁，而今迈步从头越”。在无数流血流汗的奋斗史实中，让人们能够更直观深刻地了解和认识革命领袖、共产党员、革命军人是如何利用信念与作风这两大利器实现革命“涅槃”的。

本丛书四卷，即《浴火摇篮》《星火燎原》《宝塔山高》《开国兴邦》，分别以生动的笔触诠释了井冈山精神、苏区精神、延安精神和西柏坡精神的内涵，描绘出我们党坚定理想信念、锤炼优良作风的壮美史诗。

井冈山精神是中国革命精神之源。《浴火摇篮》通过党在井冈山的斗争历史生动诠释了跨越时空的井冈山精神。国民大革命失败，共产党人“坚定执着追理想”，拿起武器继续战斗；以毛泽东同志为主要代表的中国共产党人“实事求是闯新路”，开辟出一条“农村包围城市、武装夺取政权”的革命道路；“艰苦奋斗攻难关、依靠群众求胜利”，依靠工农、发动群众，解决广大农民的土地问题，掀起了中国历史上亘古未有的土地革命风暴。

苏区精神是苏区广大红军指战员和人民群众进行革命斗争的强大精神力量。《星火燎原》着墨于党在土地革命时期的根据地建设史，生动诠释了仍然绽放着时代光芒的苏区精神。面对国家的痛楚苦难和反动派的冰冷屠刀，中国共产党人凭着如磐的信念、滚烫的热血、不屈的脊梁，坚信自己的选择，践行自己的承诺，为主义而牺牲，虽九死犹不悔。“苏区干部好作风，自带干粮去办公”，正是苏区的共产党人艰苦奋斗、廉洁自律、密切联系群众优良作风的真实写照。

延安时期是党的事业空前发展的时期。《宝塔山高》带我们重温那段难忘的延安岁月。在延安，中国共产党人在革命斗争实践和学习马列主义理论过程中，不断锤炼意志，不断匡正作风，不断升华党性，在激情燃烧的岁月里一点一滴成就革命理想，在革命大熔炉里一锤一锤铸就为民之魂。中国共产党带领人民群众自力更生、艰苦奋斗，在中国近代历史的重重阴霾中，开拓出一片民主、自由、进步、幸福的新天地。

共和国从这里走来。《开国兴邦》记录了中国共产党人在西柏坡这个小山村改变中国历史命运的700多个日日夜夜。从全国土地会议的打谷场，到七届二中全会的大伙房；从领袖们住的土坯房、穿的补丁衣，到人民群众浩浩荡荡的支前独轮车，无不诉说着革命斗争的坚定与艰辛。在这里，中国共产党人在“世界上最小的指挥部”里创造出人类战争史上的奇迹；在这里，发出“决不当李自成”的豪迈誓言，信心满怀地走出乡村，走进城市，走向全中国。

无数历史事实说明，共产党人的理想信念和优良作风是在历史长河中铸就锤炼出来的。凡若过往，皆为序章，本丛书为我们展示了党的来时之路，又告诉我们面对未来的路应如何秉持先烈们的脚步走下去，也就是说，新时代党员干部应持久地更好地继承和发扬党的优良传统。

事业发展永无止境，我们面临的任务依然艰巨复杂、肩负的历史使命光荣而艰巨。无论面临什么样的风险挑战，中国共产党人的初心永远不能改变、追求梦想的步伐永远不会停歇。如今的我们以及后来的世世代代都应把党的优良传统铭记于心并践行不止。这乃是在中国共产党诞生一百周年即将到来之际，所有党员的誓言和决心。

是为序。

前言

PREFACE

延安，一个神圣的名字。

延安，一个让多少人魂牵梦绕的地方。

延安时期，是中国共产党人开创新民主主义事业、开展民族独立人民解放斗争并取得胜利的重要时期，是党的事业空前发展的时期，也是党的思想、组织、作风建设成就最为突出的时期之一。

就在延安时期，就在革命圣地，中国共产党带领人民群众，通过自力更生、艰苦奋斗，在中国近代历史长河的重重阴霾中，开拓出一片民主、自由、进步、幸福的新天地，让国人把寄托希望的眼神投向了延安。

就在延安时期，就在革命圣地，中国共产党人本着实事求是的精神，在革命斗争实践和学习马列主义理论的过程中，不断锤炼自己的意志，不断匡正自己的作风，不断升华自己的党性，在激情燃烧的岁月里一点一滴成就革命梦想，在革命大熔炉里一锤一锤铸就为民之魂。

70多年过去了，时间说长不短，或许刚好到了记忆或是淡忘的临界点。

诗人曾经惊喜的声音，或许能够唤起万千回忆：“千声万声呼唤你，母亲延安就在这里!”

是的，延安就在这里，延安还在这里，延安永远会在这里。

只是，当宝塔山永远屹立山巅，当延河水不改旧颜时，行色匆匆的人们，又该如何延续昨日的梦想?

重铸灵魂!

看!一队队精英从四面八方来到了延安，他们提着小马扎，戴着小耳麦，他们攀登宝山，他们探访旧窑洞，他们致敬张思德，他们重温“老三篇”。这一切，都是为了继承光荣的传统，都是为了洗涤灵魂的尘垢。

听!一群群青年人、中年人、老年人，他们在今日的延水之滨，唱起了昨日的抗大校歌:

黄河之滨，
集合着一群中华民族优秀的子孙。
人类解放，救国的责任，
全靠我们自己来担承。
同学们，努力学习，
团结、紧张、严肃、活泼，
我们的作风，
同学们，积极工作，
艰苦奋斗，英勇牺牲，
我们的传统。
像黄河之水，汹涌澎湃，
把日寇驱逐于国土之东，
向着新社会前进，前进，
我们是抗日者的先锋!

昨日的抗日先锋应该欣慰，今天的这一群，将要做民族复兴的急先锋！

努力前行，就需要充足的营养。民族复兴的先锋，更需要中国革命历史这支营养剂。

重温历史，总能给人心中增添许多正能量。

来吧，让我们一起重温这段难忘的延安岁月！

目录
CONTENTS

第一章　宣　　言

第二章　砥　　柱

第三章　信　　念

第四章　作　　风

第五章　公　　仆

第六章　宗　　旨

第七章　鱼　　水

第一章 宣言

长驱 2 万余里，纵横 11 个省，英雄的红军，硬是用自己的脚板，为地球系上了一条耀眼的红飘带。

长征是宣传队，所过之处，他宣传了真理，擦亮了群众的眼睛，他向 4 万万人民宣布：只有红军的道路，才是解放他们的道路。

长征是播种机，他在大半个中国撒播了革命的种子，这些种子在人民群众的心中发芽、长叶、开花、结果，硕果累累必将属于明天。

长征是宣言书，他以大地为纸，蘸血为墨，庄严地向全世界宣告，红军是英雄好汉，他们的钢铁意志让一切反动势力为之胆寒。

长征，他的终点就在延安，辉煌的 13 年，就在眼前。

一、一路征程血与火

“一送（里格）红军，（介支个）下了山/秋风（里格）细雨，（介支个）缠绵绵/山上（里格）野鹿，声声哀号叫/树树（里格）梧桐，叶呀叶落光/问一声亲人，红军啊/几时（里格）人马，（介支个）再回山……”绵绵秋雨如愁思，声声鹿鸣挽征人。可是，纵有千般的留恋与万般的不舍，也敌不过眼前的无奈，当红军的哥哥必须走了。因为，中央苏区的兴国、宁都、石城等相继失陷，“几十个县大的苏区，如今只剩下几乎一根梭镖就可以穿透的土地了！”于是，中央红军第一、三、五、八、九军团共计8.6万多人的队伍，在阴云低沉、风雨飘摇的日子里，和着急促的口令声、压抑的军号声、零乱的马蹄声和沉重的脚步声出发了；有许多人，连煮好的鸡蛋都没来得及吃就走了；一户人家有10个儿子，其中8个都跟着红军一起走了。他们一步三回头地离开了这块日后让他们魂牵梦绕的热土，心里满载的除了难分难舍，还有一丝丝的疑惑：谁能告诉我，哪里是下一个落脚点？

依依不舍地走出苏区后，红军走上了风雨长征路。前路漫漫，后顾堪忧，部队缺衣少食，常被围追堵截。面对吉凶未卜的征途，面对残暴强势的顽敌，红军靠什么英勇前行？血战湘江、强渡乌江、飞夺泸定桥、爬雪山、过草地、食草根、裹畜皮、战风霜、斗严寒，红军硬是用两只铁脚板，踏过了两万五千里。他们没有任何物质条件可依赖，支持其前行的强大动力就是坚定的理想信念与大无畏的献身精神。长征，漫漫征途两万里，一路征战一路血。长征路上的每一位坚强战士，真可谓时刻都面临着血与火、生与死的考验。然而，面对凶残的敌人，英勇的红军视死如归，用落后的装备展开殊死搏斗，通过一场场空前惨烈的血战，铺平了前行的道路，譬如血战湘江、喋血娄山关……

1934 年 10 月，中央红军离开江西开始长征，连续突破三道封锁线后，大队人马来到广西境内兴安和全州之间的湘江岸边。江水碧绿如玉，平静如镜，并不因这杂沓而至的异乡客而兴奋地泛起更多的涟漪。时令虽已入秋，湘江两岸密集的灌木仍郁郁葱葱，再配以远处点缀在山间的农家田舍，俨然一幅怡人的田园风光。只是，美景尚须良辰伴，愁云能遮艳阳天，疲惫不堪的红军将士根本无心欣赏这里的风景，他们拖着灌了铅一般的双腿匆匆赶路，心里只想着尽快跳出敌人的包围圈，找到一个可以休整的地方。

就在此时，蒋介石调集了约 26 个师 30 万人，在红军前后左右布置了五路追兵，形成了一个大包围圈。国民党的飞机在红军头顶不停地盘旋，撒下的传单上得意之情溢于言表："共匪，我们奉总司令的命令等你们已经很久了。来！来！来！来进入我们部署好的天罗地网。"与之相对，红军军委纵队在红一、三、五、八、九军团的护卫下，如同两个轿夫抬着轿子负重前行，他们带着坛坛罐罐和笨重家什蜗行于崎岖山道上，本可一昼夜走完的路，走了两天多。11 月 26 日，走了 8 公里；27 日，只走了 6 公里；28 日，走了 28 公里；29 日，走了 32 公里。足足 4 天，红军才走到湘江岸边，径直钻进了蒋介石精心布置的口袋里，一场血战在所难免。

11 月 28 日，正当红军渡江时，敌人四面合围，蜂拥而至的湘军和桂军发动了疯狂的进攻。两岸红军迅速占领山头，他们为了掩护党中央安全过江，与数倍于己的敌人展开殊死搏斗，战士们的鲜血染红了身下的山石以及它们动人的名字：美女梳头岭、怀中抱子岭、尖峰岭、黄帝岭、米花山……红军阵地上，简单构筑的工事无法遮挡敌方漫天冰雹一样的炮弹和重磅炸弹，更多的战士则根本来不及修筑工事，他们手持枪械，用血肉之躯抵挡敌人飞机和重炮的狂轰滥炸，血肉横飞的场面一次又一次印证了战斗的惨烈。可是，战斗不止，硝烟不停，“保卫中央纵队安全过江”的口号也从不停歇，日夜回响在山川间。

敌军的炮火越来越密集，草木葱茏的小山头笼罩在一片火海之中，茅草在燃烧，树木在燃烧，工事在燃烧，双方士兵的尸体在燃烧……至 12 月 1 日，战斗达到白热化，敌人拼尽全力发动全线进攻，意图全歼我军于半渡，夺回渡口。激战数日，敌我双方都消耗极大，在这命悬一线的关键时刻，狭路相逢勇者胜，战斗已经变成意志的较量。面对潮水一般的敌人，红军将士硬是用刺刀、手榴弹甚至石头打垮了敌军整连、整营的一次又一次进攻，牢牢地守住渡口直至中央纵队安全过江。据杨成武后来回忆：“敌人像风暴摧折的高粱秆似的纷纷倒地，但是打退了一批，一批又冲上来，再打退一批，又一批冲上来。从远距离射击，到近距离射击，从射击到拼刺，烟尘滚滚，刀光闪闪，一片喊杀之声撼山动地。”

红军将士的鲜血染红了山石，染红了草木，染红了湘江。宽阔的湘江江面上，中央苏区发行的钱币、中央各部门的文件、宣传品、书籍随着水流漂浮、打转；在水深流急处，不慎落水的牲口们拼命地用蹄子刨着水，鼻孔喷着粗气，脖颈高高扬起，绝望的悲鸣此起彼伏；殷红的江水中，数不清的红军尸体在起伏翻滚、互相碰撞着，顺流而下……战后，湘乡百姓这样描述：“血染十里溪，三年不食湘江鱼，河底遍尸体。”据当地老乡讲，红军撤走后，米花山山坳里，来不及埋葬的战士遗体垒成了堆，仅一个米花山就有上千人。或许是红军的英魂感动了上苍，一场无名的山火席卷米花山，久久不熄的山火映红了半边天，仿佛在举行一场感天动地的葬礼。

渡过湘江后，中央红军从开始长征时的8.6万人锐减为3万余人，牺牲师级指挥员7人，团级指挥员16人，未过江的红三军团第十八团1800余人，担任殿后掩护任务的红五军团第三十四师5000多人则几乎全部牺牲。红五军团第三十四师师长陈树湘率余部在湖南永明县抢渡牯子江的沱水时遭敌伏袭，身受重伤，肠子从腹部流了出来，因为流血过多，在昏迷状态下被敌人俘虏。当敌人抬着他去邀功请赏的路上，苏醒过来的陈树湘乘敌人没有防备，用双手扯断自己的肠子，壮烈牺牲。年仅29岁的陈树湘师长，实现了他“要为苏维埃流尽最后一滴血”的铮铮誓言。后人评价，湘江战役是红军长征中历时最长、规模最大、战斗最激烈、损失最惨重的一战，英勇红军坚定如铁的意志和大无畏的牺牲精神足以感天地、泣鬼神。

遵义会议以后，毛泽东指挥红一方面军主力于1935年1月中旬由遵义地区挥师北上，直插川南，准备在宜宾北渡长江，与川西北的红四方面军共创川西北根据地。蒋介石急调云贵川三省地方军与中央军一道围堵，意图在长江、横江、乌江间的狭长地带围歼红军。红军二渡赤水，发起遵义战役，而取胜的关键就是二度攻占娄山关，一场血战就此拉开序幕。

娄山关，亦名太平关，位于遵义、桐梓两县交界处，雄踞大娄山之上，两峰夹一关（隘口），四周群山环抱，群峰如剑，清人莫友芝在《郘亭遗诗》中曾这样描写：“大楼高压万峰颠，鸟道才容一线穿。”因此，娄山关被称为黔北第一险要，素有“一夫当关，万夫莫开”之说，是川黔交通要道上的重要关口。中革军委调集红一、三军团，由彭德怀统一指挥攻关夺城。彭德怀指定由彭雪枫、李干辉率领红三军团第十三团担任主攻。

当红十三团来到娄山关前时，敌人一个团已占了先机，将关前公路封死。娄山关右侧，上为悬崖绝壁，下临万丈深渊，纵为猿猴亦无法攀登。左侧则是娄山关主峰点金山，虽已有敌人重兵防守，但因山势平缓，坡度相对较小，勉强可以攀爬，且攻占之后可居高临下地控制娄山关。于是，攻占点金山成为夺取娄山关的关键所在。在红十团、红十一团两侧迂回策应下，红十三团从正面对点金山发起了冲锋。可是，守关敌军是黔军精锐主力刘鸣鹤第六团，俨然一块难啃的骨头。红十三团激战大半天，发起数次冲锋，几场肉搏战之后，竟然攻不下点金山，这不禁让彭德怀焦急万分，要求再组织队伍发起攻击。彭雪枫一声令下，红十三团一营组织了两梯队形成交叉火力，向山头的敌人猛烈射击。战士们顶着枪林弹雨冲进硝烟，喊声如雷鸣般，个个似猛虎下山，直扑山头。枪声、炮声、手榴弹声响成了一锅粥，在遮天蔽日的烟尘中，前面的战士倒下了，后面的迅速越过去继续突击。枪管打红了，子弹打光了，手榴弹扔完了，战士们就用刺刀向敌人猛刺；刺刀拼弯了、折断了，战士们就用石头砸、拳头打、牙齿咬，赤手空拳与敌人扭打在一起。最终，敌人不得不丢下数百具尸体，狼狈地逃下了山坡，点金山变成了红军的阵地。

国民党贵州省政府主席王家烈不甘心失败，紧急调派两个团向点金山发动反扑。此时，山头上的红军战士激战一整天，粒米未进，腹中饥饿，汗湿的衣服紧贴身上，经山风一吹，人人寒颤不止。但是，居高临下的战士们看着敌人在山下集结、编组、冲锋反扑，不仅没有一丝惊惧，反倒兴奋起来，对山下喊话："白军士兵们，你们拼命，为哪个呢？看你们督战的官长，银洋美元，金屋藏娇，再看看你们自己！""弟兄们，调转枪口，打死压迫你们的官长啊！"说曹操曹操到，此时山下的一个敌军军官正拿着手枪、举着马鞭驱赶着士兵向山头反攻，后撤者不是被枪毙就是被马刀砍、鞭子抽。彭雪枫命令四五名特等射手一齐瞄准这个军官，一排枪声过后，敌督战军官倒地毙命，士兵们顿时成了无头的苍蝇乱作一团。趁敌人尚未缓过神来，红军一个反冲锋，将敌军赶下山峰，红军占领了娄山关。

娄山关的丢失让黔军急红了眼，不惜一切代价地疯狂反扑，先后组织了6次冲锋，死伤累累，红十三团也伤亡惨重。敌军又派了3个团增援，红十三团孤军奋战，形势十分危急。彭德怀亲率红十二团的两个营驰援红十三团，用一阵猛烈的手榴弹，将攻到距关口仅100余米的敌人轰到关下的坡地上。随后，红十二、红十三两个团协同作战，全歼关下余敌，保障大军顺利攻占遵义，取得重大胜利，为北上战略增添重要筹码。战后，毛泽东等一行策马登上娄山关，检阅刚结束战斗的战场。看着眼前惨烈的战场，再联想起第一次过娄山关的情形，毛泽东吟出了著名的《忆秦娥·娄山关》："西风烈，长空雁叫霜晨月。霜晨月，马蹄声碎，喇叭声咽。雄关漫道真如铁，而今迈步从头越。从头越，苍山如海，残阳如血。"词中豪迈、壮烈的情怀，正是对红军坚定信念和钢铁意志的浪漫表达。

二、饥寒交迫征途迢

一路跨越万水千山，除了残酷的战争，无数的自然险阻也无时不在考验着红军的革命理想信念。事实证明，英勇的红军攀上猿猴无法攀援的峭壁，翻越飞鸟难以逾越的高山，走过渺无人烟、布满沼泽的草地，他们忍饥挨饿，经受住了一次又一次艰难险阻的考验，一步步接近目的地，一步步接近实现战略转移、保存有生力量的目的。红军在困难面前不屈不挠，纵然困难天般大，革命理想高于天，爬雪山、过草地的故事，足以证明这一点。

中央红军强渡大渡河来到宝兴，但要与红四方面军会师懋功，中间还隔着一座高耸入云的夹金山。夹金山海拔 4500 多米，山上空气稀薄，终年积雪，红军把它与其他几座白雪覆盖的高山统称为雪山，当地藏民则称其“甲几”或“神仙山”，意即此山直插云霄，连鸟儿都飞不过去，只有神仙才可能翻越，凡人根本不可能登顶或穿越。当地民间传说，人只要在山上张开嘴，山神就会一把将人掐死。之所以会有这种传说，是因为夹金山上不是云雾缭绕就是狂风大作、漫天飞雪，气候异常寒冷，特别是日落后到日出前的时段，极度寒冷再加上严重缺氧，登山之人极易窒息而亡。不明就里的民众，便将其附会为神仙掐人。

再看看中央红军，从江西出发至今已在长征路上摸爬滚打了 8 个月，衣服磨破了，草鞋穿烂了，南方走来的这一队人马，个个衣衫单薄、褴褛。既没有棉衣、棉鞋，也缺少毛袜和手套，伤病在身、疲惫不堪的红军，如何才能渡过这个难关继续北上？中央红军有三条路可供选择：第一条是朝西走一条海拔虽高但商旅不绝的路线，就可绕过这鬼见愁的大雪山。只是，这条路不仅距离较远，而且要穿越当时存在着民族隔阂严重的藏区，存在着巨大的风险。第二条是向东绕过雪山，走一条平坦、宽畅的道路，但前提是必须与先期驻守的川军交战，可能会付出极大的代价且无法保障时间。第三条就是翻越夹金山。两害相权取其轻，无论是从减少损失还是节约时间，选择翻越夹金山都是上策，中央红军也正是这样决定的，他们要身着夏装爬雪山。

茫茫雪山浑无路，大军开路需前锋。为全军开辟道路这一光荣而艰巨的任务，落到了红一军团第四团身上。团长王开湘和政委杨成武请来了向导，向导建议大家最好穿皮衣、喝烧酒过山。可是当地根本无法找到可供上千人穿的皮衣，烧酒也极其缺乏，就只好找来红辣椒让战士们取暖。于是，这一群来自南方的红军，身穿夏装，嘴嚼辣椒，精神抖擞地上山了。

从山脚到山顶，战士们很快便经历了从酷暑到严冬的剧烈转换。接近山顶时，寒风卷着漫天雪花狂吼，几乎要把人吹下山去，地上白茫茫一片，完全无路可寻。尖刀连在向导的指点下，用刺刀和铁锹在坚硬如铁的雪地上挖出一些小坑，勉强提供一个脚蹬的地方。到达山顶，厚厚的积雪就像成排的棉花垛，在狂风的推搡下摇摇欲坠，一不小心就把人深深地埋在雪下。风过云开，强烈的阳光经过白雪的折射，犹如一柄柄利剑，许多战士的双眼被刺成雪盲，一脚踩空便永远消失在茫茫雪海中。人们的脸冻僵了、手冻僵了、腿冻僵了，浑身失去了知觉，木偶般机械地向前移动。老红军刘承万提起爬雪山，仍忍不住悲痛的泪水："好多战友一坐下去就再也起不来了。许多人冻僵了，滑倒后像炮弹一样飞出去，在冰崖下没了踪影。”成百上千仅裹着破布、穿着草鞋的脚被冻裂了，鲜红的血斑斑点点印在雪上，铺就了一条血的道路。红四团的勇士们战胜困难，用一天时间翻越夹金山且无一人掉队。即使山上真有神仙，恐怕也要为之赞叹。

大部队开来了，他们踏着前导部队开出的血路前进，应该比较容易吧？事实并未如此！后续部队在寻找御寒衣物和食物方面更加困难。在极度的严寒与缺氧状态下，经常有战士头晕目眩、举步维艰，不得不停下来休息，结果便永远躺倒在雪山的怀抱里，就连警卫连的一些强壮战士，也有不少人长眠于雪山。中央领导和红军高级指战员的情形，也好不到哪里去。周恩来在途中患了感冒，下山后不停地咳嗽；健壮的朱德也得了支气管炎，留下的后遗症终生未能治愈；此前从来不掉队的林彪，第一次爬到一半，因体力不支不得不退下来，第二天在山顶也是几次失去神志，昏迷过去，在警卫员的帮助下才艰难地爬过山去。最难的是那些伤员和女红军，他们爬雪山的困难更大，不少人靠拽着骡子或马的尾巴才翻过山去。

雪山的确很猖狂，但在革命者冲天的豪情与斗志面前，也要低下它高傲的头颅。毛泽东爬雪山时并没有穿棉袄，翻过雪山后汗湿全身，却仍兴致勃勃地吟诗作词，极大地鼓舞了战士们的士气。在夹金山山顶，红军看见了国民党的飞机，它们已飞不到红军已经爬到的海拔高度。红军指战员骄傲地向飞行员喊道：来呀！飞上来呀！在达古山海拔近5000米处，白茫茫的雪山给英雄们增添了“盛夏赏雪”的乐趣，让红军中的文化人联想起“踏雪寻梅”的典故。陈赓、萧劲光、宋任穷等十几个人拿着漱口杯，争相从雪堆下层挖“冰激凌”吃。在如此艰苦的条件下，唯有崇高的信仰和坚定的理想信念，才能让红军表现出如此的乐观与豪迈。正是靠着这种坚强的意志，穿着单衣的红军终于征服了一座座雪山。在长征过程中，中央红军翻越的雪山主要有夹金山、梦笔山、达古山、亚克夏山、昌德山等；红二方面军翻越的有玉龙雪山、海子山、马巴亚山、麦拉山、德格雀儿山等十几座雪山；红四方面军在历时 1 年多的长征中，翻越的海拔 4400 米以上的雪山就有 5 座，其中梦笔山、夹金山都是两次经过。

所谓草地，其实就是高原湿地，是一种泥质沼泽，主要位于青藏高原与四川盆地的过渡地带，纵长 500 余里，横宽 300 余里，面积约 15200 平方公里，海拔在 3500 米以上。红军长征时走过的草地，主要指川西北若尔盖地区的沼泽地带。草地的成因很多，但主要是由于黑白两河——黑河（亦称墨曲河）和白河（亦称葛曲河）自南至北纵贯其间，两条河流的河道迂回曲折，港汊横生，在许多低洼地段，水流淤滞长期浸润便形成了沼泽。沼泽之中，经年的水草盘根错节、结络成片，密密麻麻的藏蒿草、乌拉苔草、海韭菜等，形成了一片片的高山草甸。草甸之下是泥泞不堪的黑水淤泥，浅处没膝，深处没顶，人畜通行其上，稍不留神便会陷入泥潭，越是挣扎便会越陷越深，若无人搭救，多数都会遭遇灭顶之灾，只留下一汪黑水和几个绝望的水泡。然而，如此危险的所在，却被掩盖在一片生机盎然的绿色之中，远远望去，恰似一片灰绿色海洋，不见山丘，不见树木，鸟兽绝迹，人迹罕至，没有道路，不辨南北。地利不利，天时亦不和，草地中的区域小气候十分恶劣，经常是风云变幻、晴雨不定，雨季一到，更把湿滑泥泞的草地变成漫漫泽国，使远道而来的红军的衣食住行难上加难。

穿越草地，恶劣的天气给红军着装御寒带来很大困难。草地的天气真可谓一日三变，温度变化就像过山车。早上，太阳迟迟不愿露脸，冷得出奇；中午往往晴空万里，烈日炎炎，热得要命；到了下午，突然黑云密布，雷电交加，暴雨冰雹铺天盖地而来，或者雾雨朦胧，温度迅速下降；夜晚来临后，气温差不多要降至零摄氏度左右，哈气成霜。踏入草地，红军战士大多衣单体弱，部队事先准备的棉衣、皮衣只够少数人穿。于是，为了御寒，人们八仙过海各显其能，一切能够御寒的东西都往身上穿：有的穿着厚棉衣，更多的穿着单衣或夹衣；有的裹着毯子，更多的则是披着各种兽皮；有的头戴草帽斗笠，有的顶着油布、打着雨伞；有的脚穿皮鞋或包裹兽皮，有的穿着草鞋或者只能打赤脚。衣衫单薄者，冷得瑟瑟发抖；穿棉衣者被雨浇湿后也如同身着铁衣，几乎冻僵了。为了御寒，有的就喝点酒或咬点辣椒驱驱寒气，但这些宝贵的物品数量太少，两三天后便用光了。在这样的泥沼草地中行军，英勇的红军经受住了“饥寒交迫，冻馁交加”的严重挑战。据阿坝地区的同志讲，接受他们访问的老红军回忆，过草地的几天里，脚下的鞋是湿的，身上的衣服是湿的，到了宿营地，地是湿的，柴草是湿的，身上几乎没有干过，在又湿又冷又重的衣服包裹下，感觉到自己快要被冻死了。聂荣臻在回忆录中也曾写道：过草地那些日子，天气是风一阵雨一阵，身上是干一阵湿一阵，肚里是饱一顿饥一顿，走路是深一脚浅一脚。软沓沓、水渍渍，大部分人挺过来了，不少人却倒下去了。

绿油油的草地，也不能有效化解红军吃饭的困难。进入草地后，战士准备的干粮很少，两三天就吃完了。剩下的一半路怎么办呢？只能靠野菜、草根、树皮充饥。但草地上生长的野菜、野草大多数有毒，人吃了轻则呕吐泻肚，重则中毒死亡，真正能吃的少之又少。走在前边的部队还有野菜、树皮充饥，后续部队则连野菜、树皮都吃不上，只能将身上的皮带、皮鞋、马鞍子甚至皮毛坎肩脱下来，烧去毛发煮着吃。没有洁净的水，战士们为解决饮水问题，连人尿、马尿都喝过。饥饿助长了疾病，疾病夺去了一个又一个革命者的生命。

在泥泞的草地上，找到一块能够安然入眠的地方也是千难万难。行军到了傍晚，往往要在土丘、河边或者高地上找一个比较干一点的地方宿营，但这样的地方少之又少，许多时候只好在草地里露宿。

露宿的人们或者就地而卧，或坐着打盹，或背靠背睡一会儿。女同志往往两人依偎在一起，靠彼此的体温给对方取暖。在风雨交加的晚上，即使非常幸运地拥有一块油布，也无法完全遮住风雨，只能稍微挡住点儿寒冷，而多数人只能在风吹雨淋下苦苦煎熬。漫漫寒夜之后，往往会看到草地上长眠着一些战士，他们或躺或坐，有的依旧背靠着背。据说，红一军团有一个班就是这样整整齐齐地两人一组，背靠着背，怀里抱着枪支，像熟睡了一样，再也没有醒过来。有些掉队的同志三五人一伙背靠着背休息，第二天收容队同志去叫他们时，一推一摸之后才发现他们的身体已经完全冰冷僵硬，以这样的“睡姿”永远离开了这个世界。

肖华后来曾在《长征组歌》中写道：“风雨浸衣骨更硬，野菜充饥志越坚。官兵一致同甘苦，革命理想高于天。”红军战士就是靠着崇高的革命理想和乐观主义精神，战胜极端恶劣的环境，以巨大的精神力量战胜了自然界的困难，在困境中闯出了生路。

三、到陕北去

1935 年 9 月 18 日，红军队伍终于穿过人迹罕至的茫茫草地，这支几千人的队伍虽克服了饥饿与泥泞带来的重重困难，胜利地走出沼泽的围困，但也几乎耗尽了体内最后一丝能量，个个衣衫褴褛，人人满脸菜色。然而，一旦有战斗任务，战士们就像换了个人一样，精神抖擞。他们迅速突破了甘肃南部的天险腊子口，翻过岷山，占领了宕昌县小镇哈达铺。

自长征以来，红军四处辗转流动作战，由于形势瞬息万变，原定的落脚地一变再变，连找个地方暂时歇歇脚的愿望都未能实现。就在来到哈达铺之前不久，中央在川甘边界的俄界召开了政治局扩大会议，决定继续北上，经过甘肃东北，采用游击战方式打通国际路线，在接近苏联的地区创建一块根据地。前进的大方向定下来了，但是如何北上，每走一步都要依据具体情况调整计划，到了哈达铺后，下一步又该往哪里去呢？

长征途中，中央机关和红军遭遇围追堵截，信息极不灵通。为了作出正确决策，中央只好尽可能在当地寻找一切有用信息。每到一地，就发动战士尽可能多地搜集报纸，过期的、污损的报纸也不轻易放弃。哈达铺虽是个不大的集镇，又偏于西北一隅，但镇上却有一家邮政代办所，这里汇集了全国各地发行的多种报纸，是了解外部世界的绝佳窗口。找到邮政代办所里的报纸对于消息闭塞的红军来说无异于喜从天降。

9月20日下午，毛泽东到达哈达铺，他顾不上稍稍休息以消除长途跋涉后满身的疲劳，便先派人到邮政代办所取回了所有能找到的报纸，然后和中央其他负责人一起翻阅，查找消息。很快，一则又一则关于陕北红军的消息引起毛泽东等人的注意：《晋阳日报》报道，陕北有红军5万人；《大公报》说，陕北红军完全占领了延安、延长、保安、安塞等县城，靖边县也一度为红军所占领。这一重大发现让毛泽东异常兴奋，他一边翻阅报纸，一边用笔把有用的消息勾画出来。与此同时，其他将领也注意到陕北红军的消息，聂荣臻派通讯员给毛泽东送来一张《山西日报》，上面刊载着阎锡山正在进攻陕北红军的消息。叶剑英在驻地也找到一张报纸，上面登载有国民党军队进攻陕北红军的报道，他立即找来红军总政治部白区工作部部长贾拓夫商量："你看这篇报道，刘志丹在陕北闹革命，他们的力量还不小呢。我们去他们那儿，你看怎么样？"贾拓夫本是陕北神木人，陕西省委遭敌破坏后，1933年年底他代表陕西省委到中央革命根据地向中央报告工作，后随军长征，因此对陕北的情况比较熟悉。他说："陕北确实是和敌人周旋的好地方，又有刘志丹的根据地，我们应该把这个情况报告给毛泽东同志。"

各种消息陆续汇总上来了。毛泽东、周恩来、彭德怀等人进行了仔细分析，确信陕北不但有刘志丹领导的红军，而且还有徐海东领导的红二十五军，那里的红军力量相当可观。事实证明，他们所建立并保持的苏区是红军长征后唯一一块完整保存下来的根据地。毛泽东认为，陕北地域辽阔，群众生活艰苦，又是穷乡僻壤，还有几万红军，是敌人统治力量薄弱的地方，这样一块根据地也是中央红军最急需、最理想的落脚地。经过一系列热烈讨论后，大家逐步达成共识：到陕北去，去与刘志丹会合，把陕北苏区当作红军长征落脚点！

谋定而后动。1935 年 9 月 22 日下午，毛泽东在驻地召开了中央负责人会议，正式决定红军长征的目的地是陕北，下一步就是到陕北去。同日下午，中央又在哈达铺关帝庙召开了团以上干部会议，毛泽东在会上讲：“目前日本帝国主义侵略中国，我们要北上抗日。首先到陕北去，到陕北只有 700 里路程了，那里有刘志丹的红军，那里就是我们的目的地。我们现在改称陕甘支队，由彭德怀同志任司令员，我兼政委。”会后，红军将士怀着兴奋的心情于 23 日离开哈达铺继续北上，27 日顺利攻占甘肃省通渭县榜罗镇。“到陕北去”虽已经付诸行动，却仍未履行应有的组织程序，中央政治局遂在这里召开了常委会，决定改变俄界会议的行动方针，到陕北去，与陕北红军一起保卫与扩大这块革命根据地，以陕北苏区为中心来领导全国革命。

再说蒋介石，当他得知红军突破腊子口后，还以为红军要进占天水并威胁西安，于是急忙调胡宗南等部集中于天水一线，防止红军东进。但他怎么也没有想到，陕甘支队早已选定了目的地，他们继续北上，跨过西（安）兰（州）公路，攀越海拔 3000 米高的六盘山，冲破了国民党军队的最后一道封锁线，陕北苏区已经胜利在望了。登上六盘山顶峰，毛泽东难掩激动之情，将澎湃心潮和万千感慨化作一首《清平乐·六盘山》：

天高云淡，望断南飞雁。
不到长城非好汉，屈指行程二万。
六盘山上高峰，红旗漫卷西风。
今日长缨在手，何时缚住苍龙？

历尽千难万险之后，中央红军终于在 1935 年 10 月 19 日黄昏迎着西天的晚霞，胜利进抵陕北苏区吴起镇（今吴起县）。在一孔破旧的窑洞前，一块苏维埃政府的招牌竟让无数战士泪流满面，他们明白，这次是真的到家了。红军来到镇上的消息让这个地处陕北苏区西部前沿的贫穷小镇一下子沸腾起来了。“中央红军来啦!”喜讯总是不胫而走，人们从一家家窑院里跑出来，兴奋又有些羞涩地招呼这些操着南方口音的红军。此前，听说要过队伍，一些群众因不明真相而躲出去，当听说来的是自己人时，也都纷纷跑了回来。一孔孔窑洞腾出来了，炕头烧了又烧只怕不够暖和，人们迅速筹集了一车车的羊毛、布匹、粮食、猪肉来欢迎红军。300 多天风餐露宿、马不停蹄地奔波，红军饱尝了没有根据地的苦头，陕北群众的热情让他们再次感受到家的温暖。

四、见面礼和奠基礼

中央红军奔向陕北根据地让国民党军方面心里越来越不踏实，他们一路上穷追不舍。红军路过甘肃会宁时，宁夏马鸿逵的4个骑兵团就像“尾巴”一样跟在红军后面，而且越是接近陕北，他们就越是跟得紧，怎么也甩不掉。正当中央红军和吴起人民欢聚一堂的时刻，这条讨厌的“尾巴”也迅速地跟了上来，企图进入根据地打红军一个措手不及。中央当机立断，连夜召开军事会议，决定在吴起镇摆开战场，一举切掉这条讨厌的“尾巴”，决不能把敌人带进陕北根据地。

1935年10月20日凌晨，毛泽东、周恩来、彭德怀等领导人登上大峁梁，他们不顾山高沟深、风急天冷，一边察看地形，一边思考用兵。经过实地察看，毛泽东等很快商定伏击战方案并作了具体部署。当天晚上，在当地游击队的带领下，红军分三路进入阵地，组成了一个钳形包围圈，张开口袋只等敌人前来送死。10月21日上午7时许，敌人骑兵队伍扬起滚滚尘沙，气势汹汹地向我军阵地扑来。待敌人进入我军埋伏圈时，红军战士从四面八方一齐射击，数百挺轻重机枪一齐喷射着愤怒的火舌，漫天飞舞的手榴弹直落敌群，就像下了一场弹雨，敌骑兵在爆炸声中纷纷落马，人喊马叫、人踩马踏，一时间乱成了一锅粥，血肉横飞、死伤惨重。随后，嘹亮的冲锋号声骤然响起，红军战士们迅速持枪跃出战壕，犹如猛虎下山一般向敌人冲去，枪炮声、喊杀声震耳欲聋。神兵天降的场面吓坏了敌人，他们成群成群地举手投降。最后进入伏击圈的敌兵见势不妙，慌忙拨转马头拼命逃窜。我军乘胜追击，共歼敌骑兵 1 个团，击溃 3 个团，俘敌六七百人，缴获战马数百匹和大量的枪支弹药。这就是著名的“切尾巴”战斗，是中央红军到西北苏区后打的第一个胜仗，也是中央红军长征的最后一仗。

“切尾巴”战斗的胜利，是中央红军送给陕北人民的一份见面礼，也为中央从容部署下一步行动赢得了宝贵时机。10 月 22 日，中共中央在吴起镇举行会议，毛泽东在会上作了关于目前行动方针的报告并作结论。他指出：“陕甘支队自俄界出发已走二千里，到达这一地区的任务已完成。现在全国革命总指挥部到这里，成为反革命进攻的中心。敌人对于我们的追击堵截不得不告一段落。”会议决定，今后的战略任务是保卫和扩大陕北苏区，以陕北苏区领导全国革命。这次会议宣告了中央红军长征的胜利结束，也从此翻开了中国革命崭新的一页。

到达陕北后，中央红军终于有了一块可以立足的根据地，这是巨大的胜利。但是，中共中央要实现把革命大本营安放在西北的任务，还有巨大的困难要克服，因为这块根据地此时也岌岌可危。20 世纪 30 年代初由刘志丹、谢子长领导武装起义后，陕甘苏区在军事胜利中逐步创建起来。1935 年 2 月以前，陕甘共有两块不相连接的苏区，一个是刘志丹、习仲勋等创建的陕甘边苏区，一个是谢子长等创建的陕北苏区。后来，谢子长多次在战斗中负伤，终因伤重病逝，红二十六军和红二十七军在刘志丹统一指挥下，相继解放了延长、延川、安塞、保安、靖边、安定等 6 座县城，把长期被分割的两块苏区连成一片。1935 年秋，红二十五军在徐海东、程子华领导下，转战五省来到陕北，正赶上国民党军队对陕甘苏区发动第三次军事“围剿”。9 月 18 日，红二十五军与陕甘红军召开会师大会，决定将红二十五、红二十六、红二十七军合编为红十五军团，由徐海东任军团长，程子华任政委，刘志丹任副军团长兼参谋长。红十五军团成立后，先后歼灭前来进攻的东北军 1 个师又 4 个营，给中央红军的到来创造了有利的局面。

但是，局部胜利无法扭转陕甘根据地当时正面临的严重的内忧外患。其一，国民党针对陕甘进行的第三次军事“围剿”还没打破，重兵压境之下，苏区岌岌可危。其二，陕甘内部“左”倾错误恣意横行，数百名军政干部遭到迫害，刘志丹、马明方、习仲勋、马文瑞等一批领导人也被关押起来。内忧外患交织在一起，这块 10 年内战保存下来的唯一的根据地处于极其危险的境地。如果不能迅速解决这两个问题，党中央和中央红军到了陕北，也无法在这里站稳脚跟，更不用说实现把中国革命大本营放在西北这一艰巨任务了。因此，党中央进驻吴起镇后，很快就了解了陕甘根据地面临的危机，及时找当地干部了解苏区情况，着手处理肃反问题。

虽然已有初步了解，但是部分苏区干部反映的情况还是远远超出毛泽东的预料，他怀着异常沉重和不安的心情与中央其他领导商量，决定先派国家保卫局局长王首道等人组成工作组，带一个连和一部电台，立即前往陕甘晋省委驻地瓦窑堡，查清实情，控制事态。王首道一行途经安塞下寺湾（今属甘泉县），得知肃反仍在扩大时，立即将这一情况电告中央。中央当即回电，要求陕甘晋省委“停止逮捕，停止审查，停止杀人，一切听候中央解决”。

11 月 3 日，中共中央在下寺湾召开政治局常委会。常委会在听取陕甘晋省委负责同志关于肃反问题的汇报后，决定成立中央党务委员会，由董必武任书记，专门负责审查西北苏区的肃反问题。中央派王首道等人继续先行去瓦窑堡调查处理陕北肃反，临行前，毛泽东语重心长地告诫大家：“杀头不像割韭菜，韭菜割了还会长起来，人头落地就长不拢了，如果我们杀错了人，杀了革命同志，那就是犯罪行为。大家要切记这一点，要慎重处理。”

11月5日，王首道一行先期到达瓦窑堡，立即接管了具体主持肃反工作的西北保卫局，停止捕人和审查活动。7日，中央机关到达瓦窑堡，中央党务委员会首先释放了刘志丹等18人。11月底，中共中央组织部在瓦窑堡召开平反大会，公布了《中共西北中央局审查肃反工作的决定》，由王首道代表中央党务委员会郑重宣布，刘志丹等同志是无罪的，党中央决定给他们重新分配工作。与此同时，中央还宣布了对这次肃反负有重要责任的人员的处分决定。刘志丹等被平反的消息传开后，陕甘苏区广大军民欢欣鼓舞，奔走相告："刘志丹得救了！""陕北得救了！"

及时处理陕甘根据地肃反错误，有效化解根据地内部混乱与不稳定因素，为红军打败军事“围剿”，巩固陕甘根据地奠定了坚实基础。中央在处理肃反错误的同时，还加紧部署军事行动，准备在1个月内迅速粉碎国民党对苏区的第三次军事“围剿”。11月3日，在下寺湾召开中共中央政治局常委会议，决定成立由毛泽东担任主席的中国工农红军西北革命军事委员会，由西北军委宣布恢复红一方面军番号，下辖红一军团和红十五军团。当时，蒋介石调集东北军5个师的兵力，以董英斌部4个师为西路，自庆阳、合水出动，经太白镇沿葫芦河东进；以王以哲部1个师为东路，先由洛川前推，然后经羊泉镇沿葫芦河西进，企图东西合围，围歼红军于葫芦河、洛河之间地区。根据敌我形势，西北军委确定，向南作战，集中兵力，各个击破，首先在直罗镇一带歼灭沿葫芦河东进之敌一部，尔后转移兵力，各个歼敌，力争初冬粉碎敌军“围剿”。根据这一方针，中央红军由王家坪渡过洛河，迅速向鄜县进发，与红十五军团会师。

11月5日下午，毛泽东、周恩来、彭德怀一行，风尘仆仆地赶到红十五军团司令部驻地象鼻子湾，连夜召集红一军团和红十五军团首长开会，研究制定了直罗镇战役计划。会议决定将敌军放进直罗镇，乘其立足未稳，集中我军主力，采取包围侧击战术歼灭敌人，接着歼灭其后续部队；同时派 1 个团围困甘泉县城，另派 1 个团钳制鄜县中部之敌。

为了打好这一仗，军委还召集了 2 个军团团以上干部会议，毛泽东、周恩来、彭德怀亲自作了动员。毛泽东在讲话中分析了敌情，作了战斗部署，下达了作战任务。他援引《水浒传》中林冲痛打洪教头的故事，风趣地说：林冲打洪教头不是先冲过去，而是先后退两步，避其锋芒，然后才攥紧拳头，发现弱点，一下子击中对方要害。直罗镇战役就是这个道理。我们利用有利于红军的地形，集中优势兵力，打击和消灭敌人的主力。毛泽东的讲话通俗易懂，使大家充满了胜利的信心。随后，各部队都分别进行了战斗动员和准备工作。

战役开始前两天，毛泽东等组织 2 个军团的团以上干部到直罗镇周围察看了地形。直罗镇是一个不过百户人家的小镇，三面环山，一条从西而来的大道穿镇而过，北边是一条小河。红军指挥员们看后兴奋地说："这一带的地形，对我们太有利了！""敌人进到直罗镇，真如同钻进了口袋。"

11 月 19 日，国民党东北军第一〇九师在师长牛元峰率领下就像一头横冲直撞的公牛，径直开进至黑水寺。我军判断敌人可能于 20 日到达直罗镇，遂下定决心，按预定计划当即派出小分队到黑水寺方向去"惹牛""牵牛"。20 日，牛元峰师在 6 架飞机掩护下不可一世地闯入直罗镇，他没想到自己这么容易就占领了直罗镇，一边叫参谋向总部报捷，一边放纵士兵搜刮抢夺财物。但牛元峰做梦也没有想到，"口袋"这时开始收紧了。

11 月 21 日拂晓，红军分别从南北高山上一齐向敌人冲击。直罗镇南北山头上，枪炮声如雷，喊杀声震天，敌军已完全被我军包围。

战斗进行到中午12时，牛元峰见突围无望，率500余人，撤至镇东破寨子，固守待援。为解第一〇九师之围，敌军西北“剿总”急令五十七军等部驰援，各路敌军纷纷向直罗镇扑来，但均遭到我军阻击部队的迎头痛击，迟迟不能增援。牛元峰坚守两日后见待援无望，遂于23日午夜率残敌西逃。我军一口气追击25里，终将牛元峰击毙，其残部亦全部被歼，直罗镇战役取得完胜。

直罗镇战役歼敌1个师又1个团，毙伤敌师长以下1000余人，俘敌5300余人，缴获步枪3500余支，子弹22万发，实可谓一个巨大胜利。这一战役的胜利和陕北肃反问题的解决，解决了陕甘根据地面临的最紧迫的两个问题，巩固了根据地，中共中央在这里站稳了脚跟，获得了一个相对安定的环境，为完成把中国革命大本营放在西北的战略任务奠定了坚实的基础。事后，毛泽东曾说：“直罗镇一仗，中央红军同西北红军兄弟般的团结，粉碎了卖国贼蒋介石向着陕甘边区的‘围剿’，给党中央把全国革命大本营放在西北的任务，举行了一个奠基礼。”

五、红军东渡敌魄丧

中央红军历尽劫难，走完二万五千里长征到达陕北，经过“切尾巴”战斗和直罗镇战役，也仅仅赢得一个初安局面。因为，他们还面临蒋介石的“追剿”和阎锡山的“协剿”。另外，据《毛泽东年谱》记载，中共中央关于红军的总方针是靠近外蒙，毛泽东主张“走山西与绥远的道路。这是用战争、用发展、用不使陕苏区同我们脱离的方针与外蒙靠近”。

1936 年 1 月 17 日，中央召开政治局会议，毛泽东在分析了陕北地瘠民穷、兵员短缺的特定环境，提出了“在发展中求巩固”的战略方针。他说，我们向南、向西、向西北，文章不好做。向东的军事基本方针是稳扎稳打政策，背靠苏区建立根据地，争得渡黄河来往的自由。“我们要下大决心到山西。”会议决定红军渡河东征，打通抗日通道，巩固和扩大根据地。1 月 30 日，毛泽东主持召开延长会议作出部署，由彭德怀任司令员，毛泽东任政治委员，叶剑英任参谋长，将红一方面军全军 1.3 万兵力全部投入东征，正式组建“中国人民红军抗日先锋军”。中央工农民主政府和工农红军军委 2 月 17 日联合发布了《东征宣言》，宣布红军“为实现抗日，渡河东征”。2 月 20 日至 5 月 5 日，毛泽东等率领红军开始了浩浩荡荡的东征战役。

秦晋一河之隔，东西鸡犬相闻，民间联姻不绝，自古便有秦晋之好的典故。但在此时，三晋大地早已成为山西“土皇帝”阎锡山的个人地盘，被他视作卧榻之地。红军在陕北的两个大动作，引起阎锡山极度恐慌，他一方面派出 4 个旅的晋军配合蒋介石入陕“剿共”，另一方面调集了 13 个师共 26 个旅的兵力，密布于千里黄河东岸，要求士兵们严防死守，要把黄河天险变成最牢固的军事防线。与此同时，他还大搞政治防共、经济防共、民众防共等花样，企图将自己的老窝建成牢不可破的“钢铁山西”。他相信，有了这样的立体防御，红军就是肋生双翼也难以逾越“固若金汤”的黄河天险。

一方面是严阵以待，另一方面是厉兵秣马。红军誓师出征后便极其隐蔽地向黄河岸边移近，悄悄地在黄河西岸山崖下集结队伍。2 月 20 日傍晚，太阳落山，黄河两岸沉寂的山岩在暮色中渐渐收起峥嵘的一面，黑黢黢地仿佛在两相靠拢，河面比白天倒显得静了不少。晚 8 时整，渡河战斗正式打响。由于连日天暖，冰封的黄河提前解冻了，河面上浮动着数不清的冰凌，风大浪急，吹动着冰凌四处乱撞，打在船上如同擂鼓一般。迎着凛冽的寒风，红军勇士们驾船躲闪着冰块的正面撞击，冒着对岸敌人射来的枪林弹雨，奋勇前行。一夜之间，红一军团在绥德县沟口渡河，直捣黄河东岸的中阳县坪上村（今属柳林县），红十五军团在清涧县河口向着对岸石楼县回家洼强渡，两路大军一举突破黄河天险，“攻不破的黄河防线”的神话瞬间灰飞烟灭。23 日清晨，毛泽东率一行人分乘 3 艘大船，从西岸的西辛关出发，在山西石楼县东辛关登岸。在此前后，东征红军的其余大部队也都分别在预定的渡口突击强渡，顺利东渡黄河。

严阵以待的阎锡山做梦也没有想到，自己多年苦心经营的坚固防线，竟然在一夜之间被红军踩在脚下。他急忙调整部署，调孙楚所部入陕晋军撤回河东，调驻守汾阳、孝义的周原健独二旅驰援中阳，驻守隰县的第二〇三旅增援石楼，妄图四面“包剿”红军。红军调整部署，以一部兵力继续围攻石楼，主力则迅速进占柳林、离石、中阳、孝义、隰县、永和这一弧线以内的有利地形，准备打击敌军的增援部队。2 月 25 日，红一军团激战一夜，在关上村附近地区将敌独二旅 3000 余人全部歼灭。前来增援石楼的第二〇三旅一营晋军，也在隰县西北的蓬门遭到红十五军团的迎头痛击，200 余人悉数被俘。渡河不到 10 日，红军连续取得关上、蓬门两次大捷，攻占了石楼、中阳、孝义、汾西、隰县 5 县交界的重要枢纽地区，打出了威风，打出了士气，也打出了信心。晋军精锐部队独二旅横行山西，号称“满天飞”，此时却一触即溃，望风而逃，被毛泽东戏称为“满山飞”。

几场漂亮的战斗，壮大了红军的声威，使先锋军在黄河东岸初步站稳脚跟。时任中国人民红军抗日先锋军政治部宣传部部长的陆定一在石楼战后按捺不住胜利的喜悦，写下了一首脍炙人口的《红军东征歌》，生动地再现了红军东征时势如破竹的战斗场景：

密云遮星光，万山乱纵横。黄河上，渡过民族英雄们。摩拳擦掌志气高，我们的铁红军。

猛虎扑羊群，冲锋向前进。只见那，白军连跑又打滚。

猛打猛冲还猛追，追到石楼城。土皇帝阎锡山，太原坐得稳?

传来了警报，胆战又心惊。沿河堡垒一扫平，骇掉汉奸魂。

红旗山西飘，同胞齐欢迎。“华北国”阴谋，受到了当头棍。

抗日讨逆大家来，工农商学兵。

红军的行进方向是东进兑九峪，穿越同蒲路，开赴河北抗日前线，关上、蓬门大捷清除了晋军在吕梁山区为红军设置的“中间阻碍”，取得了进退自如的有利战略位置。阻滞未果，阎锡山急忙调 2 个纵队共 8 个旅的兵力，集结于汾阳、孝义、隰县地区，准备在孝义以西的兑九峪地区与红军主力决战。敌变我亦变，在西卫村各军团师、团长会议上，毛泽东和彭德怀提出创建山西抗日根据地，完成“扩红、筹款、赤化”三大任务的主张。3月1日，毛泽东和彭德怀签发了《中国人民红军抗日先锋军布告》，主张停止内战，红军、白军联合起来，一致对日。形势在变，任务也在变，中央急需开会研究晋战策略。

3月8日，毛泽东等经交口、桑后峪到达隰县大麦郊和冯家港一带（今属交口县）。在大麦郊，召开了中共中央政治局扩大会议。会议分析了红军东渡以来的形势，调整了作战部署：“第一期以经营山西为基本战略方针”；要坚决贯彻“以发展求巩固的原则，目前是普遍摧毁反动基础，普遍发动群众，猛烈扩大红军，各个消灭敌人”。会议还研究了兑九峪地区情形，决定集中优势兵力，在兑九峪一带重创晋军，扫清东进抗日道路上的障碍。会议决定红一军团主力为左翼，布防于兑九峪西北的张家庄、碾头和南阳一带；红十五军团主力第七十五师和第七十八师为右翼，集结于兑九峪东南的鱼湾和仲家山地区，整个战役以兑九峪为中心，红一军团和红十五军团正如铁钳张开两片铁嘴，誓将集结于兑九峪正面之敌一举钳得粉碎。

3月9日，晋军左翼杨效欧第二纵队首先向兑九峪以西之大麦郊、阳泉曲推进。紧接着，晋军右翼李生达第三纵队的先头部队二〇一旅也连夜进占原庄、罗巴沟一带山头阵地，欲与杨效欧部协同作战。两支敌军一心想着对红军发动突然袭击，却做梦也不会想到螳螂捕蝉，黄雀在后，他们已不知不觉地钻进红军布下的天罗地网。3月10日凌晨，毛泽东到达孝义县郭家掌村（今属交口县），指挥部就设在距敌人五六百米远的郭家掌村的金斗山上。此时，红军按部署早就各就各位，严阵以待。料峭寒风中，毛泽东站在山头上亲自指挥战斗。他一声令下，红军主力突然从左、中、右三面发起攻击，同时派出快速骑兵向两翼包抄，切断晋军两部之间联系，对其分割包围，各个歼灭。晋军各部负隅顽抗，调10余架轰炸机狂轰滥炸，轮番助战，但在红军的猛烈攻势下，还是节节败退。阎锡山急红了眼，调王靖国、孙楚、杨澄源等部向红军侧翼进击，威胁红军后路。随着晋军援兵源源不断到来，参战部队已由原来的 4 个团猛增至 15 个团之多，数量大大超过了红军，两军从日出战至午后 3 点多钟，一直处于胶着状态，战况异常惨烈。

敌情在不断变化，敌军越战越多，两军对峙使得红军消耗很大，加之过河不久，失去依托根据地、利用有利地形等优势，武器装备的劣势也进一步显现，要想按原计划一口吃掉这么多敌人已经不大现实。据此实情，毛泽东当机立断，对彭德怀说："我们已吃掉了晋军近 3 个整团，再一次狠狠地打击了阎锡山，目的已达到。敌人的增援部队已陆续赶到并投入了战斗，看来，我们要一次把这么多部队吃掉是不可能的。"于是，他们下令红军撤出了战斗。

兑九峪一战，双方均有较大消耗，红军主力撤至大麦郊地区进行休整，伺机东进；阎锡山也不再托大，一方面向国民党中央请求支援，等待蒋介石从洛阳、徐州、武汉等地抽调 7 个师的兵力，兵分 3 路，入晋增援（此举正中蒋介石借口消灭红军实则伺机插手山西下怀）；另一方面进一步调兵遣将，企图配合中央军将东征红军围困于晋西一隅的吕梁山区。

面对群顽的阻挠，中共中央和红军一方面高举抗日旗帜，由毛泽东和彭德怀于 3 月 10 日签发《中国人民红军抗日先锋军布告》，再次呼吁"停止一切内战，一致对日"；另一方面红军也不得不下决心消灭一切拦路的反动分子。12 日，红军总部在郭家掌村召开团以上干部会议，商讨应敌之策。毛泽东在会上作了《关于形势与任务的报告》，明确提出了新的战略任务："为了推动全国抗日高潮，我们要迅速东进，打到同蒲路、汾河流域去，威胁太原，调动敌人。坚决消灭一切阻拦我抗日去路的反动分子，同时要加紧扩大红军，广泛发动群众，创立根据地。"会议决定，红军分兵 3 路，红一军团为右路军，沿汾河和同蒲路南下作战；红十五军团为左路军，北上晋西北，威逼太原；毛泽东率总部特务团和黄河游击师为中路军，转战晋西，牵制晋军。

此后，毛泽东便率领不足500人的中路军，在孝义、隰县、石楼、永和一带山区打游击，他们声东击西、指南打北，与晋军孙楚、杨效欧部20个团的队伍不断兜圈子，打得敌人晕头转向。毛泽东一面指挥中路军不断找机会痛击敌人，一面深入群众，广泛宣传、发动群众，进行扩红筹款。一天，部队转战到灵石县双池镇附近的西庄村（今属交口县），发现这里的老百姓吃水十分困难，毛泽东立即指示部队，要千方百计帮助群众找到水源。红军分作几个小分队，分布在大山里，越过一道道山岭，找遍了一处处沟洼，经过一整天的查找，红军找遍了附近几座山，终于在村东的一条干涸的小河沟里找到一眼细小的泉水。战士们在泉眼的基础上拼命地往下挖，水井越挖越深，泉水越流越旺，终于挖出一股清凉甘甜的旺泉。看到哗哗的泉水往外流，乡亲们兴高采烈地奔走相告，连连夸赞红军："真是神兵！神兵呐！"

500余人的中路军与20余个团的晋军部队相较，红军的兵力实在少得可怜。就这么一点力量，还要整天在各路敌军缝隙间、眼皮底下东突西驰，一旦与敌人短兵相接，将士们担心距红军主力部队路程太远，远水解不了近渴，毕竟寡不敌众啊，毛泽东及总部的安全委实可虑。有的人把担心装在心里，有的人则心里怎么想嘴上就怎样说。有一天，跟随总部一起转战晋西的张浩实在绷不住了，他忧心忡忡地对毛泽东讲："你把主力都放出去了，如果让阎锡山知道了，只要派上两个团的兵力，我们就受不了啦！"毛泽东不紧不慢地回答："我看，阎老西就没有那个胆量，他不知道我们的虚实，等他摸清情况时，我们就和主力会合了。"指挥员心里虽有底，但战士们心里没底便会影响士气，毛泽东深知这一点，于是就找机会给战士们加油鼓劲。一次长途跋涉后，利用休息时间，毛泽东为打消战士们的忧虑，专门来到通讯班，在询问了几位电报员一些情况后，便笑着问道："这些天，你们有些提心吊胆吧?"不等大家回答，他便解释说："我早闻听阎老西队伍战斗力不强，现在看来果然如此，我们一渡河，他们就把河防堡垒丢光了。他们在石楼城里有守军 4 个团，被我叶参谋长指挥的一个小团围住不敢出来。他的那个'满天飞'旅，在关上村战斗中，被我们一军团一击，就变成了'遍地滚'。看来，很不经打。我们摸到了这个底，所以才敢欺侮他。"听完毛泽东这番风趣的话，通讯兵们像吃了颗定心丸，晋军挨打后不敢冒进的情形更加坚定了战士们战胜敌人的勇气和信心。

兵者诡道，虚虚实实。毛泽东率领中路军以寡击众，抓住一切有利机会打击敌人，消灭其有生力量，把敌人搞得团团转。敌人却始终摸不清中路军的底细，一直把其当作主力全力周旋、寻找战机。后来，红军一名新战士掉队被俘，敌人这才明白自己面对的只不过区区 500 余人。于是，他们全力追赶红军总部，准备一口吃掉这支小部队。中路军发觉情况有变，立即离开大路，火速向山区转移，凭借有利地形阻击敌军。部队刚爬上一座山头，敌骑兵部队 2 个连就顺着山沟追上来了。毛泽东气定神闲地向山下看了看，带着几分幽默的口吻说道："敌人欺负我们人少哩！好，那我们就在这里让他们见识见识我们的厉害。"他一面命令特务团马上占据有利地形阻击敌人，一面从容不迫地吩咐炊事人员到山顶老乡窑洞里去烧开水，部队击退敌人后正好开饭。不一会儿，敌人的骑兵部队进入伏击圈，一时间红军战士们枪声大作，特务团居高临下，把敌骑兵打得人仰马翻，许多人连枪也没放一下扭头就跑，有的马则拖着敌尸狂奔而去。骑兵一垮，紧随其后的 2 个轻装步兵连失去了主心骨，无心恋战，虚放几枪便撤了。敌人被击退了，水也烧开了，红军战士们便坐在山头喝水、吃干粮。经历了一场又一场这样颇具艺术色彩的战斗，战士们对总部首长的信任、对战斗的自信自是与日俱增，中路军在晋西的游击战也越来越得心应手。

有一次，毛泽东率总部在康城一带活动了20多天，孙楚的第四纵队才闻风而来。为了将这部敌军牢牢钉在晋西，为左右两路军向南北纵深发展提供有力支持，毛泽东、彭德怀决定牵着敌人的鼻子逐渐向黄河沿岸一带转移。就这样，红军虽每天都在距晋军仅约七八公里处宿营，但在群众掩护下，他们安然畅游于千山万壑之间，搞得敌人亦步亦趋，欲罢不能。为了把红军压向黄河边并逼过黄河去，敌人三面进逼，来势汹汹。见敌人中计后，毛泽东对彭德怀等说："现在，敌人从南、北、东三面向我们压来，企图逼我们向西过黄河，回陕北去，我们偏不回去。"牵牛目的达到后，中路军神不知鬼不觉地从敌人缝隙中猛地折回头，向东穿插，他们急行军一天一夜，一下子把敌人甩在了黄河边。向西紧追的晋军此时仍毫不知情，当他们赶到黄河边时一个人影也看不见，远远望去，有几只运送物资的木船停靠在黄河西岸。于是，他们欢呼庆贺，毛泽东的队伍已经被赶过黄河，退回陕北了。而这时，红军早已钻过敌人的胳肢窝，抄到敌人的屁股后面，正在偷着乐呢。毛泽东率领中路军转战晋西期间，不仅紧紧牵制住了晋军20多个团的兵力，左右两路红军也顺利发展，他们每到一处，便大力发动群众，扩红筹款，建立党的组织和苏维埃政权。在山西境内，由于红军纪律严明、秋毫无犯，所到之处广受群众欢迎和拥护，红色政权不断建立，一时间形成筹款、扩红的汹涌热潮。

当红军在山西筹款、扩红工作搞得风生水起时，一个噩耗传来，给了人们沉重一击。原来，为策应左路军行动，刘志丹、宋任穷等率领红二十八军于3月3日渡河入晋。4月14日，刘志丹在攻打中阳县三交镇的战斗中不幸牺牲。消息传来，毛泽东难以抑制心中的悲痛，用低沉的声音告诉身边的同志："我初到陕北只和刘志丹同志见过一面，就知道他是一个很好的共产党员。他的英勇牺牲，出乎意料，但他忠心耿耿为党为国的献身精神永远留在了人民心中，不会磨灭的。”后来，毛泽东为刘志丹题词“群众领袖，民族英雄”。

国难当头，抗日为重。红军东渡本就为了抗日，针对晋军的战斗是迫不得已的行为，因为一部分人不打不清醒，但能以和谈方式争取团结抗日则是最佳的选择。1936 年 4 月 10 日左右，正当红军兵分三路纵横驰骋于三晋大地之时，周恩来与张学良在延安展开会谈，他们就建立抗日民族统一战线这一主题，确定了一致抗日、互不侵犯、互相帮助等六项协议。面对晋军，红军在与之作战的同时，也不断传递我们东渡抗日的意图，尽力争取更多的理解。4 月 18 日，毛泽东在康城村接见了被俘的晋军第三九二团团长郭登瀛，循循善诱地跟他谈民族危亡的时局，谈红军东征抗日的意图和意义，谈联合起来的必要性，并着重谈了停止内战、共同抗日的三个方案：“第一个是在绥远给红军十几个县，作为抗日的根据地；第二个是在雁北给红军让条路，红军开赴河北、察哈尔去打日军；第三个是统一战线，‘联共抗日’，共产党打第一线。”听了毛泽东的一席话，郭登瀛对毛泽东的远见钦佩有加。一个多月后，他带着红军送其沿途花用的 90 块晋钞、10 块边币及 1 匹马，怀揣毛泽东分别写给阎锡山、赵戴文、李生达、杨效欧的几封信，回到太原做晋军高层的统战工作。

恰在此时，蒋介石仍坚持“攘外必先安内”的政策，调集的 10 万大军陆续开入山西，与 10 万晋军一起采取步步为营的碉堡策略，不断向抗日先锋军压过来，红军面对的战局越来越严峻。4 月下旬，毛泽东率总部到永和县赵家沟村和桑壁镇一带红军团部所在地，连日召开了军事会议。考虑到红军渡河东征基本上完成了预定的战略任务，为了保存国防实力，毛泽东等商议决定，把“渡河东征，抗日反蒋”的口号改为“回师西渡，逼蒋抗日”。4 月 28 日，毛泽东、彭德怀致电其他中央领导人："红军在山西作战已无顺利条件，我军决定西渡黄河。"随后，各路东征红军按照统一部署，陆续向指定的渡河地点集结。

由于计划周密、调度合理、组织高效，东征红军回师西渡工作堪称完美，我军抢在敌先头部队迫近黄河渡口之前，全部渡过了黄河，毛泽东等领导也随同最后一批掩护部队安全西渡。过河不久，敌人才气喘吁吁地赶到黄河东岸，眼见追赶不及，便气急败坏地倾泻一通炮弹。看着一发发炮弹不断地从河东飞了过来在远处爆炸，毛泽东笑着对战士们说："听，敌人放礼炮给我们送行来了！"

得知东征红军凯旋，周恩来等专程从瓦窑堡赶来迎接毛泽东一行。回到阔别数十日的陕北热土上，红军战士们感觉到每一块土地、每一张笑脸、每一声问候都是那样的亲切，到处都在欢唱，到处都是沸腾的人群。5 月 5 日，毛泽东等抵达延川县杨家圪台，他们以苏维埃中央政府与红军革命军事委员会名义，向全国发表通电，要求"停战议和一致抗日"。通电称："国难当前，双方决战，不论胜负属谁，都是中国国防力量的损失，而为日本帝国主义所称快。""为了促进蒋介石及其部下爱国军人们的最后觉悟，故虽在山西取得了许多胜利，仍然将人民抗日先锋军撤回黄河西岸。"回到河西，这是中央和红军向全国人民表达的真诚愿望，呼吁尽快广泛联合中华民族的一切力量，一致抵抗外族侵略。

红军回师西渡，蒋介石并未就此收手停战，他命令各路大军加紧"围剿"陕北红军，连同红军东征期间被阎锡山从陕北撤回山西的晋绥军部队，也在蒋介石的强迫下二度入陕。日寇逞凶日甚一日，再这样打内战，只能加速民族的灭亡。5 月 25 日，毛泽东再次致信阎锡山，希望双方不断加强沟通，尽快达成谅解，共同应对外敌。毛泽东感慨地写道："国难日亟，量三晋贤者决难坐视也。"毛泽东的这封信晓之以利害、动之以情意，深深触动了一心固守山西的阎锡山。阎锡山在6月6日的日记中写道：“兄弟阋于墙，外御其侮是道理，亦是利害。”红军何以在山西受到民众的拥护？到底是先联合抗日还是先消灭红军？通过战场接触和书信相联系，阎锡山等地方实力派态度在事实、公理面前悄悄发生转变。1936年，太原成立了山西牺牲救国同盟会；在西安，张学良、杨虎城发动兵变，逼蒋抗日，晋陕乃至全国掀起了抗日救亡运动的高潮。山西之所以能够形成特殊形式的抗日民族统一战线，之所以能够成为华北抗战的战略支点，是与红军东征有着密切联系的。

红军东征是有积极意义的，它虽然没有能够经营山西，向河北、河南、绥远等省开辟战略通道，实现华北集中一切抗日力量的战略意图，但在军事上和政治上都取得了巨大胜利。关于东征的成绩，毛泽东的概括非常到位，即“打了胜仗，唤起了民众，扩大了红军，筹集了财物”。当时党中央负总责的张闻天也说，红军东征“充分表示他们是抗日的先锋队”。细数战果，东征红军转战山西30余县，历时75天，击溃晋军的围追堵截，歼敌1.3万余人，俘敌4000余人；东征扩充红军8000余人，筹款50余万元，组织30多支地方游击队，建立了县、乡、村苏维埃政权，发展了党的地方组织，在山西播下了数不清的抗日火种。红军东征，发展壮大了革命队伍，推动了山西统一战线的发展，传播了团结抗战的理念，用实际行动彰显了共产党人为民族解放而奋斗不息的理想信念。

六、西征战役促会师

1936年5月5日，红一方面军东征回师陕北后，蒋介石坚持内战政策，调集16个师又3个旅准备对陕甘苏区发动新的“进剿”。其中宁夏第一路军司令马鸿逵以其新编第七师一部驻守定边、盐池、豫旺等地；第三十五师（师长马鸿宾）驻守庆阳、曲子、环县、镇原地区，防堵红军西进。中革军委为贯彻中共中央提出的扩大和巩固西北抗日根据地，壮大红军，努力争取西北抗日力量大联合，实现全国性的对日抗战的任务，于18日下达《西征战役计划》，决定以红一方面军第一、第十五军团和第八十一师等部共1.3万余人组成西方野战军，由彭德怀任司令员兼政治委员，进行西征，打击宁夏“二马”，在陕甘宁三省边界地区创建新苏区；以红军第二十九、第三十军和地方武装、陕北游击队在东线坚持游击战争，牵制国民党军，保卫陕甘苏区，策应西征作战。

1936年5月19日至20日，西方野战军分左右两路从延长、延川出发。左路军第一军团，经蟠龙、安塞、吴起镇向西南进入甘肃，尔后经元城向曲子镇、马岭前进。

西征红军根据中革军委指示和敌军分布情况，决定由右路军之红十五军团佯攻宁夏，调动驻庆阳县至洪德城一带的马鸿宾第三十五师回援宁夏；左路军红一军团则在运动中寻歼回援宁夏之敌，并迅速夺取曲子、环县等要隘。当发觉红军有“进攻宁夏”之迹象后，宁夏军阀急调第三十五师由陇东庆阳、环县驰援宁夏，其防地则交给东北军接替。毛泽东得悉上述情报后，一面电请东北军不要妨碍红军占领曲子、环县和洪德，一面电告西方野战军，令左路军红一军团从吴起进至华池的元城，派一部兵力向庆阳进击，阻止东北军向庆阳北上，主力则相机占领曲子及其南北一线。

5月28日，红一军团遵照中革军委和毛泽东的命令，在吴起集结出发。在代理军团长左权、政委聂荣臻率领下，直向曲子、环县方向隐蔽前进。国民党西北“剿匪”总司令部察觉红军西进的动向后，急令陆军第三十五师（马鸿宾部）之第一〇三旅（马玉麟部）、第一〇五旅（冶成章部）堵截红军于庆阳、曲子一线。曲子镇是庆阳通往宁夏的咽喉，是西征红军要夺取的第一个目标。国民党驻曲子镇的有一〇五旅旅部的一个特务连、三十五师骑兵团的一个排（由团副陕有录率领）及国民党环县保安大队（大队长王占英）共300余人。5月31日，马家军的悍勇之将——一〇五旅旅长冶成章在庆阳、马岭完成堵截红军的部署之后，也带领300多名骑兵退回曲子镇。

6月1日，西征左路军先头部队进至曲子镇附近。下午3时，红二师在肖华、杨得志指挥下由二团主攻。五团助攻向曲子镇发起进攻，打响了西征战役的第一仗。曲子镇的土城方圆1公里左右，城墙高2丈、厚6尺许，城四周有碉堡，城外有壕沟，深达丈许，易于防守。半小时后红军即从城东南角打开缺口进入街道，展开巷战。这时，马鸿宾之得力勇将“野骡子”（冶成章外号）率兵反扑，使入城红军立足未稳，就被挤出城外。在这种情况下，红二师总结经验，改变战法，调整兵力部署，再次楔入曲子城内，经过激烈争夺，反复冲杀，至下午4时多，红军终于攻进城中。这时冶成章被堵在城西北角的一处民宅之中，仍然负隅顽抗。于是红一军团军团长左权、政委聂荣臻亲临战场指挥作战。至晚10时许，战斗全部结束，冶成章被擒，毙敌陕有录、王占英等百余人，俘虏200多人，缴获各种枪200余支（挺）、汽车5辆。

曲子镇解放后，立即成立了曲子县工农苏维埃政府和中共曲子县委员会，并派出红军干部帮助地方，打土豪、分田地，开展党政建设，组织游击队，从而为西征解放城镇的建政工作积累了经验。1936年7月17日，在曲子县花旗镇组建的陕甘宁独立师，为保卫陕甘宁红色政权起了重要作用。整个西征战役历时两月余，先后解放了曲子、环县、豫旺、同心、盐池等城镇，开辟了陕甘宁边界纵横400多里的新苏区。西征红军边解放边建政，完成了陕甘宁省的建置；扩大了红军，征集了大量资财；遍撒革命火种，使党的抗日民族统一战线政策深入人心，从而在政治、经济、军事各个方面为三军大会师创造了条件。

红四师于马岭附近击溃第三十五师1个营。6月3日，左路军第一军团主力在阜城地区歼灭驰援之第三十五师6个营，击溃2个骑兵营，俘敌1100余人。随后乘胜北上，相继攻占环县、洪德城。13日，左路军第一军团进至宁夏的七营附近地区。右路军第十五军团，经永平、蟠龙、新城堡地区，于5月28日攻占宁条梁，尔后向定边、盐池方向前进。6月11日，右路军先头部队占领宁夏境内的同心城，主力进至王家团庄附近地区。14日，由第二十八军、第八十一师和骑兵团组成中路军，执行夺取安边、定边等地的任务。与此同时，第二十九军一部也进至元城、曲子镇、阜城、合水地区，配合左路军行动。

由于西征作战地区，多为回民聚居区，西方野战军各部队向回族群众大力宣传我党反内战和团结抗日的主张，帮助回民建立群众组织和武装，尊重回民的风俗习惯，严禁住清真寺，不吃猪肉，不提“猪”字，不在回民区筹款，不打回民的土豪，进行团结回民、发动群众和扩大抗日力量的工作。

西方野战军进占大片地区后，为巩固和扩大胜利成果，从6月15日至27日，右路军相继攻占了定边、王家团庄、豫旺城；左路军攻占了七营；中路军攻占了盐池。7月间，西方野战军又相继打退了国民党军队的多次反扑和袭扰，巩固并扩大了占领区，使新老根据地连成一片。7月27日，西方野战军主力集结于豫旺地区休整，准备迎接红二、红四方面军北上。至此，西征战役胜利结束。

西征战役历时2个多月，共歼敌7个营，击溃敌3个团又5个营，俘敌2000余人，缴枪2000余支，战马500余匹，占领城镇10余座，在陕甘宁三省边界开辟纵横200余公里的新区，为策应红二、红四方面军北上，实现三大主力红军会师创造了有利条件，并对抗日民族统一战线工作的开展起了积极作用。

第二章 砥柱

统一战线！持久抗战！艰苦抗战！胜利抗战！中国共产党人变延安为圣地，领导抗战，团结抗战。他们怀着抗战必胜的信念，以不屈的斗志和顽强的作风，成为抗战的中流砥柱。他们的功绩，与一切抗日勇士一道，将永远载入中华民族的昭昭青史！

一、统一战线旗帜艳

1935年8月1日，中国共产党驻共产国际代表团以中共中央和中华苏维埃中央政府名义发表《为抗日救国告全体同胞书》（即《八一宣言》），举起抗日民族统一战线的旗帜，这不是出于改变自身窘境的权宜之计，更多的是实现民族独立解放坚定信念的充分体现。时至今日，当我们再读这份带着温度的文献，心潮仍难以平静：

同胞们！中国是我们的祖国！中国民族就是我们全体同胞！我们能坐视国亡族灭而不起来救国自救吗？

不能！绝对不能！阿比西尼亚以八百万人民的国家，尚能对意大利帝国主义准备作英勇的武装反抗，以保卫自己的领土和人民；难道我们四万万人民的泱泱大国，就能这样束手待毙吗？苏维埃政府和共产党深切相信：除极少数汉奸卖国贼愿作李完用、郑孝胥、张景惠、溥仪第二腼颜事仇而外，我绝大多数工农军政商学各界同胞，绝不甘心作日寇的牛马奴隶。

亡国灭种的大祸迫在眉睫，中国共产党人呼吁的目的是团结抗日：无论各党派间有任何政见和利害的不同，无论同胞间有何意见或利益的差异，都应摒弃成见，集中一切国力为抗日救国而努力。捐弃前嫌，"外御其侮"的真诚从哪里来？从共产党人愿意为抗日救国的神圣事业奋斗的决心中来，从其行动宣言上来："只要国民党军队停止进攻苏区行动，只要任何部队实行对日抗战，不管他们与红军之间有任何旧仇宿怨，不管他们与红军之间在对内问题上有任何分歧，红军不仅立刻对之停止敌对行为，而且愿意与之亲密携手共同救国。”宣言提议组织中国统一的国防政府、统一的抗日联军，而作为发起人，愿与一切赞成抗日救国事业的力量协商谈判共同成立国防政府事宜，绝对赞助能够代表全体同胞的代表机关并绝对执行这一机关的决议，并提出抗日救国十大主张。

当《八一宣言》公之于世之时，中共中央和中华苏维埃中央政府正在战略大转移的路上疲于应付国民党军队的围追堵截和狂轰滥炸，根本无暇知道中国共产党驻共产国际代表以自己的名义发布了这样的公告。无论公告的主人公知道还是不知道，都不影响宣言像风一样吹向四面八方，在世界范围内传播，尤其是向国内传播，产生了飓风般的效应。据吴玉章回忆，《八一宣言》刚刚制定，爱国军人方振武秘密来到莫斯科，中共代表团派人与之见面时出示《八一宣言》，方读后大为感动，决定潜行到美国去宣传这一主张。10月1日，《八一宣言》在法国《救国时报》第10期发表后，其主张便在法国、英国、德国等地传播，不久便传回国内，上海、天津、北平、南京等地都能看到《八一宣言》。《八一宣言》抗日民族统一战线的旗帜一经举起，其鲜艳夺目的色彩立即引起国人的高度关注，在海内外产生广泛影响，极大地鼓舞了青年学生和广大知识分子的爱国热情，掀起了空前的抗日救国浪潮。《八一宣言》既是共产党人赤子情怀的尽情坦露，也是中华民族自觉、自救的最强音，强有力地撼动着爱国人士的心弦。当热血青年读到宣言后，他们感到“如濒临死亡的人突然获救一般，高兴得夜不成寐”，“觉得政治上有了方向，目标明确，行动更坚决了”。

宣言传到北平，一下子在北平爱国青年的心头放了两把火，一把点燃了青年们心头反帝爱国的烈火，一把点燃了他们对政府不抵抗政策的怒火。许多学生读到宣言后说，他们至此找到了抗日救国的出路，认清了我们五千年古国将完全变成被征服地，四万万同胞都将变成亡国奴的严峻现实，深刻认识到我国家我民族正处在千钧一发的生死关头，抗日则生，不抗日则亡。在宣言的影响下，在中共北平地下党组织的领导下，北平的大、中学校的学生们于12月9日冲上街头，举行声势浩大的示威游行。他们一路走一路高呼口号："打倒日本帝国主义！""反对华北自治！""停止内战，一致对外！"北平学生的爱国行动受到反动军警的镇压，但他们的行为得到广大市民及全国各地民众的支持，把一场北平的示威变成了全民的行动，上海、广州、武汉、杭州、南京等地的集会、游行、示威一浪高过一浪，充分体现了共产党人救国信念为国人所理解、所拥护、所支持的现实。

宣言传到党内，引起中央领导同志的高度重视，促成抗日民族统一战线的建立。宣言制定、发布之时，正值红军长征之际，严重的生存困难困扰着每一位领导人和广大红军指战员。制定统一战线策略并开展统一战线的工作，这是这一时期的中央所难以完成的任务。胡乔木在《中国共产党的三十年》一书中曾说："这个工作是一九三一年至一九三四年的党中央所不能完成，毛泽东同志在一九三五年的长征中也不可能完成的。直到这时，在共产国际关于反法西斯统一战线正确政策的帮助下，党在八月一日发表了号召统一战线的宣言，特别是党中央政治局在十二月二十五日通过了《关于目前政治形势与党的任务的决议》，毛泽东同志在十二月二十七日党的活动分子会议上作了《论反对日本帝国主义的策略》的报告，才满足了这个要求。"当共产国际七大精神与《八一宣言》尚未传入国内时，中共中央到达陕北后发表的《中共西北中央局关于抗日反蒋运动工作的决定》里还没有统战精神。待到张浩肩负共产国际和中共代表团重大使命，穿越外蒙、戈壁沙漠之后来到瓦窑堡传达《八一宣言》之后，中央发表的《抗日救国宣言》则充分体现出《八一宣言》中的基本精神。可见，《八一宣言》直接影响了中共的统一战线思想，促成了瓦窑堡会议及其决议的形成。会议决议和毛泽东在党的活动分子会议上的报告，全面阐述了建立抗日民族统一战线的必要性与可能性，强调了克服关门主义和坚持党在抗日民族统一战线中的领导作用，重申了《八一宣言》关于建立国防政府和组织统一的抗日联军的相关主张。通过瓦窑堡会议决议，《八一宣言》举起的抗日民族统一战线之旗帜，成为中共的政治行动纲领，抗日民族统一战线从策略起点发展成为正式的战略方针，成为引导民族独立解放的鲜明旗帜。

《八一宣言》传到国民党内部，也产生了广泛、深远的影响，使国民党内许多有识之士思想发生了重大转变。冯玉祥看到《八一宣言》后，公开提出联俄、联共抗日的主张；国民党内秉承孙中山三大政策的民主人士宋庆龄、何香凝、李济深、蔡廷锴、蒋光鼐等无不表示赞同中共《八一宣言》的主张，公开批评蒋介石对外妥协、对内镇压的错误；国民党地方实力派张学良、杨虎城、陈济棠、李宗仁、白崇禧等接触到《八一宣言》后，其政治主张也出现倾向于中共的明显转变。特别是张学良和杨虎城，他们因主张抗日而与蒋介石有着重重矛盾，在中共《八一宣言》精神和统战政策的影响下，在西北地区较早停止了与红军的敌对状态。这样，东北军、西北军与聚集西北的红军在共同抗日意愿的基础上，实现了抗日救国的大联合。当蒋介石顽固坚持“攘外必先安内”的错误政策，亲临西安强迫他们作出明显违背民族利益的艰难抉择时，他们只能选择“兵谏”，发动了震惊中外的西安事变。

还有与蒋记派系素有隔阂的粤系陈济棠和桂系李宗仁、白崇禧等，他们早就对蒋介石排斥异己的行为心怀不满，当《八一宣言》提出停止内战、一致抗日的口号后，当他们看到中共中央调整了一系列政策之后，也都表示赞成抗日民族统一战线政策，参与到这一政治洪流中，以期掌握抗日救国的政治主动权。于是，出现了“两广事变”，粤桂两军 30 万军士改称抗日救国军西南联军，于 1936 年 6 月通电全国，要求国民党政府准予其“北上抗日，收复失地”。事变爆发后，蒋介石紧急征调中央军南下拦截，激烈交战后，西南抗日联军战败，被迫解散其联盟，事变以失败宣告结束。

与此同时，蒋介石也开始与中共联系，命宋子文、陈立夫设法打通与中共的关系。先是通过苏联政府与中共驻共产国际代表团的王明、潘汉年等进行了接触，后派人与中共北方局及长江局取得联系。双方 1936 年年初在南京、瓦窑堡等地的谈判虽然最终都无果而终，但客观上为国共此后的合作奠定了良好基础。

当然，通过这些谈判，我们也能发现国共在这一问题上所坚持的立场的差异：共产党一心想着停止内战，共同抗日，只要能够团结战斗赶走日本侵略者，在政治上、军事上作出一些必要的让步也是可以接受的；而国民党方面却时刻惦记着如何解决共产党，在国内停止内战、团结抗日呼声日益高涨时，他们希望借外患严重之机，迫使或诱使中共彻底改弦更张，在政治上放弃自己的立场，实现“溶共”的目的。这样一来，能不能把抗日民族统一战线这面旗帜牢牢地举起来、坚持下去，共产党人还要付出更大的努力。

二、靠什么扭转时局

1936年12月11日夜，寒冬里的陕北保安，显得奇寒无比，当地民众为了节约燃料，大多数人都是早早上炕钻入被窝，借着土炕的温热渐入梦乡。夜已经很深了，中共中央和中国工农红军的领导人大多数还凭借着微弱的灯火，或研究形势与任务，或紧张地书写着第二天上课要用的讲义，时不时还要停下笔来，把几乎冻僵的双手靠在嘴上哈口热气并不断搓动以抵御寒冷。凌晨时分，几百公里之外的西安临潼华清池，国民党蒋介石睡得正香，突然被一阵枪声惊醒。枪声越来越近、越来越猛烈，蒋介石见势不妙，穿着睡衣翻窗而逃，躲到骊山一块大石下瑟瑟发抖，不久便被搜山士兵发现并扣压。这就是著名的西安事变。

相隔300多公里，西安发生的惊天巨变，保安的人们毫不知情。所以，当12月12日上午张学良电告保安的中共中央兵谏扣蒋之事时，这里的人们一时还弄不清事情之真假，表现得相当惊诧与错愕。

要说西安的事变与陕北的中共一丝一毫关系也没有，显然也是与事实不相符的。只是，这其中存在一个相当有趣的逻辑关系：蒋介石派张杨在西北“剿匪”——红军却用劣势的装备和抗日的真诚同时击败了西北军和东北军——在内战中失败的西北军、东北军的对外抗日情结倒被激发出来，他们反过来向蒋介石请求停止内战、一致抗日——蒋介石恼怒异常，亲自来西安督战——张杨发动兵变扣押蒋介石逼其抗日。

事情就是这样，共产党与红军以他们抗日到底、抗日必胜的坚强意志，深深地打动了越来越多的有良心的中国人，张杨发动西安事变，不能说与中共的爱国行动的感召力无关。

再说中共方面，除张学良给毛泽东等发“文寅电”表明捉蒋是为了抗日救亡外，中共驻东北军的代表刘鼎、东北军的王以哲等，都先后向中共发报告知扣留蒋介石的消息，中共方面这才确定自己多年的对头蒋介石倒霉了，这事看来是真的。

可是，基于自己对国际国内形势的判断，中共方面还是对张杨的举动颇感意外。在日本侵略者吞并东北、染指华北并企图发动全面侵华战争，亡国灭种之危机迫在眉睫之际，如果中国因为这个事变而发生更大规模的内战，则只能在客观上加速中国的灭亡。事变发生后，西安与南京迅速对峙，双方数十万军队集结于潼关内外，特大规模的内战一触即发。日本侵略者此时也调兵遣将，虎视眈眈，随时准备趁中国内战之机坐收渔人之利。可见，在这种情况下以激烈的手段实行兵谏的西安事变，着实让许多人大感意外，一时间指责张杨的声浪甚嚣尘上。

从毛泽东、李维汉到邓颖超，共产党人闻听此事后的第一反应，充分体现他们最为朴实的一面。斯诺在《红色中国杂记》中写道，蒋介石在西安被扣的消息传到保安后，保安群众当晚举行庆祝大会，“毛泽东和其他一些人出席了大会，并讲了话。会上通过一个决议——要求公审卖国贼蒋介石”。共产国际派驻中国的顾问李德在《中国纪事》中记载此事，说他也参加了那个群众集会，毛泽东首先在会上讲话，主要内容是：清算和公审出卖中华民族利益的叛徒蒋介石的时候到了，只有对他清算，才能为全国一致抗日开辟道路，必须要求南京政府立即停止一切内战，特别是反对红军的内战。

是啊，内战将近10年，以蒋介石为首的国民党反动派杀害的共产党人数不胜数，要说普通红军战士与群众对蒋恨之入骨，一点都不过分。甚至一些党的高级干部一听说蒋介石被扣，也无不喜出望外，兴奋异常。

审蒋、毙蒋的要求，都是共产党人内心情感的真实流露。作为国民政府不抵抗主义的核心人物的蒋介石，事实上成为当时国内停止内战、一致抗日的最大绊脚石，清算他就是为全国一致抗日铲平道路，毛泽东等人审蒋的主张既有情感因素，更有理性思考，想来也在情理之中。

只是，情理之中的做法并不一定代表着完全正确的方向，情理之外的理性思考或许才是符合事物发展规律的正确做法。关于西安事变，怎样界定它的性质？怎样妥善处理？怎样向西安的张杨和外界就西安事变表态？中共中央必须形成一个较为一致的意见。

12 月 13 日，中共中央召开政治局会议讨论西安事变问题的性质、形势发展及如何处理蒋介石等问题。

关于西安事变的性质，毛泽东认为这次事变是革命的，是抗日反卖国贼的，它的行动、它的纲领，都有积极的意义。它没有任何帝国主义的背景，完全是站在抗日和反对“剿匪”的立场上。毛泽东肯定西安事变的正义性的言论得到多数与会政治局委员的赞同，只有张国焘持不同意见：西安事变首先是针对蒋介石的，其次才是抗日，由此引起的内乱是不可避免的，只是内乱的大与小的问题。

对于当时政治形势，毛泽东估计日本有可能拉拢南京政府使之傀儡化，而地方实力派以及南京的各派，都有一部分可能转向西安方面来，因此他极力主张以西安为中心来领导全国并控制南京。周恩来则认为南京的军事力量仍很强大，我们不应该在政治上与南京对立。很快，对于争取南京方面抗日的意见，与会者形成了较为一致的认识，只是张国焘主张以西安为抗日中心，就要打倒南京政府，建立抗日政府。张国焘的观点被博古、张闻天等批评，但以西安为抗日中心却成为会议的共识。

在如何处理蒋介石这个问题上，张闻天对会上“审蒋”“除蒋”，以及“以西安为中心”，成立“一个实质的政府”的意见表示了不同的看法，他认为对“妥协派”应尽量争取、分化与孤立，不能采取与南京对立的方针，不组织与南京对立的政权形式，尽量争取以南京政府为正统，联合非蒋系队伍。

会上充分发扬了党的民主作风，与会者畅所欲言，各抒己见，较为科学地分析研究了当时错综复杂的政治形势，确定了和平解决西安的基本方针。为了慎重起见，会议决定中央暂不发表宣言，派全权代表周恩来去西安按实际情况相机处理，为事件朝着正确方向发展起了重要作用，也为中央在处理事件上形成最切合实际的主张留足了余地。

其实，如何处置蒋介石，这才是西安事变和平解决还是引起更大规模内战的关键。直到 12 月 15 日，中国共产党在以毛泽东、朱德等 15 个红军将领名义致电南京国民政府时，仍然要求“罢免蒋氏，交付国人裁判”，这与此前的“审蒋”“除蒋”观点并无二致。要达到既除蒋又争取联合南京政府，达到停止内战、一致抗日的目的，主要看南京方面蒋的嫡系是否拥有实权，还要看亲日派的能量到底有多大。而这些复杂关系要把它看透，最起码看到七八成，没有足够的时间让这些关系显露出来、没有足够的舞台让这些关系相互博弈，继续窝在消息闭塞的保安，都是不大容易准确把握的。

于是，中国共产党采取实事求是的态度，派周恩来到西安代表中共中央，走一步看一步，根据情况灵活处置。周恩来于 12 月 17 日黄昏到达西安张公馆会晤张学良后得知，蒋介石停战三天的手令到达南京后，南京方面答应派宋子文来西安商谈。显然，南京方面的行动进一步证明，蒋介石虽然被扣留西安，南京的政局仍牢牢掌握在他手中，国民党内并没有第二人选可以替代他的地位。在这种情况下，“审蒋”“除蒋”并与南京国民政府达成国内和平、一致抗日在理论上就失去了其可能性。周恩来抓住问题的关键，提出保护蒋介石人身安全建议，把蒋介石人身安全与和平解决事变联系起来，并把这种思想向中央报告的同时，也向张杨和南京两方面进行解释，防止事态继续扩大化。

到了12月19日，中共中央召开政治局扩大会议。张闻天在会上明确了党的方针“应确定为争取成为全国性的抗日，坚持停止内战，一致抗日的方针”。因此，从策略上讲，他主张“不站在反蒋的立场，不站在恢复反蒋的立场”。他还批评了要公审蒋介石的主张，要以抗日为中心，要求把蒋介石交给人民进行公审的口号就是不妥的。这次会议确定了较为完善的和平解决西安事变的方针，而这一方针的确定显然与中共派代表团赴西安及时掌握事态发展的各种消息的务实做法分不开，更与中共坚定的抗日救国信念分不开。

随后，在中共代表团的全力斡旋下，西安事变最终得以和平解决，成为扭转时局的关键。中共在事变处理中甚至起到了“谋主”的作用，在扭转时局的大事变中，其作用不可谓不大。而中共的“谋主”作用，最关键的莫过于和平解决事变方针的确定，这一切都与中共的民主、务实的作风与坚定的抗日救国信念密不可分。

三、同室操戈究为何

1941年1月6日，新四军军部及所属部队9000余人行走在安徽南部茂林地区的山道上。连日来，当地天降雨雪，道路泥泞不堪。匆匆行军的人们做梦也不会想到，更大的灾难即将降临到他们的头上。突然，四下里枪声大作，许多人还没弄清楚是怎么回事便倒在了枪林弹雨之中，活着的人们不由心头一紧：糟了，被敌军伏击了。战士们奋起还击，一场惨烈的战斗就此拉开序幕。谁曾想，这一仗一打就是7昼夜，新四军将士死伤、被俘多达7000余人，只有2000余人分散突围出来。军部方面情况也十分不妙，军长叶挺只身下山谈判被扣，项英、周子昆突围途中被叛徒刘厚总杀害。几天后，国民党方面更是发布通告，宣称新四军为叛军，撤销新四军的番号。这就是震惊中外的皖南事变。

消息传来，中共中央西南局书记周恩来异常震怒，愤然在《新华日报》上题词："千古奇冤，江南一叶。同室操戈，相煎何急!?"大敌当前，国难当头，国民党军队却向自己的友军挥起了屠刀，这不是同室操戈又是什么？民族危亡之际，为什么会发生这种兄弟阋墙之事？

我们不妨把视线拉回到新四军成立之初。根据国共建立抗日民族统一战线的协定，新四军在编制上属于第三战区司令长官顾祝同领导；但是，根据中共独立自主原则，新四军事实上只听命于党的指挥。毛泽东曾经指示新四军所在的中共东南局，"不论是八路军、新四军或华南游击队，虽然各有特殊性，但均有同一性，即均有敌人，均在抗战。因此，我们均能够发展，均应该发展。这种发展的方针，中央曾多次给你们指出来了。所谓发展，就是不受国民党的限制，超越国民党所能允许的范围，不要别人委任，不靠上级发饷，独立自主地放手地扩大军队，坚决地建立根据地，在这种根据地上独立自主地发动群众，建立共产党领导的抗日统一战线的政权，向一切敌人占领区域发展。例如在江苏境内，应不顾顾祝同、冷欣、韩德勤等反共分子的批评、限制和压迫，西起南京，东至海边，南至杭州，北至徐州，尽可能迅速地并有步骤有计划地将一切可能控制的区域控制在我们手中，独立自主地扩大军队，建立政权，设立财政机关，征收抗日捐税，设立经济机关，发展农工商业，开办各种学校，大批培养干部”。

中共中央的指示再明确不过，这也真正体现了中共一贯主张的放手发动群众，壮大人民力量，以民族革命战争驱逐日本帝国主义出中国的正确主张。他们坚信，只有动员全民族的抗战，尽可能发展人民武装力量，才可能打败日本侵略者。

例如苏南根据地，它包括江苏省长江以南和浙江省、安徽两省的一部分，以京沪铁路为界，以南称茅山地区，以北称东路地区，是新四军陈毅的第一支队和张鼎丞的第二支队共同开辟出来的抗日根据地。早在1938年夏，他们便先后成立了镇江、句容、丹阳、金坛四县抗敌总会和江宁、当涂、溧水三县抗敌总会。1939年，新四军第一、第二支队力量大发展，他们先是将丹阳游击纵队改为新四军挺进纵队，后来又将第一支队六团与地方武装合编成立江南抗日义勇军总指挥部，力量达到4000余人枪。主力开走后，留守人员成立江南抗日义勇军东路司令部，1940年谭震林来到东路地区后改称江南抗日救国东路指挥部，历经大小50余次战斗，队伍发展到3000余人，控制了大小城镇94个、人口约200万，与第二支队连接起来。此时，新四军第二支队在罗忠毅等领导下，集中在茅山地区开展军事斗争，部队发展到4600余人，根据地取得较大发展。

还有皖南抗日根据地，东起芜湖、宣城，西至青阳、大通，在横200余里、纵100余里的狭长区域里，新四军第三支队迅速恢复和新建中共各级组织，从1938年到1939年年底，共建立起26个区委、60个中心支部、1364个支部，共计11345名党员；群众组织的发展也颇见成效：农抗会347个，拥有会员13400余人；工抗会40多个，会员2500余人。军队的发展也很明显，第一团发展为新一支队，下辖老一团、新一团；第三团发展为新二支队，下辖老三团、新三团；特务营发展成为特务团。

到1940年年底，新四军在敌后不仅创建了苏南、皖南根据地，还创建了皖中抗日根据地、皖东抗日根据地、豫皖苏抗日根据地、皖东北抗日根据地、苏中抗日根据地、苏北抗日根据地、豫鄂边抗日根据地等，共计9块根据地。根据地发展的同时，新四军的兵力也迅猛增长，据统计，至1940年年底，新四军兵力达到13.61万人，装备各种枪7.44万支（挺），迫击炮30门。这个数字，与新四军诞生时兵力1.03万人、枪0.62万余支（挺）相比较，兵力发展到13倍，枪支增长到12倍。而与此同时，八路军自诞生到1940年，兵力由4.5万发展到39.3万人，发展到9倍；装备各种枪支4万余支增至19.52万支（挺）、炮240门，增长到近5倍。面对这一组数据，我们可以这样认为，新四军兵力及武器装备发展的速度比八路军还要快。

八路军在华北的发展，早已经让国民党坐卧不安。在一份《第八路军在华北陕北之自由行动应如何处置》的报告中，国民党方面对于自己一党统治地位忧心忡忡，担心“国民党失地，日本与共产党分地”，“本党统治之土地，将一失而不易复得”，“共党三年来由三万扩大到五十万，再一两年定不止一百万，那时还有国民党活路?”共产党领导下的八路军发展如此迅猛，国民党方面这时想到的不是抗日力量的壮大而是自己地盘的损失。共产党发展到100多万，国民党便没有活路，几乎整个中国沦陷于日本侵略者之手，国民党反倒不担心其生存问题，这是什么逻辑?鉴于华北沦陷区的敌后方已经为八路军所控制，国民党控制华中沦陷区的欲望便空前强烈。

1938年1月，国民政府划分战区时，在华中倾注不少心血，任命顾祝同为第三战区司令长官，作战区域为江浙皖，辖刘建绪等4个集团军及新四军等部。到了1939年年初，第三战区进一步开拓，下辖苏南、皖南、闽、浙等。再加上第五战区司令长官李宗仁统辖皖西、鄂北、豫南，华中几乎悉数进入国民党掌心。另外，早在1938年年底，桂系军队完全控制了大别山，其势力还深入皖东、皖中，以及鄂东，到1939年时便不断与新四军产生摩擦。国民党在这些地区抓住一切机会加强控制力。就在淞沪会战、徐州会战后，国民党正规主力部队将要撤退之际，李宗仁强令第二十四集团总司令韩德勤停止撤退，由韩兼任代江苏省主席，率第八十九军及保安纵队留驻江苏；以陈泰运为团长的财政部税警总团、以李明扬和李长江为正副总指挥的鲁苏皖边游击总指挥部留驻苏北。与此同时，第三战区顾祝同成立了江南挺进军，活动在苏浙皖边；军统特务头子戴笠派遣武装特务进入上海外围和苏南，组织了别动军。

为了控制这一区域，国民党给新四军划定活动区域，处处严格限制其发展。一方要限制，一方要发展，双方的武装冲突与摩擦自然少不了。在一系列冲突中，规模和影响较大者应属黄桥战役。早在1939年，韩德勤先是包围袭击八路军独立第三团，杀伤团长以下数百人；夏天，又杀伤闵家桥地区抗日游击队数百人；接受中共领导的民间抗日武装陈文部队3000余人，也被韩德勤全部“剿灭”。

1940年3月，国民党军方制定了《剿办淮河流域及陇海路东段以南附近地区非法活动之异党指导方案》，计划由李品仙、韩德勤部进入淮河南北，将中共军队压迫到长江以南或伺机歼灭，以截断新四军与八路军之南北联系。3月底，韩德勤部署一一七师刘漫天部在本辖区内的天长、六合、盱眙等地攻击“违令”进入的新四军，并主攻皖东新四军第八支队领导机关驻地半塔集，叶飞奉新四军江南指挥部之命驰援半塔集，与驻地一团兵力合力击溃国民党军的围攻，取得半塔集战役的胜利。7月，叶飞挺进纵队痛击日伪军后，为防止其反扑“扫荡”，转移部队进驻郭村两月余，引起国民党军不满，韩德勤命令李长江进攻郭村新四军挺进纵队，反被歼灭3个团，击溃10个团，后经谈判达成互让互助协议。后来，新四军攻占黄桥，拿下姜堰并交给李明扬、李长江，韩德勤恼羞成怒，决定消灭江北新四军，遂于10月3日调集26个团3万余人分三路向新四军进攻。战至10月6日，粟裕指挥新四军经过多次战斗，歼灭韩德勤部共计1.1万余人，第八十九军军长李守维溺毙，击毙独立第六旅旅长翁达及旅、团长数人，俘虏三十三师师长孙启人、九十九旅旅长苗瑞林、一一七师参谋长等师、旅、团军官30余名，下级军官600名；缴获长短枪3800余支，轻、重机枪189挺，山炮3门，迫击炮59门及大量弹药和军需物资。

黄桥惨败刺激了国民党部分军事将领，一部分人主张用坚决的手段“解决”新四军。先是何应钦向蒋介石提出，应准备“立即将江南N4A予以解决”。1940年10月19日，参谋总长何应钦和副总长白崇禧又发出皓电，严令八路军、新四军按照7月16日“中央提示案”的规定，一个月内全部开赴旧黄河以北。针对国民党的强硬态度，中共中央声明部队一向遵守军令，一面又于11月9日由朱德等将领发出佳电，对何、白皓电作了公开答复，拒绝了其要八路军、新四军全部开到黄河以北的无理命令；同时又表示为了顾全团结抗战大局，可以将皖南新四军移至长江以北。1940年11月14日，国民政府军事委员会军令部拟定了《剿灭黄河以南匪军作战计划》，确定第一步以第三战区兵力于 1941 年 1 月底以前“肃清”江南新四军，然后转用兵力“肃清”苏北新四军；第二步以第五战区兵力于 2 月 28 日前“肃清”黄河以南八路军、新四军。这个计划上报给蒋介石，要求批准执行。

至此，国民党片面抗战、限制其他党派及民主力量发展、维持一党独裁的企图在一系列摩擦中暴露无遗。

国民党方面如此无法无天，中国共产党该怎么办？是继续维持合作局面还是彻底撕破脸皮与其破裂？共产党决策的核心问题其实就一点：蒋介石集团是否已经与日本妥协，专事反共？也就是说，如何对付蒋介石集团发动的皖南事变，关键在于对其抗日还是妥协投降的判断。如果国民党妥协投降，就坚决反击与其决裂，如果对方还在抗日，就尽可能避免与之决裂，设法维持团结抗日的局面。

当国民党军队完成包围并对皖南新四军发起总攻时，中共中央对蒋介石此举的判断仍延续了共产国际的认识——局部的“大吹小打”，因此批示重庆的周恩来向国民党提出严正交涉，要求对方立即撤围以证明不是有意破裂。对于中原局刘少奇等以包围沈鸿烈、韩德勤与国民党交换的建议，毛泽东代表中央表示赞同。到了 1941 年 1 月 14 日，当得知皖南新四军军部及所属支队已经牺牲 7000 余人时，毛泽东等对事件性质的判断发生了转变，要求苏北、山东的部队准备消灭国民党韩德勤、沈鸿烈军，并且要在政治和军事上准备全面大反攻以粉碎反共高潮，华北各部要提前准备机动部队以应付最严重的事变。很显然，到了这时候，毛泽东不再认为国民党还是小打小闹而是准备全面破裂，所以必须给予相应的还击。

只是中共中央内部的判断并不一致。刘少奇认为，就全国范围而言，国民党并没有投降并且在继续抗战，对共产党也不敢分裂，因为他们害怕因此影响与苏联的关系，况且蒋介石在皖南国民党军队攻击新四军时也曾发布命令予以制止，这也证明蒋介石确实害怕事情闹大。据此，他主张中共方面不宜因皖南事件与国民党分裂，并建议在全国主要实行政治上的全面反攻，但在军事上除个别地区外，还是暂时不实行反攻为妥。

然而，形势的发展并没有给刘少奇的判断以有力的佐证，反倒让毛泽东对自己的判断更加坚信不疑：蒋介石 1 月 17 日取消新四军番号，证明了他们发动皖南事变就是有备而来，就是准备彻底破裂。因此，在 18 日中共中央政治局会议上，毛泽东全盘说出自己的看法，“国民党准备与共产党大决裂”，“国民党干出这件大事，定有帝国主义的指使，这或者是英美，或者是德义（意）”，“现在国民党准备大举进攻华中部队，一网打尽大捕共党，捕杀各办事处，因此我办事处必须实行自卫式的撤退”。

23 日，中共中央再度召集政治局会议，毛泽东通过对一周来事态发展的观察，相信国民政府已经与日本实现了事实上的休战，是一种不议而和，全国范围的破裂已经开始了。他认为：“我们与蒋合作已经没有好处，对我们没有好处，对蒋因日本停止进攻，也没有好处，因此这种合作已无存在之可能。”“如果日军与国民党反共军配合，那我党有很大危险，将会受到损失。”当天，毛泽东在给刘少奇的电报中更加清楚地说明了他对事变性质和后果的看法，他说：“蒋介石一月十七日命令是全国性突然事变的开始，是全面投降与全面破裂的开始，我们在十二月十七日以前的估计不适用了。”

但是，莫斯科方面并不同意毛泽东对于形势的判断。毛泽东要周恩来向“朋友们”讲清楚，他们的意见——今天的工作中心，仍是求得抗战继续是错误的，蒋介石一月十七日命令是中国全国性突然事变的开始，是全面投降全面破裂的开始，要他们停止接济，准备后事，不然要上当。苏联方面则表示，延安的毛泽东等估计情况有些过了，蒋介石并非要真的破裂。毛泽东听到这些话后表示：“人家已宣布我们叛变，我们决不能再取游移态度，我们决不能再容忍，我们决不能怕破裂，否则我就要犯严重错误，因此延安命令及谈话的全部，包括文字在内是完全正确的。我们表明态度之后听凭蒋介石去处置，或者他执行我们的十二条，两党重归妥协，或者实行全面破裂。你们应向各方表示，蒋介石已将我们推到对立地位，除非蒋介石取消十七号命令及实行其他必要步骤，我们是只有和他对立一途，因为我没有别的路走。”

就在毛泽东认定国民党分裂而准备采取应对措施时，日本于1月下旬出动几个师团的兵力向河南进攻，这一举动证实了莫斯科的看法，毛泽东关于中日政府已经停战、国民党已经叛变的判断不可能不受到动摇。因此，当1月20日至23日毛泽东声称与蒋介石已经无话可说，不愿与国民党发生任何公文往来之后，25日又提出正式的十二条办法，通过张冲转交国民党中央，要求以“尖锐对立求得暂时缓和”“不断绝和他们来往”。到了2月5日，共产国际总书记季米特洛夫发来电报，认为与蒋介石的决裂并不是不可避免，共产党人应采取一切可能的行动以避免国共之间的破裂。这时，毛泽东也在一定程度上对自己以前的判断进行修正：“东条公开说：‘华北是日本人的根据地，蒋介石要驱逐华中共产军去华北，破坏日本利益。’这一点我们过去却没有估计到。”面对即将召开的国民参政会，毛泽东对形势的估计是反共不会变，高潮可能下降，“剿共”可能停顿，所以主张通过政治攻势逼迫蒋介石让步，采取政治攻势、军事守势“只会迫蒋抗日，不会妨蒋抗日”，“只会拉拢国共，不会破裂国共”。

拉也罢，打也罢，中国共产党人始终不变的是全民族抗战必胜的坚定信心，在此过程中独立自主地发展抗日力量的原则也是毫不动摇的。因此，国共双方在华中、在皖南的冲突皆因双方在这一点上的认识不同。而后来的双方间相互妥协的基础，在于共同抗日而非其他的改变，抗日压力越小，双方的原则的分歧只会显现，不会消弭。

四、窑洞里面办大学

中共中央长征到达陕北之后，又东征西征的，总算结束了“走过来走过去，没有根据地”的日子，终于有了一块可以歇脚、喘气的根据地。1935 年 11 月 7 日，洛甫（张闻天）、博古、罗迈（李维汉）、董必武、刘少奇等率中央机关抵达瓦窑堡。

局势稍稍安稳后，培养人才的问题再次提上中央领导的议事日程。因为，红军经过二万五千里长征，沿途既要克服极端艰苦的自然条件，又要冲破蒋介石的围追堵截，历尽千难万险到达陕北后，仅剩 3 万余人。由于党员干部在战斗中身先士卒、冲锋在前，伤亡的比例特别大。到达陕北后，红军队伍迅速扩大，要大规模补充干部，但干部来源十分匮乏，这就需要大规模培养干部。

另外，随着日本侵略不断加剧，民族矛盾逐渐上升为国内主要矛盾，中国革命的形势及世界形势也发生了重大变化。中国共产党不断调整策略，提出抗日民族统一战线政策，希望联合国内各阶级、党派，以民族革命战争驱逐日本帝国主义出中国。形势与策略转变之后，中共努力促进马克思主义中国化，形成了新民主主义政治路线。政治路线确定之后，干部就是决定因素。干部队伍建设要适应新形势，也需要大规模的教育培养。

然而，大规模教育培训干部的基本条件，此时并不具备。正如毛泽东所说：“我们这里要教员，没有；要房子，没有；要教材，没有；要经费，没有；怎么办？就是要我们艰苦奋斗。”

对，就是要艰苦奋斗！也只有艰苦奋斗，才能解决问题。就在这种情形下，中共到达陕北后第一所高等学府——中国人民抗日红军大学开办了。

1936年6月1日，当陕北高原披上星星点点的绿色之际，瓦窑堡的米粮山上也弥漫着欢乐喜庆的气氛，红军将士们一个个喜气洋洋。不为别的，只因为自己的大学——中国人民抗日红军大学开学了。这一天，红大第一期学员1000余人齐聚会场，隆重举行开学典礼。毛泽东、张闻天、周恩来等领导出席开学典礼并讲话。毛泽东在开学典礼上的讲话就是上边提到的“四没有”和一个“要”。

若鸟瞰瓦窑堡，人们就会发现这是一个南北长而东西窄的所在，横卧龙虎山东端。它东面南河环澜，岸接平川；西靠龙虎山、七椤山（中原山），层峦叠嶂；北濒秀延河，悬崖峭壁；四周群山环绕，南河、秀延河交汇而形成滩涂，临河砌堤，早在元朝初年，这里便逐渐形成了城郭。明清时期，人们又多次修葺这个旧城堡，至清雍正年间，发展为陕北一带重要的物资集散地，真可谓商贾云集、贸易发达。只可惜，同治年间回民义军入境，与驻防瓦窑堡的清军展开了激烈的拉锯战，烽烟不断、战火连年，瓦窑堡从一个市镇变成了一片废墟，从此一蹶不振。进入民国后，瓦窑堡仍然发展缓慢，人口凋零、满目萧条。

在这样的环境里，红军要办一所大学，困难可想而知。一切都很缺乏，其中最缺乏的就是校舍。在米粮山巅，红军好不容易找到一个窑院，院内一排五孔窑洞，窑深8米，宽3米，高4米，以此作教室再好不过了。就在这样的窑洞教室里，红大学员们在窑掌处拉起横幅，上边书写“中国人民抗日红军大学开学典礼”，两侧墙壁上也分别张贴标语：“高举抗日旗帜”“迎接新胜利”。窑中没有课桌，也没有椅子，学员们一人一个小方凳，以腿为桌，听课、记笔记，一样也不耽误，他们的学习劲头丝毫不受简陋的条件所影响。

然而，开办仅仅21天，红大便不得不进行搬迁，因为瓦窑堡待不住了。6月21日，国民党第八十六师高双成部突袭瓦窑堡，红大即随中央机关撤出瓦窑堡，迁至保安县城。保安地处黄土梁峁沟壑区，境内地表支离破碎，梁峁密布，沟壑纵横，山高坡陡，河谷深切，基岩裸露。这里地瘠人贫，红大迁到此处后，办学条件更是困难到了极点。

在这里，红大找不到现成的房舍，更无法就地取材伐木盖房，便充分利用当地地形特点，凿石开洞，硬是在一道道岩壁上开凿出一个个石质"洞府"，当作教室、宿舍、办公室。教室里，凳子是石块垒就的，黑板是石灰和泥土混合起来抹成的平整墙面，而桌子则是可以移动的，那就是学员们的双腿。石洞宿舍像蜂窝一样一排一排地分布在崖壁上，学员们进出房间就靠石壁上凿出的小窝攀援上下。校舍建成当天，毛泽东、周恩来来到红大驻地视察，毛主席幽默地说："你们是石器时代的原始人，学习的却是当代最先进的理论——马克思列宁主义，你们就好像是元始天尊的弟子，在石洞中修炼。你们什么时候下山？天下大乱你们就下山。"

弟子们要"修炼"成"武林高手"，没有本领高强的师傅给予指导，成材的速度与质量自然要大打折扣。红大的教员从哪里来，水平怎么样？作为一所抗日革命大学，红大所需的教员不是什么博士、教授，应该是革命实践中成长起来的革命元勋。于是，革命队伍里的领导人，甚至来访的国际友人，都被请上了红大的讲台，红大一期的授课名单就是最好的例证：毛泽东讲《中国革命战争的战略问题》，周恩来讲《关于国际形势》，张闻天讲《中国革命基本问题》，博古讲《政治经济学》，杨尚昆讲《各国论》（主要是英美法德日意），徐特立讲《新文学》，李维汉讲《党的建设》，李德讲《战争战术》，林彪讲《战役学》，斯诺讲《英美对中政策》，朱德讲

《中国近代革命运动史》。从这些课程的设置上看，当时的课，既有理论，又有实践，涵盖涉及范围非常广。

在如此艰苦的条件下，英雄的共产党人硬是用革命加拼命的精神开办了自己的红军大学，他们靠着勤劳的双手，靠着艰苦奋斗、自力更生，硬是走出了一条属于自己的办学之路。在斯诺看来，红大有着许多独一无二的地方。首先，以窑洞为教室，石头砖块为桌椅，石灰泥土糊的墙为黑板，校舍完全不怕轰炸的这种“高等学府”，全世界恐怕就只有这么一家。其次，没有什么别的学校会像这里一样，由于“纸荒”而不得不把敌人的传单反过来当作课堂笔记本使用；没有什么学校会像这里一样，每个学员的教育费用，包括伙食、衣着、一切在校开支，每月不到 15 块银元。

红大发展速度十分惊人，一期就招收了 1063 人，分编为 3 个科，其中的第一科是名副其实的“将军科”。第一科有学员 38 人，到 1955 年我军初次授衔时，他们中最低军衔也是中将。其中比较有名的有罗荣桓、罗瑞卿、谭政、彭雪枫、杨成武、刘亚楼、张爱萍、苏振华等人。所以，这真是一个名副其实的“将军科”。第一科也是一个“功臣科”，其成员虽然年龄不大，但个个身经百战，他们从枪林弹雨中走来，几乎每个人都带有光荣的印记。据统计，第一科学员平均年龄 27 岁，人均有伤疤 3 处。这些大名鼎鼎的学员都是蒋介石悬赏捉拿的对象，如果把他们的悬赏金额加在一起，总数居然超过 200 万银元。在这个世界上，恐怕再也找不出第二所这样的大学，这样一个具有神奇魔力的大学，在原始的洞府里，教育出改变中华民族命运的中坚力量！

1937 年，中共中央进驻延安，红大随迁延安，改名为中国人民抗日军事政治大学，毛泽东亲任抗大教育委员会主席。进了延安这个陕北的“大城市”，抗大并未因此而鸟枪换炮，享受什么高大上的物质条件，仍然是一个办在窑洞里的大学。学员们的校舍全是自己动手从山壁上掏出来的窑洞，洞中的生活全方位诠释着什么是艰苦奋斗。窑洞一般只有一人多高，顶部呈半圆形，靠一侧墙壁的地面会留一块土台，在其中挖出一些烟道就成了北方的“土炕”。炕太小了，并排要躺 10 个人，挤得都无法翻身，但学员们并不因此而沮丧，他们往往互相先通个气，然后一齐喊“一、二、三，翻!”，便一起翻身。这种窘迫的生活，非但没有人觉得苦，反倒在多年后回忆起来仍感到无比珍惜。个中原因到底是什么？身处其中的人们或许并没有认真思考这个问题，但无形的、无时不在的对革命前途与民族明天的希望在支撑着他们的同时，也成为他们的空气与水，呼吸、吞咽而不自觉。

窑洞里的学校还有许多不为外人所知的困窘，比如各种学习材料的短缺。据抗大学员回忆，他们晚上学习不仅没有电灯、汽灯，很长时间里连煤油灯、麻油灯也点不上。但是，困难阻挡不了学员们学习的热情，他们每天黄昏前便预先铺好被窝，天黑之后，就在窑洞里摸黑展开学习讨论，进行激烈的思想交流。

学习用具也很缺乏，比如钢笔、墨水、纸张等都是稀缺物品。延安当时也生产一种墨水，尽管质量一般，但因产量有限也不能充分供应。一个时期，学校还会给每个班发一根变色铅笔，可以把笔芯剥出来泡成“代用墨水”。后来，变色铅笔搞不到了，失去制造墨水原料之后，同志们只好另想办法，买点能买到的颜料用水泡开当作墨水用，以解燃眉之急。在当时，钢笔更是极不易得的高级“奢侈品”，同志们对钢笔的爱护如同爱护自己的眼睛、战士们爱护枪支一样。每次用完之后，都十分小心地把钢笔卡在衣袋上，而且还要用线绳拴住笔帽以求双重保险，防止丢失。只是，再好的笔也抗不住天长日久的书写磨损，笔头磨损太厉害了，就正面用了反面用，反面不能用再斜着用，或者自己设法打磨修理一下接着使用，每一支笔都是用到实在不能再用时才放弃。

学习用的纸张供应也很困难，学校里大部分的课程都没有课本或教材，所印的讲义等，因纸张缺乏也印得很少，学员学习主要靠自己记笔记。刚开始时，每月还能发下来两张油光纸，后来没油光纸了，就只发一点土制的马兰纸。这种纸的原料主要是当地产的马兰草，纸张粗糙，色深质脆。即使这样的纸张，供应量也很不够，大家用纸十分节约，正面写了写反面，桦树皮也能订成本子用。

学习条件差，生活条件更差。据延安的一位抗大学员回忆，入冬时给他们发了一套旧棉衣和一件旧的白板的老羊皮大衣。棉鞋、棉袜都没有发，西北高原寒冷的夜晚，让这群青年躺在凉炕上冷得直哆嗦，晚上睡觉连衣服都不敢脱。为了不冻坏脚，有的同志搞到一块棉花，有的搞一点羊毛，然后再找一块旧布包在脚上，再穿上鞋，这样的“棉鞋”从外观上看起来就像一只只骆驼的蹄子一样。就是这样的条件，同志们仍然热情高涨，愉快地工作、学习、跳舞、唱歌、战斗、生活。

生活有困难，学员们就自己动手克服。粮食蔬菜供应紧张，学员们便上山开荒种地，每到秋收季节，一个中队能够收获上万斤土豆，挖个地窖贮藏起来，就是越冬所需的主要食粮。他们也种一些谷子来补充粮食，其他蔬菜也种了不少，不但解决了当季吃菜问题，还晒了大批的干白菜，窖藏了不少的萝卜、蔓菁等，解决了冬季缺菜问题。

住在窑洞里的青年压抑吗？不，他们每天的生活反倒充满了快乐的歌声。清晨天刚刚亮，就有值班的同志吹哨子发出起床的命令，于是全体人员迅速穿衣服、打绑腿、理被褥。几分钟之后，队伍就在窑洞前集合完毕，开始唱歌。在年轻的小指挥带领下，大伙放开嗓门唱起抗战流行歌，这些青年“歌唱家”可不管什么入不入调，反正嗓门大、热情高，就能博得大家热烈的掌声。没有歌本，大家都是教一句唱一句，很快就学会了几乎所有在延安流行的歌曲。唱完歌，大家这才拿起洗漱工具一溜烟跑下山去，偌大的延安就是同志们的天然洗漱间。洗漱完毕，回到厨房门前的旷地上，每人一份小米稀饭加土豆，从狼吞虎咽的吃相就能看出他们吃得有多香。有时候，锅底会有小米锅巴，放在嘴里一嚼，又香又脆，大家都争着吃，“僧多粥少”的情况下就只有轮流享受了。

困难是很大，可是困难再大，也大不过学员们的学习热情。课堂大多时候就在露天的平台上，教员站着讲，旁边放一张小凳子，上面放一杯白开水，算是对教员的优待。学员往往席地而坐，以膝盖为桌子，每个人都十分认真地边听讲边记笔记。因为没有教材、没有讲义，复习时全靠笔记，大家拿出笔记互相校正。到了晚上，大家挤在微弱的灯火下组织讨论，相互交换学习体会，相互吸收对方正确的观点，通过这样的深入讨论，使学习的内容得到深化理解。讨论会也增进了学员间的相互了解，来自不同区域、有着不同经历、学识水平不一的学员都有所提高，认识趋于一致，大家有了更多的共同语言。窑洞里的小组生活会也是一种学习，或者叫作生活检讨会，大家坐在窑洞里，互相谈心，开展批评与自我批评，你对我提点意见，我对你提点意见，开诚布公，有啥说啥，不拘形式，不讲面子，使人与人之间的隔膜消除了，不同生活习惯、不同行为方式的人渐渐融合起来，同志间又进一步增进了团结。

窑洞大学不仅有严肃紧张的政治和学习生活，也有团结活泼的文化生活。除了每天的早晚在队部前唱革命歌曲以外，差不多每个星期六都有晚会，除了演出街头剧外，更多的是唱歌，同志们经常拉歌：“××队，来一个！”对方唱完之后，马上就有人喊：“好不好？妙不妙？再来一个要不要？”会场上炸雷一般蹦出一个字：“要！”于是，歌声经常响彻云霄，什么《大路歌》《毕业歌》以及《抗大校歌》等，成为人人会唱的歌曲。

充满革命乐观主义精神的课外生活，有着革命队伍的内在引力，因为窑洞大学里的人们讲究领导带头。有一次，学员们为了欢迎朱总司令远道归来，赶排了一个文艺节目。这是一个主要由罗瑞卿、张爱萍、宋裕和等同志自编自演的节目，计划来让高个子耿飚同志饰蒋介石，但他坚决不同意。后来，大家看罗瑞卿同志长得也比较高瘦，便由他来饰演蒋介石，结果扮起来还真的挺像。比较有趣的是宋裕和同志，他在剧中扮演一个小脚老太婆。当他穿上借来的老太婆衣服，认真地用脚后跟一拐一拐地学小脚老太婆走路时，那惟妙惟肖的神态把台下的观众连眼泪都笑出来了。

此外，打篮球也是抗大学员锻炼和娱乐的最常见的方式，他们平整出一方土地，埋下 4 根柱子，钉上几块木板，找两个桶箍代替球筐，一个简易的篮球场就成了。尽管简陋，但大家玩得却非常开心。

抗大是一所窑洞大学，陕北公学是一所窑洞大学，鲁艺是一所窑洞大学，延安时期中共创办的许许多多高等学校，都是依托窑洞这种西北特有的栖身场所的窑洞大学。

然而，来自四面八方的学子，既有富贵人家子弟，也有穷苦人家纯朴青年，他们或者长袍马褂或者破衣烂衫，但投奔的目标却是高度统一的，那就是延安的窑洞大学。他们舍弃荣华富贵、跨越千山万水，经历了种种苦难到延安来，到底是为了什么？为什么延安的窑洞对他们有如此大的魔力？因为，延安的窑洞里有“真经”，延安的窑洞里有马列主义，延安的窑洞大学有世界最高明的大师——马克思与列宁。试回想，当初毛泽东戏称窑洞大学里的学员为元始天尊的弟子，恰是对当时国内形势的精准判断：日本步步进逼，全面侵华的野心暴露无遗，中华民族到了最危险的时候，而国民党政府却一味奉行“攘外必先安内”的政策，把主要的精力用在所谓的“剿匪”上，不断增加兵力“围剿”中共军队，镇压民主党派的民主抗日要求，制造一个个血案，“天下”正在一天天大乱。窑洞大学里的学员们，学习马列主义精髓，找到救国救民的真理，练就了“匡正天下”的本领，就可以下山了。

这样一来，延安的窑洞，反倒成了学成“绝世武艺”的“神山”“仙洞”，一批又一批的青年如同朝圣一般涌向延安，就是为了住一住延安的窑洞，读一读延安的“圣经”，把微薄的一己之力融入民族独立与解放的洪流中去。带着这样的信念，窑洞大学中的青年始终散发着青春活力，洋溢着让时人艳羡的精气神，别有一番神采。

五、持久战略定心丸

1937年7月7日，卢沟桥事变爆发，中国人民气壮山河的全面抗日战争就此拉开了帷幕。面对国力、武力都强于自己的敌人，这场战争如何打、要经过一个什么样的战争进程、战争的结局又怎么样等，这些问题成为无数中国人都在想却都一下子想不明白的难题。

方向不明，立场不稳，对待这场前所未有的战争，人们的心态就像坐上了过山车，一会儿极度亢奋，一会儿无比消沉。

全面抗战初期，1937年8月，国民党组织了淞沪会战，历时3个月，尽管毙伤敌4万余人，打破了日本侵略者“速战速决”的计划，但由于国民党实行片面的抗战路线，仍然以失败告终，上海沦陷。随后，日军转兵直逼南京。国民党军队虽然在外围同日军进行了许多战斗，给予敌人一定的杀伤，但终究不能阻挡多路日军的猛烈攻击，最终南京也被占领。这也是对国人打击最大、让人为之窒息的现实：虽然殊死抵抗了，但最终的结局无一不是国土沦丧、生灵涂炭。

战事不利，人心惶惶，于是，“亡国论”的论调一时间甚嚣尘上，五千年的文明只能听任侵略者无情宰割；于是，主和投降的跳梁小丑到处煽风点火、上蹿下跳，人们看到的只是一片愁云惨淡。与抗战前相比，这些亡国论调不再是公开的，但是暗地里还是有的。

然而，奇迹时有发生。英勇的八路军第一一五师在平型关成功伏击敌人，将日寇最精锐的板垣师团第二十一旅团的辎重大队和第六兵站汽车队当作部队射击、投弹、刺杀的靶子，将满腔的怒气发泄出来。战斗的结果让世人惊喜不已：歼敌近 1000 人，取得了全面抗战以来中国军队在战场上的第一场完胜，极大地长了中国人的志气，灭了日本人的威风。1938 年三四月间，第五战区司令长官李宗仁调集了 64 个师约 60 万人，发动徐州会战，成功阻击敌人，有力地粉碎了华北日军和华东日军实现南北会合的阴谋。这次战役，虽然付出了极为惨重的代价，牺牲了两倍于敌的英雄儿女，但实现了一场战役歼敌 1 万多人的目的，给了日军自建立新式陆军以来最为沉重的一击，打破了日军不可战胜的神话。

从平型关大捷到徐州会战，八路军和国民党军队在战场上的神勇战绩，用最耀眼的色彩刷新了抗战的成绩册。

半年之内，捷报频传。一个个捷报，仿佛不再是简单的捷报，而是中华民族这个古老身躯的一针针强心剂，让无数的人一下子情绪高涨起来，他们把“亡国论”抛进了垃圾堆，高调贩卖“速胜论”，似乎只要照着这个势头打下去，很快就可以把日本鬼子赶回他们的岛国老家去。例如，台儿庄大捷后，有些人就主张徐州战役应该是一场“准决战”，说这一战是敌人的最后挣扎，我们胜利了，日寇就在精神上失了立场，只有静候末日审判来临的份儿了。平型关、台儿庄的胜利让一些人头脑发昏，以为敌人不会进攻武汉，认为我们的抗日力量已经足够了，现有的力量已使敌人不能进攻了，无需增加力量；认为抗日民族统一战线的力量现在已经足够把敌人打退了，无需再巩固与扩大；认为扩大国际宣传、改革军队和政治制度、发展民众运动、厉行国防教育、镇压汉奸等，都无需再做了。

忽冷忽热，身体就容易感冒。如同感冒传染一样，国民这种情绪的剧烈变化，自然也会影响到延安和中国共产党。党内对于抗战持两种极端观点的人互不相让，直接影响了工作的积极性和主动性，也容易头脑发热，做出不切实际的举动来，影响各抗日根据地客观地开展各种政策的制定与实施。党内关于抗战的错误观点主要集中在一种毫无根据的乐观倾向，把日本侵略者的实力估计过低：一些人轻视抗日战争中游击战争的战略地位，他们对于“在全体上，运动战是主要的，游击战是辅助的；在部分上，游击战是主要的，运动战是辅助的”这个提法表示怀疑，不赞成八路军的“基本的是游击战，但不放松有利条件下的运动战”方针，认为这样的观点是“机械论”的观点。

中国既不会灭亡，也不会速胜，毛泽东认为，一切关于战争尤其是抗日战争的错误观点，其根源不是别的什么原因而是根深蒂固的唯心论与机械论倾向，他们或是毫无根据地、单纯主观地乱说一通，或者只根据问题的一个方面、一种现象，把它夸大起来，以点代面，当作整体来看待，得出错误的结论。他们的错误或者是根本性的，或者是偶然性的，但无论怎样，都需要及时得到纠正，关于持久抗战，中国需要一篇理论上的大文章。

就这样，毛泽东在延安的窑洞里开始了历史性的创作，他在酝酿一部“医书”，用来医治人们在抗战前途与进程方面的“心病”。

准备工作其实早就开始了，只不过当时压根就没有想过日后会成为再创作的基础。1935 年 12 月 17 日至 25 日，中共中央在瓦窑堡召开政治局会议（通称瓦窑堡会议）。着重讨论军事战略问题、全国的政治形势和党的策略方针问题。毛泽东在会上作了关于抗日军事战略问题的报告，认为在日本帝国主义要把中国变为其殖民地的大形势下，在中国红军和其他革命军事力量现实状况下，中国共产党的策略应该是在坚持以民族革命战争反抗日本帝国主义侵略中国为总任务，把国内战争与民族战争结合起来，准备对日直接作战，猛烈扩大红军，在作战原则上应坚持游击战、运动战并坚持持久战，坚持“战略的持久战和战役的速决战，反对战役的持久战，反对‘拼消耗’”。

到保安后，毛泽东在接受美国记者埃德加·斯诺采访时，简要概述了没有“持久战”词语的持久战思想：在战争前期，我们要尽可能避免一切大的决战，要用运动战逐渐地击垮敌人的精神与战斗力；在整个战争期间，要充分发挥游击战的优势，因为“中国农民有很大的潜力，只要组织和指挥得当，能使日本军队一天忙碌二十四小时，使之疲于奔命”；到了战争后期，才可以发起“对于日本的占领地进行阵地的攻击”。毛泽东说，这样，日本在中国抗战的长期消耗下，它的经济行将崩溃；在无数战争的消磨中，它的士气行将颓靡。中国方面，则抗战的潜力一天一天地奔腾高涨，大批的革命民众不断地倾注到前线去，为自由而战争。在这里，持久战思想的主要观点诸如战争的结局、战争的进程、战争局势的变化、战争力量之源等，都精炼呈现。只不过，或许是翻译原因，“持久战”字眼在这里变成了“长期”二字。

1937 年 8 月 22 日至 25 日，中共中央在洛川冯家村召开政治局扩大会议，即著名的洛川会议，研究新形势下党的政治、军事和国共两党关系问题，会议集中力量研究抗日战争的军事问题。毛泽东在军事问题和国共关系问题报告中全面分析抗战中的形势、任务和战略方针，强调了抗日战争的持久性。他说：“我们的任务是动员一切力量争取抗战胜利，最基本的方针是持久战。红军的基本任务是：创造根据地；钳制和相机消灭敌人；配合友军作战（战略支持任务）；保存和扩大红军；争取民族革命战争领导权。”

在同一时间，中共党内外许多人也都在持久抗战方面进行了或多或少的理论探索与阐释，张闻天、周恩来、刘少奇、彭德怀等相继发表文章，论述抗战的持久特性和争取战争胜利的条件、方针等问题。特别是张闻天为纪念九一八事变六周年而写的一篇文章，将中日战争定义为一次决定两国未来命运的决死战争，中日战争谁胜谁负的问题，是不可能在短时间里最后解决的，中日战争将带有持久的性质，中国必须以持久战战胜日本。持久战对日本非常不利，对中国却是极为有利的，战争愈持久，日本国内的矛盾就愈尖锐，中国战胜日本的条件就愈有利。

另外，国民党方面也有不少人在思考抗战的方向、路径和战略问题，很多人都提到过战争的长期性、抗日的持久性等观点，其中的代表人物是国民政府军事委员会高级顾问蒋百里。他从 1936 年开始到 1938 年止，逐步完善了自己的持久战理论，认为抗日战争在整体战略上必然经过先退却、后相持、最后反攻的三个阶段，只有经过持久的抗战，中国才有办法取得最终的胜利。

毛泽东在查阅大量资料的基础上，拟定详细提纲，做好一切准备工作后，就开始了废寝忘食的写作工作，在近乎足不出户的状态下，他只用了短短 9 天时间，就完成了洋洋 5 万字的理论巨作——《论持久战》。在毛泽东身边的警卫人员翟作军等人，有幸见证了《论持久战》的诞生过程。

第一天和第二天，毛泽东的活动轨迹是这样的：无论是白天还是夜晚，毛泽东的身影几乎定格在书桌前。在白天，他借着窑洞窗户透过的明媚阳光奋笔疾书；在夜晚，他借着微弱的烛光潜心写作。伏案写作的时间太久了，一种姿势保持的时间太长了，持续用脑感到太困太累了，他才会有一些短暂的调整与休息活动：或者让警卫人员打盆水洗洗脸，清醒清醒；或者到院子里舒展一下筋骨，随意转一转；或者躺在躺椅上闭目养神。不长时间，他又回到桌前继续写作。两天两夜，毛泽东饭吃得很少，觉睡得也少，脸色苍白了许多。

第三天，白天很快就在写作中结束了。到了掌灯的时候，翟作军照例在桌上点燃两支蜡烛，然后以极慢的动作将蜡烛分置桌子两端，准备借机劝说主席休息一下。可是，毛泽东的眼睛始终一刻也不离开纸和笔，根本就没有他说话的机会，翟作军见状只好悄悄退了出来。夜半时分，毛泽东该吃他迟来的晚餐了，翟作军把热气腾腾的饭菜端了进去，提醒他趁热赶紧吃饭。毛泽东笑着答应了。过了很长一段时间，估计主席吃完饭了，翟作军进去收拾碗筷时才发现，毛泽东还在聚精会神地写作，桌上的饭菜一筷子也没有动过，早就凉透了。翟作军见状一声未吭，他把饭菜端出来在火上热了热又重新端进去说："主席，您吃饭吧，天气冷，一会儿就凉了。"毛泽东惊讶地抬起头说："啊，我还没有吃饭?"随即答应道："好，就吃就吃。"又一顿饭时间过去了，翟作军再次悄悄推开房门准备收拾碗筷时，发现饭菜还是没有动，毛泽东还在低头写作。翟作军回忆："那专心劲儿，就好像把整个身心都投到那支笔上去了。我过去看他，他根本就没发觉。我一阵心酸难受，说不清是啥滋味。眼前这种情况，进去打搅主席显然是不合适的，我只好又回到自己的屋子里。"天亮后，警卫员发现毛泽东工作了一个通宵，饭菜仍旧丝毫未动。

毛泽东写作的第三天，是名副其实废寝忘食的一天。

连续几天过去了，毛泽东的写作进入了一种忘我境界，稿纸一天比一天摞得厚了，人却一天比一天显得瘦了，他的两眼布满了血丝，面颊深陷，脸色由苍白变得暗淡无光，仿佛上了一层淡淡的亚光黑釉。

到了第七天，翟作军值班。

毛泽东还是像往常一样继续写作。

春天，冬暖夏凉的陕北窑洞似乎变得有些错乱，一丝丝的寒气直透人的衣衫，冬天的取暖设施显然还无法争取到退休的机会。警卫员为毛泽东端来一盆炭火，放到他的脚边抵御寒气，又找了一块垫子放在椅子上，安置好后他们就退了出去，让主席安心写作。时间不久，翟作军听到主席叫道："警卫员，你来一下。"他赶紧向毛泽东的窑洞走去，同时闻到了一股浓浓的焦糊味，估计什么东西烧着了。待到推门进去一看，只见毛泽东正弯腰脱鞋，两只棉鞋上还在冒烟。警卫人员急忙帮毛泽东把烧着的鞋脱下，浇了点水才把烧着的棉花扑灭，一双棉鞋被烧破了好几个洞，没法再穿了。原来，毛泽东只顾埋头写作，不知不觉地双脚离火盆太近，鞋被烤焦了也没有发觉，直到鞋烧着了，脚被烧得发痛时才发觉脚上失火了。烧鞋的小插曲并没有给毛泽东的写作造成什么影响，换过一双鞋后，他又继续投入到写作之中去了。

八九天之后，毛泽东终于完成了《论持久战》的写作。《论持久战》一文总共论述了21个问题，主要分析中日两国的基本特点，揭示了抗日战争发展的必然走向，论述了在抗日战争中发挥人的主观能动性、实行人民战争的极端重要性，得出“抗日战争是持久战，最后胜利是中国的”重要结论。毛泽东在文中详细论述了抗日战争的三个发展阶段，即敌之战略进攻与我之战略防御、敌之战略保守与我之准备反攻、我之战略反攻与敌之战略退却，事实很快就证明这是对抗战发展进程的科学预言。他强调：“武器是战争的重要因素，但不是决定因素，决定的因素是人不是物。力量对比不但是军力与经济力的对比，而且是人力与人心的对比。”另外，毛泽东还提出了诸如“战争的伟力之最深厚的根源，存在于民众之中”“兵民是胜利之本”等闪耀着智慧光芒的重要思想。

文章写成之后，毛泽东先是在延安抗日战争研究会进行讲演，讲的就是《论持久战》的基本内容。他系统回答了人们最关心的若干问题，清晰描述了抗日战争发展的基本规律，使许多原本稀里糊涂的听众听后茅塞顿开，对中华民族的抗战有了基本正确的认识，对抗战胜利充满了信心。

陈云听了毛泽东关于持久抗战的演讲后，强烈建议他在更大一点的范围里去讲。但是，延安能讲的学校与机关也有限，再加上毛泽东非常忙碌，于是决定公开出版《论持久战》。先是《解放》周刊社油印了一部分，人们争相传看，数量远远不能满足要求，特别是前线干部无法参阅。随后，决定在《解放》周刊 1938 年 7 月 1 日出版的第 43 期、第 44 期上发表该文，并在该期封面上刊登毛泽东的手书题词："坚持抗战，坚持统一战线，坚持持久战，最后胜利必然是中国的。"

《论持久战》出版后，很快就传遍了大江南北，极大地鼓舞了人们的斗志。当时的一位爱国青年赵俪生多年后回忆说："我们坐在轮船的甲板上从报童手里买过《新华日报》，一个字一个字细读上面三版连载的毛泽东的《论持久战》，真是佩服得五体投地了。"《论持久战》对国民党高层的震动也很大，其中的持久抗战观点得到广泛认同。据程思远《政坛回忆》记载："毛主席《论持久战》刚发表，周恩来副主席就把它的基本精神向白崇禧作了介绍。白崇禧深为赞赏，认为这是克敌制胜的最高战略方针。后来白崇禧又把它向蒋介石转述，蒋也十分赞成。在蒋介石的支持下，白崇禧把《论持久战》的精神归纳成两句话：'积小胜为大胜，以空间换时间。'并取得了周公的同意，由军事委员会通令全国，作为抗日战争中的战略指导思想。"《论持久战》在中国的影响，旁观者的眼睛可能看得更清楚一些。一位外国记者曾说："《论持久战》发表以后，不管中国人对共产主义的看法怎样，不管他们所代表的是谁，大部分中国人现在都承认毛泽东正确地分析了国内和国际的因素，并且无误地描述了未来的一般轮廓。"

抗日战争是世界反法西斯斗争的重要组成部分，一部指导中华民族抵御日本侵略者的经典著作的问世，必然会引起世界反法西斯统一战线军事要人的严重关切，他们了解《论持久战》后，一致赞同毛泽东文章中全民持久抗战必胜的观点。在文章被翻译为英文向外传播的过程中，《自由谭》杂志主编邵洵美决定连载《论持久战》并写了热情洋溢的编者按："(《论持久战》)是人人能了解，人人能欣赏，万人传诵，中外欣赏”的好作品。英文本《论持久战》传到海外后，很快就摆上了丘吉尔、罗斯福等人的案头，斯大林的案头也摆放了请人专门译成俄文版的《论持久战》。《论持久战》在海外受到的礼遇还表现在日本。中国的战争对手，日本的军政学界许多人，对这篇作品所阐述的战略战术思想深为折服。日本原大本营参谋山崎重三郎曾说：“毛泽东的抗日游击战，堪称世界历史上规模最大、质量最高的游击战。它是一种全民总动员的攻势战略，把百万帝国陆军弄得团团转。”日本东京大学教授近藤邦康公开宣称：“我很佩服《论持久战》。日本被中国打败是当然的，这样非常好的战略著作在日本是没有的。日本物资方面和科学技术方面都优于中国，武器优越于中国，但这样的以哲学为基础的宏远战略眼光，日本没有。日军的军队是速决战，中国的战略是持久战，结果，日本被中国的持久战打败了。”

毛泽东的《论持久战》集中了共产党人的战略智慧，科学分析了中日战争的走向，明确了中国抗战胜利的必经道路和努力方式，不仅给中国抗日民族统一战线旗帜下的英雄儿女们指明了方向，也让世界对中国的抗战局面有了更加全面和正确的认识，对中国抗战的胜利起到了至关重要的作用。

第三章 信念

斯大林曾经说过，共产党人是用特殊材料制成的。

与普通人一样，共产党人一样也吃五谷杂粮，一样也有七情六欲，一样也向往着和平、幸福的美好生活……

与有些人不一样，共产党人确实是用特殊材料制成的，他们所拥有的最宝贵的特殊材料，就是心中永不动摇的共产主义理想信念。

理想信念是精神上的钙，缺了钙，就会得软骨病，就不再可能拥有铮铮铁骨。

延安是一座大熔炉、炼丹炉。

过去，在这里，在窑洞里，中国化的马克思主义如同太上老君的丹料，无数党员在这丹炉里，吸收足够的钙，炼就了孙悟空般的钢筋铁骨。

现在乃至将来，这里仍是精神钙质富矿，党员干部在这里坚定理想信念，补钙强身，练就打铁的硬身板。

一、信念源自修养

“几个共产党员一起去参加某种群众的革命斗争，在大体一样的环境和条件下去参加革命实践，这种革命斗争对于这些党员所起的影响，可能完全不是一样的。有的党员进步得很快，甚至原来较落后的赶在前面去了；有的党员进步得很慢；有的党员甚至在斗争中动摇起来，革命的实践对于他没有起前进的影响，他在革命的实践中落后了。这是什么原因呢?”

“我们共产党员中有许多人是经过万里长征的，这对于他们是一次严重的锻炼，其中的绝大多数党员都得到了很大的进步。然而长征对于个别党员的影响却是相反的，他们经过长征之后，对这样的艰苦斗争害怕起来了，有的甚至企图退却和逃跑，后来他们果然在外界的引诱下从革命队伍中逃跑了。许多党员同在一起长征，而影响和结果却是这样的不相同。这又是什么原因呢?”

以上两段文字出自刘少奇《论共产党员的修养》，提出了延安时期乃至于今天都十分现实的问题，为什么同样的革命与工作环境，有的人得到很好的磨炼，进步、提高很快，为党和国家作出较大贡献，而有些人却“中道陨落”，或蜕化为变节、叛逃分子，或堕落为腐败分子？刘少奇提到的这些问题，在延安时期革命队伍中表现得确实比较真实，几起事件就能很好地证明，刘少奇的思考不是空穴来风、无中生有和杞人忧天。

1938年4月，眼看清明节就要到了，一年一度的公祭黄帝活动就要开始了。自西安事变以来，政府清明节公祭中华民族始祖黄帝的活动，都要邀请陕甘宁边区政府派员陪同。黄帝陵地处陕甘宁边区中部县，国共代表在这里共同祭祀黄帝，不仅是国共合作在政治上的一种表现形式，更是激发国人抗日救国的爱国主义热忱的重要举动，对于促进团结抗战具有重要意义。

按照惯例，中共方面决定派陕甘宁边区政府副主席张国焘参加这次祭陵活动。殊不知，这一再平常不过的决定，却客观上给延安时期中共党内一次著名的叛逃行为提供了方便。

4月2日，张国焘带着秘书、警卫员和一个警卫班，乘坐一辆大卡车从延安出发了，沿途要经过甘泉、富县、洛川等县，路途虽然饱受颠簸之苦，倒也一路平安，没出什么岔子。到了黄帝陵，参加完隆重的祭陵仪式之后，张国焘一点返回延安的意思都没有，他对秘书和警卫班的战士说："你们先坐卡车回延安吧，我要去西安办事。"

警卫员张海很机警地问："毛主席不是说让你祭完陵就回延安吗?"

张国焘说："我要到西安找林祖涵（即陕甘宁边区政府主席林伯渠）同志研究事情。"说完，就钻进蒋鼎文的小汽车，一溜烟开走了。张海见状，急忙挤进西安公署宪兵的车子里，一同踏上了去西安的路。汽车进入西安，张国焘并没有去八路军办事处找林伯渠，而是住进了蒋鼎文给他安排好的西京招待所，与国民党官员会面、交谈。到了4月7日，国民党方面为张国焘安排好去汉口的火车。上火车之前，张国焘终于要亮出底牌了。他告诉张海："你先去车站给林主席打个电话，叫他到车站等我，我马上就到。"

待林伯渠急匆匆赶到车站，张国焘一见面便向他诉说自己在延安遭受的批评，直言自己在延安待不下去了，要到武汉去。自南京沦陷后，国民政府的军政机关搬迁武汉，武汉俨然成为国民政府的首都。到武汉去，张国焘投降国民党的企图再明显不过了。林伯渠见状忙劝慰张国焘，希望他能够回心转意。但张国焘去意已决，执意不从。林伯渠见劝说无效，急忙返回八路军西安办事处，向中共中央和长江局发电报告知张国焘的去向。中央马上电告武汉的周恩来等人，要他们务必找到张国焘并促其觉悟、回党工作。

在武汉，周恩来派李克农等人好不容易找到张国焘，却怎么也无法将其劝至八路军办事处居住。无奈，周恩来与博古、董必武、叶剑英等齐至张国焘下榻的小旅馆谈了一个通宵。张国焘提出要在独立的情况下解决党派问题，认为陕甘宁边区就像鸡肋，食之无味，弃之可惜。张国焘的一番言辞，不过是在替自己的行为进行掩盖，当周恩来批评其私自出走时，他终于说出心里话：中央对他的批评和处理太过分了，给他一个边区政府副主席职务也是不公道的。此后，中央的劝慰电也没有起作用，张国焘面见蒋介石，后来又一味借口外出，实为寻找逃跑机会。4 月 17 日，张国焘约戴笠到其居住的饭店，在国民党特务的协助下顺利逃脱。在给周恩来的留言中，张国焘明确表示，他要选择周恩来先前给他的三个条件中的第三个，即自动声明脱党。就这样，曾经的中共一大 13 位代表之一的张国焘，最终还是没能经受住革命的考验，中途叛逃了。

事后，毛泽东两次公开谈张国焘问题。一是 1938 年 5 月 4 日给抗大学员作报告时说："张国焘到延安后，中央多次开会批评他，他多次承认错误；但尾巴犹在，一反一复，两面派行为始终存在。他资格老，过去做过工人运动。我们讲仁义道德，还让他做边区副主席，希望他割掉尾巴。他说割掉了，实际上穿起长袍子，尾巴藏在里面。这次他借口到陕西中部祭黄帝陵，黄帝抓他到墓里去了，我们也只好开除他的党籍。"

另一次是 5 月 7 日，陕北公学举行第二期学员毕业典礼，毛泽东在讲话中谈到了张国焘问题，简要概括了张国焘的革命“投机”史。他说，张国焘过去在政治上早已“开小差”，现在在组织上也“开小差”了。此人一贯自称为“中国的列宁”，什么都要争第一，但实际上他是一个十足的“老机”，历史上不“左”就右。党的三大讨论第一次国共合作时，开会十几天，他反对十几天。到了武汉，他又支持陈独秀右倾。长征路上，他反对北上抗日，主张到西藏去建立根据地。之后，又另立“中央”。到陕北以后，1936 年 10 月，他反对党中央致国民党二中全会的信，反对第二次国共合作，说什么党中央的信是“韩文公祭鳄鱼文，与国民党合作是幻想”。党中央进入延安后，张国焘说：“延安是块鸡骨头，食之无肉，弃之有味。”这是曹操主义，结果味也没有了，开了小差，一直逃到汉口。延安有自由，有民主，有正确的政治方向，有好的工作作风，但张国焘没有看到。张国焘在革命的道路上从头到尾是机会主义，沿途开小差。最后，毛泽东勉励学员：“我今天讲的是坚定革命的旗帜，就作为对同志们远行的礼物。每个同志出去要记住，坚决奋斗，不怕困难，不开小差，不学张国焘。”

为什么会动摇、反复？为什么会中途开小差？毛泽东在讲话中抓住了要害，那就是要坚定革命的旗帜，也就是坚定革命的理想信念。以中央初到延安时的情形来讲，信念坚定者看到的是希望，信念不坚定者看到的都是消极与失望。

当然，也有一些人一路走来，一直表现良好，但到了一个新环境，放松了思想防线，不知不觉地接受了腐朽思想，最终在行为上突破法纪的底线，成为革命洪流中被淘汰的顽石。

革命队伍里的掉队者，从根本上讲，都有一个致命的病因，那就是对革命的理想信念不坚定，在社会主义建设和改革开放的新时期，党员干部队伍中贪污腐败分子纷纷落马，病根子也是出在理想信念问题上，他们口头上大讲社会主义理论、道路与制度的自信，其实骨子里根本就不信马列，满脑子只有权钱、美色和难填的欲壑。患这种病的人又怎样防治呢？其实，早在延安时期，中国共产党人就拿出了自己的药方，其中的治本之方就是刘少奇的《论共产党员的修养》。

《论共产党员的修养》一文主要阐述了共产党员为什么要进行修养（改造社会的需要）、用什么样的方法进行修养（以马列主义为榜样，做马克思列宁的好学生）、以什么途径进行修养（在革命斗争的实践中进行理论、思想、道德、党纪党风和知识等的修养）、修养的基本要求（既要有最伟大的理想和奋斗目标，也要有实事求是的精神与切实的工作）、修养的基本准则（个人利益服从党的利益）、修养的态度（以求团结的态度进行批评与自我批评）等内容，成为中国共产党思想史上的经典著作之一，也是马克思主义与中国革命实践相结合的典范，极大地推进了马克思主义中国化、大众化的进程。

1939 年 7 月，刘少奇在延安马列学院专题演讲《论共产党员的修养》，其修养理论给学员带来极大的震撼，在延安产生了强烈反响。一位延安马列学院学员在回忆聆听讲演的感受时说："刘少奇同志讲解《论共产党员的修养》，由于总结了历史的经验教训，紧密联系实际，教育深刻，很受欢迎。我印象最深的，是讲了每个共产党员都必须在改造世界及在进行阶级斗争的实践中，同时改造自己。即不断进行锻炼、学习、修养、提高，克服自己身上存在的旧社会和剥削阶级中带来的各种毛病与缺点。并具体提出党员要进行马列理论上的修养，立场、观点、方法上的修养，道德、品质及工作作风上的修养，等等。完全不是指脱离实践、闭门修养。在学习中，我曾写了一首诗：'征途实践出真知，品德兼优百炼时。精琢细磨雕玉石，凌霜傲雪岁寒枝。'"另一位学员在谈当年学习的感受时也说："少奇同志对党内各种错误思想意识的表现举例说明，对我震动很大。”“我因水平所限，当时还不能全部理解，只是对自己敲起警钟。少奇同志所指出的一些非无产阶级思想意识，自己力求克服，尽量少犯。”

马列学院演讲之后，因为效果奇好，张闻天建议文章在《解放》周刊发表。稿子整理好，送给毛泽东审阅，毛泽东三天即审完返回并写来一封短信：“这篇文章写得很好，提倡正气，反对邪气，应当尽快发表。”为了进一步满足广大党员群众的学习需要，继《解放》周刊连载了刘少奇的讲演稿后，1939 年 11 月，延安新华社出版了这一著作的单行本，广大共产党员从此有了思想意识修养的指南，影响了几代共产党人。据悉，县委书记的好榜样焦裕禄临终时，床头放的就是《毛泽东选集》和《论共产党员的修养》。

在中国革命、建设、改革开放和中国特色社会主义新时代的不同时期，千千万万个共产党员在社会的大风大浪里不断锤炼自己，在理论、思想、品德和党纪党风等方面不断提高修养，不断坚定自己对社会主义、共产主义的远大理想信念，坚定对社会主义理论、道路、制度和文化的自信，以坚定的党性去践行党的宗旨，涌现出焦裕禄、孔繁森、杨善洲等一大批优秀的共产党员，将党的优良作风与先进形象深深刻在了群众的心上。

二、意志坚如钢

1937 年 3 月，淮河以南，可能已经是草长莺飞的暖春了，可是在陕北延安，依然是一派冬天的景象，依然是童山秃岭，放眼望去，四野土黄。风已经猖獗起来了，老人们常说的二十四天“摆桥风”已经刮了些日子了，吹到人的脸上虽说没有刀割般疼，但风头仍旧很硬，吹得人脸上生疼。

3 月 2 日，这一天与前一天一样，估计往后一天也是这样，大风起兮尘飞扬。就在这样的天气里，由红大改成的抗大迎来了自己的第二期学员。今天，敬爱的毛泽东主席要来了，那个传奇人物要来给自己讲演了，学员二大队的同志们兴奋得怎么也停不下来，他们把院子扫了又扫，但狂风卷集着尘土与杂草，似乎专门和他们作对，把刚刚打扫干净的地方又弄得一片狼藉。

毛泽东为抗大第二期第二大队学员讲话后，学员们意犹未尽，一群人围着毛泽东，有的提问题，有的则反映意见：有些人在底下抱怨小米饭难以下咽，有的人提起爬山就头大，流露出受不了这份罪的低落情绪。毛泽东勉励大家要相互鼓励，克服眼前的困难，加强锻炼，加强团结，提高能力，坚定意志，才能取得抗战的胜利。快要结业了，学员们希望毛泽东能给他们题词勉励，毛泽东愉快地答应下来，他提笔写下：“要学习朱总司令：肚量大如海，意志坚如钢。”这句话，寄托了毛泽东对学员的期望，也指明了学习和努力的目标与方向，要他们向朱德同志学习，锤炼自己的意志，坚定革命的信念。

学习朱总司令“意志坚如钢”，首先从哪里学起呢？对于抗大学员而言，历史之书不需要向前翻太多页便可找到值得学习的内容。

时间向前追溯一段，当红军长征实现了红一、四方面军会师的历史性胜利后，却面临着严重的分裂危机。在这场危机中，尤其是红四方面军的领导骨干们经受着严峻的考验，考验着他们的革命意志。张国焘坚决反对中央北上抗日的正确方针，企图另立“中央”，分裂革命。在这紧要关头，朱德的态度和他所代表的力量，对于牵制乃至扭转这种错误倾向十分重要。朱德在关键时刻临危不乱，立场坚定，据理力争，有理有节，坚决执行中央的正确方针，与张国焘进行分裂党和红军的活动进行了毫不妥协的斗争，对维护党和红军的团结统一、促成三大主力红军的胜利会师立下了不朽的功勋。

当红军长征到达陕北，局面稍稍稳定之后，清算张国焘的分裂主义错误，廓清党员与红军战士对于党的路线方针的认识便提上了议事日程，甚至变得十分急迫起来。比如，许多普通战士私下里展开了这样的争论：到底是张国焘伟大还是毛泽东伟大？

看来，谬误不加以批判和揭露而任其发展蔓延，或许不久的一天，它便会摇身一变成为“真理”。一场关于“伟大”的争论，事实上是一场对于路线方针政策的争论，是一场革命方向的争论，是谬误与真理之争。这个时候如果还等闲视之，等来的只能是假到真时真亦假，那可就真正是真假难辨了。

为此，一场针对张国焘的错误深刻地揭露和批判开始了。1937年3月23日至31日，中共中央在延安召开政治局扩大会议，着力讨论了张国焘右倾机会主义的错误。在这场揭批活动中，朱德作为张国焘错误的“见证人”，他的一系列言论能够起到非常重要的人证作用，对于证明事实、澄清认识具有不可替代的作用。

然而，能不能坚持原则，能不能实事求是地揭批张国焘，并不是每个人都能恰如其分地对待。有的人见风使舵，认为张国焘失势了，便落井下石；有的人意气用事，在揭批过程中上升到人身攻击，甚至于脱下脚上的鞋来抽打张国焘，这些行为都极不恰当。深刻、恰当地揭批张国焘错误，必须要站在对党对革命对事业负责的正确立场上，坚定不移地朝着团结——批评——团结的方向努力，而不是一棒子把人打死，是要把错误反掉，把人留下来，达到增强团结的目的。在这次政治局会议上，朱德正是在这一原则立场上发言的。

朱德首先指出，张国焘一贯犯原则错误，“他不相信党，不相信群众。对中央派去的干部不信任。他要个人指挥党”。然后，朱德又指出了张国焘在肃反问题上的严重错误，张国焘“把革命同志当成反革命，错杀了不少人”。在揭露张国焘的反党活动时，朱德指出：“红一、红四方面军会合后，张国焘对中央极不尊重。从阿坝会议到松岗卓木雕会议，他进行了不少反党反中央的活动。后来他过不了黄河，才转而和红一方面军会合。”这次会议上，经过全党同志的揭露、批判，中央作出了《中央政治局关于张国焘同志错误的决议》。同张国焘分裂主义作坚决的斗争，朱德付出了巨大的努力，为维护党的团结和统一作出了巨大贡献，要做到这一点，没有对革命的坚定意志力是无法想象的。

朱总司令的“意志坚如钢”，也表现在他的“伫马太行侧，夜夜杀倭贼”上。抗战初期，朱德率八路军总部在几年的时间里几乎一直移动在太行山区。有的时候，他的身边也就 200 余警卫部队，却能够坚定从容地与敌周旋甚至强力阻击敌人。1938 年 2 月下旬，朱德与左权率八路军总部从洪洞县马牧村出发，准备开辟抗日根据地。部队来到安泽县岳阳镇时与一股日军遭遇，此时如果转移，隐身到近在咫尺的连绵群山中是一件极为容易的事。可是，朱德首先考虑的不是自己的安危，而是不能让敌人长驱直入，给尚未充分准备的临汾军民带来重大损失。于是，他亲率总部200余警卫战士赶赴古县镇迟滞敌人。当敌人先头部队到达古县以东府城镇时，朱德早已经在敌人必经之公路两侧布下几道阻击线。

当敌人还像往日一样大摇大摆地如入无人之境之际，一不小心便踩上了地雷，顿时炸了个人仰马翻。紧接着，公路两边的密林里射出一串串复仇的子弹，走在前边的敌人又被放倒一大片，其余的急忙趴在公路上，吓得一动不动。等他们回过神来，重新部署兵力向公路两边进攻时，朱德指挥着部队早就转移得无影无踪了。既然找不到八路军，那就继续前进吧！可是，当敌人走了没多远，刚转过一道山坡，又被一阵猛烈的枪弹打得死的死、伤的伤，压在公路上动弹不得。待到他们组织进攻时，又找不到八路军的人影了。就这样，朱德他们硬是用数量极其有限的总部警卫部队把日军3000余人死死地缠在一段山区公路上，打打停停，节节阻击，把敌人拖在距离临汾百余里的地方两天之久。

以如此少的军队阻击武装到牙齿的日军，没有抗日必胜的坚定信念与不屈不挠的坚定意志，即使不会像一些国民党部队还没有见到鬼子便望风而逃，也会选择避其锋芒，保存实力。因为，谁都明白，这是拿鸡蛋往石头上碰。

果不其然，当日军探知阻击他们的是八路军的一小股部队，而且其指挥官有可能是大名鼎鼎的八路军总司令朱德时，立即出动十几架轰炸机，企图一举炸平八路军总部所在地古县。情况万分危急，我方却丝毫未知危险的临近。万幸的是，日本飞行员弄混了地址，他们把屯留西北的故县当成了安泽的古县，结果是故县被密集地炸弹夷为平地，而古县却安然无恙。

轰炸过后，日军以为炸平了八路军总部，便大肆宣扬和吹嘘自己的“不世战功”。全国各地抗日军民得知此消息，全都为朱德的安全担忧，纷纷通过武汉的八路军办事处和《新华日报》等探询朱德的消息，打听“朱德将军是否安全”“朱德将军有无下落”。人们都想不到，朱德此时仍在镇定从容地率军作战呢。

面对战争的困难，朱德能够以钢铁一般坚定的意志力从容克服；面对社会经济发展的难题，他一样能够以钢铁般的意志坚持奋斗，直到把一个个困难踩在脚下。

为了协助中央开展工作，朱德于1940年5月从前线回到延安。这时，由于日本侵略者的残酷“扫荡”和国民党顽固派的经济封锁，各抗日根据地纷纷陷入严重的经济困难之中。最为困难的还数陕甘宁边区，这里是中共中央的所在地和敌后抗日根据地的总后方，担负着数万名部队干部战士和革命青年、机关工作人员衣食起居等费用。可是，边区却是一个地瘠民贫、经济落后的地区，本区200万左右的民众自给尚且不暇，为军队和工作人员提供生活用品就更加困难了。一些地方军民衣食困难，有些单位几乎到了断炊的地步。

朱德回到延安后，看到如此严重的困难，他没有退缩，而是勇挑重担，其坚如钢铁的意志再次显现出来。他知道，不解决经济困难，就难以支撑持久抗战的伟大事业。于是，他马不停蹄地到边区各地视察农业、工业、商业等情况，调查研究财政、交通、运输等问题，提出一系列解决困难的方针、政策和办法，经中央和西北局采纳后在边区贯彻实施，促使边区的经济状况开始转好。

在边区供给困难问题中，最突出的还是人数较多的军队供给问题。为了从根本上解决这一问题，朱德经过深思熟虑，提出了军垦屯田的意见，立即被中央通过。

军队成建制地屯田种地，边区哪里能提供这样的场地？朱德把眼光投向了他往返华北前线时发现的一大片荒地上，那就是老百姓所说的烂泥湾，即后来的南泥湾。南泥湾在延安东南约90里处，是一大片荒无人烟、豺狼出没的地方，方圆几百里，都是杂草、树木和野兽的天下。

1940年春，朱德多次带人到南泥湾实地勘察，他拄着一根木棍，踩着没膝的烂泥到处察看，选择适合屯垦的地点。经过多次察看，一幅宏伟的蓝图在朱德心中形成：以三五九旅为骨干，带动边区其他部队及机关、学校等，一起来南泥湾开荒种田，把昔日的烂泥湾变成陕北的好江南。

三五九旅的七一七团和七一八团相继开赴南泥湾，朱德给他们的指示就是："敌人来了就战斗，敌人不来就生产。"要他们一边守卫好延安的南大门，一边实行屯田，把军队的供给问题自己解决掉，建立起革命的家务，尽可能减轻老百姓的负担。

怀着一定能够战胜自然困难的坚强意志，干部和战士们遵照朱德的指示，早到迟退，埋头苦干，仅一年时间就挖窑洞1000多孔，盖房600余间，开荒1万多亩，种了玉米、土豆等作物，还试种了水稻，饲养了无数的牛、羊、鸡、鸭等畜禽，搞起了颇具规模的农业生产。另外，他们还按照朱德的指示办起了纺织、造纸、粮食加工等工厂，成立了运输队和军人合作社。经过3年左右的艰苦奋斗，三五九旅在粮食、蔬菜、被服、经费等方面全部实现自给，以自己坚强的意志战胜了物质困难。

抗大的学员们学习朱德的钢铁意志，笑对一切艰难困苦，在成就一支钢铁一般战无不胜、攻无不克的传奇队伍——八路军过程中，起到了桥梁、骨干和示范作用。党员干部学习朱德的钢铁意志，从容应对革命斗争中的一切困难，树立起坚不可摧的理想信念，把共产党人的革命事业推上快车道。人人学习朱老总，我们的队伍坚如钢，这也是成就延安时期传奇的秘密之一吧。

三、反对投降主义

延安是一座小城，在全民族抗战、全世界人民反法西斯斗争的汪洋大海中，它虽小，却力千钧。

延安是一根定海神针，因为这里是中国共产党中央机构所在地，这里是中国共产党理论、方针和政策的生产基地，这里有最坚定的抗战与革命思想，这里有一群坚持抗战到底、革命到底的共产党人，他们有着坚定的抗战必胜的信念，反对着一切投降的阴谋与阳谋。

反法西斯斗争是20世纪全人类爱好和平与民主的力量与反人类反和平反自由反民主的反动力量的殊死搏斗，中国的抗战是这一斗争洪流中极其重要的一脉。中国战场的进退腾挪，都会对世界斗争形势产生影响，其影响说小了是蝴蝶效应，说大了则是杠杆效应。

抗战进入相持阶段以后，形势却越来越严峻。在日本帝国主义的诱降政策影响下，国民党副总裁汪精卫于1938年12月18日潜逃到越南河内，29日公开发表臭名昭著的叛国投敌“艳电”。

1939年1月21日至30日，国民党在重庆召开五届五中全会，虽然在会上仍然高调宣称要“坚持抗战到底”，但同时却制定了“溶共、防共、限共、反共”的反动方针，通过了《限制异党活动办法》，决定设置防共委员会，严格限制共产党和一切进步力量的言论与行动。

为配合这次会议，国民党方面大肆刊登张国焘的反共文章，广播张君劢的反动文章，起劲鼓吹什么“一个政党”“一个领袖”等歪理邪说。放出“二张”作为反共的急先锋，这是文的一面；武的一面则是不断制造摩擦事件，这种让亲者痛、仇者快的举动早在1938年夏天便开始了。从1938年夏季到1939年秋，国民党顽固派先后在华北、山东、陕西等地挑起摩擦，制造了多起惨案。在陕西，胡宗南部制造了残杀八路军伤残干部和打死打伤八路军谈判代表的“栒邑事件”等150余起反共摩擦；在河北、山东这两个国民党制造摩擦的重灾区，两个“摩擦专家”张荫梧、秦启荣脱颖而出。这里重点谈谈张荫梧的罪恶行径。

张荫梧是河北博野人，字桐轩，早年毕业于保定军官学校，后投靠阎锡山，先后任晋军山西教导团团长、师长、北平市市长、北平警备司令等职。张荫梧参加过军阀大战，曾任冯玉祥、阎锡山联合反蒋的第一路军总指挥。只不过，他的宝押错了，冯、阎在中原大战中一败涂地，张荫梧失望之余，便与阎锡山脱离了关系，解甲归田，到自己的老家河北省的博野、蠡县、安国、安平等县搞起了乡村自治，在1929年时攫取了博野“四存中学”的校长职务。

卢沟桥事变发生后，张荫梧率众撤退到河南和山西的交界处林县、陵川一带，以“四存中学”的教员和学生为核心力量，组建了“河北民军”，一时间颇有坚决抗日的气象。国民政府下定“最后牺牲之决心”后，蒋介石把目光投向这一支抗日力量，任命张荫梧为保定行营民训处处长及河北民军总指挥。全面抗战初期，在抗日民族统一战线大旗映红山河的日子里，张荫梧倒也能够守规矩，打着联合抗日的旗号，与八路军多有往来，曾请来共产党员温健公担任河北民军秘书长兼政治部主任等职。

张荫梧抗日战绩平平，却时刻不忘反共，而且是从骨子里反共。1938年夏天，张荫梧在武汉见到了保定军校旧时同学陈诚，靠这层关系，他立即被陈诚任命为河北省三青团总干事及民政厅厅长。从此，张荫梧搭上了国民党顽固派的反共快车，开始公开、疯狂的反共反八路军活动，甚至公开喊出了“专打八路军”的口号。1938 年 12 月，张荫梧派王长江率 3 个团的兵力前去对付已经和共产党合作的张存实，想要抢占地盘，利用自己过去的影响扩大势力，八路军奋起反击，将其大部缴械，这就是著名的“博野事变”。据《张荫梧和河北民军》介绍，战斗结束后，晋察冀边区和冀中、冀南抗日政府为了揭露张荫梧的真面目，先后印发了《看！张荫梧想干什么?!》《民八事件内幕》等材料，并将其罪行刊登在《冀中导报》和《冀南日报》上，使广大抗日军民了解了事件真相，认识了张荫梧的反动本质。

1939 年 2 月，张荫梧策反了原为八路军冀中军区独立二支队司令的柴恩波。此后不久，柴恩波投靠日本当了伪军，此举引来舆论哗然，而张荫梧竟大言不惭地为其辩解说什么这是“曲线救国，仍为本党做抗建工作”等。张荫梧破坏抗战不得人心，其伪善面目逐渐暴露后，更是变得不顾一切，疯狂反共。1939 年 6 月 21 日，张荫梧在河北深县杀害了八路军后方官兵 400 余人，这就是著名的“深县惨案”，具体经过在吕正操分别发给蒋介石、程潜、卫立煌及毛泽东的电报中讲得非常清楚：

> 正当武邑、衡水、束鹿之敌分路大举向职部进攻“扫荡”之际，深县南之陈二庄、各家庄驻军，于 6 月 21 日夜 12 时半突闻枪声四起，同时附近蔡家庄以北之程家、芦家庄亦均发现枪声，当职等人从梦中惊醒，而我刘家庄之驻军已陷于严密的包围中。经探悉为张荫梧亲率河北“民军”向我攻击，即派员持函交涉，请首先停止军事行动，有何问题，自可相互开诚布公协商，共同解决。乃张氏不问来由，不分皂白，竟惨杀我派去之人员，反集中兵力，进攻益急，我刘家庄驻军在猛烈炮火下死伤过半。职闻警立即饬部回救，不意途中“民军”伏击，经

高呼口号要求停战无效，为自卫计，不得已乃出于抵抗。故在张家寺、北马庄一带发生接战。张氏亲饬所属占据附近村落，向职部施行包围，企图全部歼灭，情况万分紧张。迨翌日黄昏，幸张氏部中有不少深明大义之士，经我宣传，士气顿挫，至此刘家庄之围乃解。

1939 年 6 月 22 日，为惩罚张荫梧的反动行径，八路军发动了对张部的反击，在河北省深县南部张骞寺村把张荫梧的部队团团围住，予以毁灭性打击，仅有张荫梧和几个卫兵侥幸逃脱。经过此番教训，张荫梧仍不思悔改，继续制造反共摩擦事件，又在 8 月 16 日至 24 日遭到八路军一二九师所部歼灭性打击后一蹶不振。9 月 19 日，蒋介石在无可奈何之下，不得不下令“着张荫梧停职查办”，后又于 10 月 24 日正式“撤职查办”。实际上，蒋介石并未放弃这枚反共的过河卒，仍暗地里让人捎信给张荫梧，要他忍耐，以后还会择机重用他。

通过上述事实，人们或许能够感受到一种来势汹汹的投降浪潮，信念不坚定、脚跟不牢固，就会被冲得东倒西歪，就可能滑入妥协投降的泥潭。

面对这种形势，中国共产党的回答是：反对投降主义！

1939 年 2 月 5 日，毛泽东在中央党校作了题为《反对投降主义》的讲话，特别强调共产党人坚持抗战、坚持统一战线的坚定信念与毫不妥协的斗争意志问题：讲要不要共产党的问题，国民党方面说要把共产党溶化，共产党方面也有人说国民党与共产党没有区别，所以不要共产党，因为这两方面的意思有些近，都不要共产党，所以拿到一块讲。要达到抗战必胜，建国必成的目的，中心任务就是要巩固和扩大民族统一战线。要巩固统一战线就要进行两条战线的斗争，反对关门主义与投降主义。国民党要溶化我们，我们就被溶化了吗？不能，绝对不能，那是投降主义。二中全会提出反对关门主义的同时又提出反对投降主义。统一与斗争是统一战线的原则问题；统一是统一战线的第一个基本原则；斗争是统一战线的不可缺少的原则，这点不能忘记的。国民党采取防共政策，要从政治上组织上瓦解共产党。我们的原则是：人不犯我，我不犯人；人若犯我，我必犯人。要记取陈独秀投降主义使大革命遭受失败的教训，反对政治上的软弱症，使自己的力量增强起来，才能巩固与扩大民族统一战线，战胜日本帝国主义。

信念坚定、意志坚强，才不会患上软弱症；反之，要治疗政治上的软弱症，非从坚持抗战、坚持统一战线入手，毫不妥协地与投降主义、分裂主义、关门主义斗争不可。毛泽东不断地呼吁党员干部注意这一点，在大大小小的会议上讲，利用各种机会写文章讲，要求人们牢记这一点。

1936 年 6 月 10 日，毛泽东在延安高级干部会议上作报告，主题就是反对投降。在谈到当前任务时说，全党要努力从思想上组织上准备自己、准备舆论、准备群众，与一切爱国进步分子、一切爱国的国民党员一起去动员群众，开展反投降斗争，不论在什么情况下，都不能动摇这种方针，无论是思想上还是行动上，都不能动摇。他系统分析了要从思想上、组织上做好准备的历史原因——1927 年大革命失败的经验教训。

那个时候，共产党人没有在思想上、精神上准备好，没能形成坚定的信念与意志，结果失败了，所以这个时候一定要准备好；那个时候，新党员大批脱党或叛变；现在某种情况下也有可能发生这类事情，因此要从思想上、精神上筑牢防线。在思想斗争问题上，特别需要一种坚定的立场。在两年多时间里，代表国民党立场的叶青等人发表了一系列文章，不但反对共产主义而且反对孙中山先生的三大政策，抛出了纷乱错杂的思想，说什么只有三民主义与国民党最适合中国国情，边区与八路军不统一而想要取消他们以完成统一。这些谬论完全是违背历史事实的武断空话，面对这些言论一定要有清醒认识，必须严防国民党及其胁从破坏共产党。

6月30日，毛泽东为纪念抗战两周年撰写文章，反对投降活动，深刻分析了投降派即所谓的主和派颠倒黑白的欺骗宣传：他们雪片一样地散布所谓的“共产党捣乱”，“八路军、新四军游而不击，不听指挥”，“陕甘宁边区实行割据，向外扩展”，“共产党阴谋推翻政府”，“苏联阴谋侵略中国”等假消息、假报告、假文件、假决议，企图达成其混淆视听、蒙蔽社会舆论、实现投降之目的。共产党人的坚定立场是坚决反对那些投降派，愿意与一切坚持抗战的党派与团体合作，抗战到底。他再次呼吁，全国一切爱国党派，一切爱国同胞，必须注视那些投降派的投降活动，必须认清反共即准备投降的这一特点，用一切努力去反对投降和分裂。共产党人是一定要战下去的，团结下去的。

共产党人要坚持下去，要有抗战必胜的信心，确实需要在全党进行宣传教育，只有这样，才能防止过去形势复杂时新党员成批脱党的现象，才能在敌、顽、我三方复杂关系中站稳立场，不致被“溶共”行为所溶化，不至堕落为投降分子。思想方面稍有松懈，溶化、叛变、投降的危险便会变为现实。

1942年5月21日，《解放日报》登载了老干部何忠伟逃跑叛变案，便是一个较为典型的案例。何忠伟早在1929年即加入了共青团，同年参加了游击队，以后在红军中担任过连长、营长、团长及参谋长等职务，长征时任四师十二团参谋长。1937年部队改编时，因骄傲自大，干部关系恶劣，由团长降为作战参谋。1939年到晋西独立一支队任副参谋长时对党不满，不愿担任副职，生活搞特殊化。后来到马列学院学习时，不但没有利用这一宝贵机会认真学习以提高自身认识，反而经常居功自傲，生活上不能艰苦，曾经用手枪威胁炊事员。

党组织为了帮助教育他，故而当他从马列学院毕业时，仍把他调到军政学院工作。在此期间，何忠伟在很短时间内犯下一系列严重罪行：一是贪污，总共贪污200多元钱，其所使用方法主要是克扣学员津贴，吞没公家的伙食费、生产费、办公费、杂费等；二是生活腐化，用贪污得来的钱个人消费，每天用费达2元以上；三是对上级采取虚伪的两面派手法，作工作报告时有意夸大自己的成绩，掩饰工作中的缺点，向组织隐瞒本人家庭之地主成分，虚报为贫农，自己把牲口卖了，对上级谎称牲口被踩死了等；四是领导工作上不切实际，同事关系紧张，不虚心、不尊重同志，不深入群众，作风散漫等。

军政学院的党政领导发现何忠伟工作上这些缺点后，及时对他进行批评教育，却收效甚微。后来，发现他存在着严重的思想认识错误，便召集会议对他开展斗争，在一队干部党员中对他的错误进行批评。何忠伟对组织上的批评与帮助一贯采取两面派手段欺骗、应付。到了后来，他的贪污内幕曝光，便畏罪逃跑叛变了。

在抗战的艰苦时刻，不但在前方要经受严峻的政治与经济困难考验，在后方根据地也是一样。坚持革命、坚持抗战、坚持奋斗的信念，很有可能被一点一滴的享乐思想、个人主义、拈轻怕重等思想问题侵蚀掉。吃穿上讲究一点，工作上拖拉一点，纪律上散漫一点，对待群众傲慢一点，对组织上隐瞒欺骗一点，这些外在表现出来的作风问题，看似工作生活中的小问题，汇集、累积起来却是影响革命信念与意志的大问题。小问题搞垮了最基本的立场，抗战、革命必胜的信念，应对困难与诱惑的意志力自然减退，最后必然堕落为叛变、投降分子。

未雨绸缪、对症下药。共产党不仅要拉住国民党等一切有可能站在抗日民族统一战线上的正义力量，防止投降主义蔓延，还要及时有效加强共产党人的精神防线，使其坚定抗战必胜、革命必胜的信念，增强抵御困难、诱惑等能力，把共产党及其领导的根据地军民建设成领导抗战、坚持抗战的中流砥柱。

四、铁窗难锁钢铁心

在延安西北郊的一处山洼里，有一座静穆的烈士陵园，群众亲切地称其为四八烈士陵园。这是 1946 年山西兴县黑茶山“四八空难”留给共产党人永久的痛，也是这场空难留给延安的无上荣光与永远纪念。

每年清明节前后，无数的青少年和社会各界人士都会前来这里凭吊烈士，重温他们的丰功伟绩，学习他们坚定的共产主义信念，感怀他们无上的人格魅力。每当人们拾级而上时，首先映入眼帘的就是位置最高、处于中轴线上的王若飞烈士墓碑；每当人们在这里讲述烈士们不朽事迹时，谈得最多的总是王若飞在狱中与敌斗争过程中表现出的钢铁意志与钢铁般的心。

早在 1931 年，王若飞任中共西北特委特派员，参与领导西北地区包括陕、甘、宁、晋、绥、新等地农民斗争，开展土地革命。11 月 21 日，因叛徒出卖，王若飞在包头一个客栈不幸被捕入狱。

铁窗一关 6 年久，多少英雄不低头？

但是，在 6 年的铁窗生涯中，王若飞始终坚贞不屈，充分表现了一名共产党员坚定不移的共产主义理想信念与无比崇高的精神气节。

王若飞被捕后就被关押在绥远“第一模范监狱”里，这个所谓的模范监狱，除了一样充当反动派镇压人民、统治人民的工具外，更主要的在于它使用酷刑、虐杀或者欺骗软化的手段更加隐蔽，更伪善，更具有欺骗性。

王若飞刚被押到这里，敌高等法院便开始了“审讯”，他们妄想着通过王若飞这个“共党大头目”获取更多信息，把西北的“共匪”一网打尽。然而，王若飞对此早有准备，他不止一次对难友讲，一个共产党员被捕以后，要随时准备牺牲。只有抱着必死的决心，才能和敌人进行更坚决的斗争。有的难友很不理解，责备他总讲一些不吉利的话。他便耐心解释：“朋友，不是我想死，而是反动派时刻在谋算我。我是个公开的共产党员，应该表现出共产党员的崇高气节。我的行动关系着党的威信和影响，不能使社会上留下一丝不好的印象，哪怕是误传的印象，也不能留下。”

在狱中，王若飞虽抱着必死的决心，但与敌斗争时仍十分注意斗争策略。他认真思考后，认为敌人对付共产党人，不外乎三种办法——“硬”“软”“磨”。硬的威胁被他顶回去了，接下来肯定要用后两种方法来对付他。他胸有成竹地对难友说：“如果敌人要公开审判，那就把敌人的法庭，当作共产主义的讲坛，在敌人的法庭上，宣扬党的主张，揭露敌人，打击敌人！”

不久，敌人精心准备之后，带着千方百计搜罗来的材料，信心满满地开庭审讯王若飞。不过，敌人万万没有料到，所谓的开庭，只不过是一场激烈斗争的开始。

王若飞被带进法庭后坐在一张白色木椅上，一位姓靳的法官要求王若飞将参加共产党后的犯罪活动事实如实招供。只见王若飞同志轻蔑地望了法官一眼，站了起来：

“你身为法官，可懂得法律？”

“我在问你犯罪事实！”法官重复了一句。

“我先问你，什么叫犯罪？”王若飞逼问法官。

“犯罪，就是你触犯了《危害民国紧急治罪法》。”

"什么民国？是骑在人民头上作威作福的一批强盗！所谓《危害民国紧急治罪法》，无非是保护帝国主义、大地主、大资产阶级的法律！试问制订这种法律的时候，有哪一个工人、哪一个农民、哪一个其他劳动者参加过？你们执行这种法律，只能说明你们是帝国主义、买办阶级、封建势力的工具，是它们忠顺的奴仆而已！"

王若飞这一番义正词严的答辩，一下子把敌所谓的法官弄得面红耳赤、张口结舌、抓耳挠腮，半天都无法应答。敌法官只好装作翻看文件，最后只好强词夺理：

"我不管你这些歪理，反正你有罪！"

"我有什么罪？我犯的是反对你们祸国殃民的罪行的'罪'！是反对你们投敌卖国的罪行的'罪'！是反对你们专制独裁、剥削人民、欺压人民、贪赃枉法的罪行的'罪'！如果你们真是英雄好汉，如果你们还有一丝一毫的天理良心，咱们就到大庭广众中去，让群众评一评理，是共产党犯罪，还是你们犯了十恶不赦的滔天大罪？"

"你这样的目无法纪，我们不让你到街上去煽惑群众！"

"原来你们的法律是见不得人的！"

"不许你这样说。这里不是和你开辩论会。我问你，你究竟干了哪些破坏活动？"

"必须先弄清楚谁在犯罪，才能弄清楚什么是破坏活动！"

"这里是审讯，不是讲空话，唱高调！"

"我们共产党人从来都是尊重事实的。我讲的话，句句都有凭有据，是全国人民众所周知的事实。回避事实、抹杀事实的正是你们。"

王若飞在法庭上雄辩的言论，弄得反动法官们张口结舌，期期艾艾地讲不下去了，只好宣布退庭，第一次所谓的审讯就这样灰溜溜地草草收场。

第一次"审讯"，王若飞的镇定自若，搞得敌伪法院人员心里极度慌张，拖了很长时间都不敢开庭。王若飞觉得前一次关于马克思列宁主义和党的政策还没有讲，应该好好讲讲这个题目，便多次催促对方赶快审理，敌伪法院就是拖着不理，直到准备了8个月之后，终于开庭了。

王若飞一开始便抓住机会首先发言：

“法官先生，你们不是对共产党的活动很感兴趣吗？我今天打算谈谈这个问题。不过，首先我要给你们讲讲马克思列宁主义……”

“我们只问你关于共产党活动的事实，不谈什么主义。”

“先生们，我们共产党人的一切活动都是按马克思列宁主义基本原理行事的，你想了解共产党的活动，必须先了解马克思列宁主义。中国共产党是适应中国的需要诞生的，中国共产党是根据马克思列宁主义建立起来的。”

愚蠢的法官一听到这里，好像抓住了什么把柄，赶紧插了一句道：

“对了。所以中国共产党是从外国来的，受俄国指使。”

对这种谰言，王若飞立即给以强烈的反击：

“先生，你只是个地地道道的帝国主义的学舌人。你大约知道，现在世界各国都有共产党。为什么呢？因为哪里有阶级剥削和阶级压迫，那些被剥削被压迫者必然要起来反抗，起来斗争；在斗争中必然要产生真正领导自己取得胜利的组织，这个组织就是各国的共产党！”

敌法官愣了片刻，又硬着头皮回击：

“那么，马克思、列宁都是外国人，一个中国人讲外国人的主义，难道还不是卖国？”

王若飞听到“卖国”两字，眼里的火都要冒出来了，他朝着那个法官冷嘲热讽道：

“法官先生，你简直太可笑了，可笑得令人齿冷。你竟然无知到这样可怜的程度，真是令人惊奇。对你说话，我得讲一点普通常识：马克思是德国的犹太人，他在德国不能立足，曾在巴黎进行过革命活动。后来又寄居英国伦敦。他在英国参加工人运动，英国工人阶级很欢迎他。照你的说法，莫非英国工人把自己的国家出卖给马克思吗？列宁根据马克思主义的原理，在俄国建立布尔什维克党，领导人民推翻了反动的沙皇统治，赶走了德国侵略者，难道列宁赶走了德国人，又把俄国出卖给德国人吗？先生们，马克思列宁主义是无产阶级革命的真理，哪国需要就在哪国发展，谁也阻止不了！你不懂不要假装有学问。这样自以为是，自欺欺人，除了给人增加笑料，别无好处。”

讲到这里，王若飞话锋一转，向敌人发出更猛烈的还击：

“至于讲到卖国，国民党蒋介石倒有大量的卖国事实。远的不说，就从九一八事变、一二八事变说起吧……”

王若飞滔滔不绝的讲述，精辟深刻的分析，尖锐辛辣的回击，羞得敌法官脸皮一阵白，一阵红，心慌意乱，如坐针毡般坐卧不宁。当王若飞开始揭露蒋介石卖国罪行的时候，敌法官吓得眼睛都发直了。他慌慌张张地站起来，连忙制止：

“停住，停住，不准再往下讲。宣传马克思列宁主义在中国是犯法的。再加上你这样咆哮公堂，侮辱党国领袖，早就够定罪了。”

王若飞冷笑着说：

“这就是你的奴才本色！你在真理面前是没有骨头的！”

“太侮辱人啦！太侮辱人啦！退庭，退庭！”

说罢，敌法官的脸皮涨成了猪肝色，一边说着话，一边擦着汗，一边狼狈地走下法庭。

王若飞把敌人审讯他的公开法庭变成了马克思列宁主义的讲坛，他的坚定的共产主义理想信念，他的一言一行，都被当时的难友杨植霖、乔明甫深深地刻在心里并如实写了出来，这就是著名的《王若飞在狱中》一书。一位学者读了该书后说："要别人不动摇，就要自己首先不动摇；要别人坚定，就要自己首先坚定。若飞同志坚持革命的立场，革命的节操，稳如磐石，重若泰山。"

敌人的种种手段都使尽了，却始终无法让王若飞屈服，便采用磨的办法折磨王若飞，企图用极端艰苦的牢狱生活摧垮他的意志。

冬天来了，塞外的严冬，气温经常在零下二十几度，牢房里是不给生火的，睡觉就在冰冷的土炕上。许多难友们还要戴着脚镣，他们怕因脚镣而穿不上裤子，就把裤子齐裆撕开，结果裤裆变成一个通风洞，寒气从肚皮一直浸到指尖，真正是透心凉。牢饭照例是一日两餐小米饭，当中有着数不清的小石子、老鼠屎。冷饿交加之下，死神经常光顾这里，许多难友头天还可以走动，第二天就因冻饿而失去生命。

面对这种折磨，王若飞总是生气勃勃地对难友说："生活就是战斗。在这人间地狱里，我们要以加倍的勇气进行战斗。敌人要摧残我们的身体，我们一定要爱护自己的身体。必须征服恶劣的生活条件，必须和死亡作斗争！"环顾四周，他笑了一下，接着严肃地说："当然，生活在地狱里，还要谈保护身体，显然是矛盾的。可是，我们是革命者，整个旧世界都要把它砸得粉碎，创造一个新世界。难道我们就不能征服这恶劣的生活环境吗？我们不能依靠敌人的赐予，要战斗，用自己的力量去创造条件！"

为了保障身体好，在狱中的艰苦条件下，最起码也要有最低限度的营养、促进生命活力的阳光、必需的新鲜空气、较好的血液循环，这也是王若飞在狱中摸索、总结出来并与难友分享的经验。我们且看王若飞如何凭借钢铁的意志创造这些条件的。

首先，保障营养的吃饭问题。王若飞是南方人，绥远一带经常食用的莜面、小米、山药等他从没有吃过的东西却成了主食，难以下咽。怎么办？他有两种办法解决，一是用盐、醋、花椒等佐料，调进小米饭去吃；二是把小米饭放进大碗里揉成面团，再捏成小薄片，然后加点盐和醋，用开水冲服。难友们说是“片儿汤”，他开玩笑说这是他的“救命汤”。

其次，在冷如冰窖的囚室里，王若飞虽有羊皮大衣和一条狗皮褥子，也不足以越冬，他主要还是靠锻炼身体。他编了一套“室内体操”，不管是风雪交加的夜里，还是滴水成冰的早晨，他都在囚室里坚持做操锻炼，伸腿、弯腰、曲臂、扭转身体，一遍一遍地做下来，直到满身大汗为止。另外，他还坚持每天早晨用冷水擦身体，一直擦到皮肤发红为止。就是用这种办法，王若飞安然度过了北方的严冬。

最后，放风晒太阳之事较容易解决。王若飞患有关节炎，因此，敌人不怕他越狱，允许他出来晒太阳，但规定了一条：不能宣传共产主义。王若飞在太阳下一会儿晒晒背，一会儿又转过身子晒晒全身。

聊天中，他回答难友们的不解：“我胆大，是因为我做的事光明正大。我给千万人办事，千万人的眼睛都看着我。我要是向敌人屈服了，人们就会扔掉我。为了保存一个人的生命，而背叛了千万人的解放事业，遭到千万人唾弃，那活着还有什么意思？”

后来，在党组织的营救下，王若飞顺利出狱。长期的牢狱生活给王若飞身体带来很大伤害，单独关押时间久了，他的语言出现退化，甚至于把表壳叫作锅盖。但是，残酷的折磨可以摧垮王若飞的身体，却无法撼动他的信念，他始终不动摇、不屈服。王若飞出狱后受党的指示，立即回到延安，投身到伟大的抗日战争和人民解放战争中，他的英勇事迹也广为流传。

“一切要为人民打算”，这是王若飞当年临别重庆时向周恩来说的最后一句话，这句名言也成了他对人民、对党的最后遗言。“四八空难”发生后，周恩来得知王若飞遇难，悲痛地说：“失掉了他，好像失掉一种力量，失掉一种鼓励，失掉了一个帮手。”

王若飞以自己的生命，实践了他“一切要为人民打算”的诺言。

五、知过能改，方为马列

如果行到清凉山，一行大字便会尽收您的眼底：万众瞩目清凉山。这句话语出自陈毅元帅 1945 年所作《咏“七大”开幕》一诗：“百年积弱叹华厦，八载干戈仗延安。试问九州谁做主，万众瞩目清凉山。”

作为革命圣地延安的象征之一，清凉山上有党的喉舌，发出党的声音，传播党的思想，在广大革命者心中具有极其崇高的地位。而这一切，都与一个人有着极大的关联，他就是党的新闻事业的奠基者和开拓者——博古。

博古原名秦邦宪，在苏联时使用过俄文名 ПОГОРЕNОВ（译作汉语即博古莱洛夫），回国后便将其简化为“博古”。博古为人所熟知，多半因其执行了王明“左”倾错误路线，但他在延安时期的经历与贡献，人们却知之甚少。

延安时期，博古经历了不平凡的奋斗历程。

1935 年 10 月 19 日，中央红军长征到达陕北吴起镇。博古被中央任命为中华苏维埃西北办事处主席（任），投身纠正陕北肃反扩大化错误、稳定陕北根据地革命形势的各项活动，开始了其延安时期的革命生涯。

此后，博古参与和平处理西安事变，1937 年 9 月，作为中共驻南京代表，与蒋介石谈判，促成抗日民族统一战线，与国民党谈判组建新四军与出版《新华日报》等；1939—1940年任中共中央南方局常委、组织部部长、代理书记等，参与和主持南方局领导工作；担任过中央党报委员会、中共中央长江局党报委员会和《新华日报》董事会成员、《解放日报》社社长、新华社社长等职。

延安时期是党的新闻事业快速发展的时期。作为党的新闻事业的开拓者，博古作出了卓越贡献。

第一，他参与或领导创建新闻机构、创办新闻报刊，奠定了党的新闻事业的基础。1935年1月遵义会议后，博古被解除中共最高领导职务，开始全力投入新闻宣传管理工作，先负责中革军委总政治部的《红星报》；6月，又负责红军总政治部的《前进报》；8月，分工负责中央宣传部，并兼任苏区中央局机关报《斗争》主编。1936年12月，博古兼任红色中华通讯社（简称“红中社”）社长。1937年1月，博古兼任新中华通讯社（简称“新华社”）和《新中华报》两社社长。1938年在长江局和南方局工作期间，参加了《新华日报》和《群众》周刊的领导工作。1940年10月返回延安，任中央党报委员会主任，主持延安新闻出版工作。

1941年3月，博古出任中共中央大型机关报《解放日报》的社长兼主笔。1941年12月，兼任新华社社长，并负责中央对外宣传、中央出版局和中央印刷厂工作，把全部精力都投入到党的新闻事业。1942年3月，根据党中央的指示及有关精神，博古带领《解放日报》全体工作人员，积极投入到报纸的改版工作中，把《解放日报》变成真正的党报。博古在任新华社社长之职时，从改善机构建设和推动业务发展两方面进行领导管理，把具有全国性质的新闻发稿权集中于总社，统一全党对外宣传的口径；在各大战略区建立总分社，加强对分社的领导；实行通讯网建立在党组织基础上，建立遍布各敌后抗日根据地的通讯小组；要求新华社与国民党中央社和国外通讯社相抗衡，面向全国、全世界进行报道，基本形成了一套系统的网络和统一的战斗结构。

第二，确立全党办报、群众办报的指导思想。他主张“通过党组织来领导报纸工作，具体地讲，党组织领导编辑委员会的工作，编委会是报社内部的集体领导机构，每个编委都是集体成员之一。不论党内同志或非党同志参加了报社工作，都是报社的主人翁”；“办报依靠党的领导和工作人员的集体努力，还要依靠广大读者和通讯员的支持”；使新闻管理成为“一件全党的大事”“人民大众的一件大事”。

第三，确定党的新闻工作的基本原则。一是党性原则。博古在《党与党报》一文中提出，“党报不但要求忠于党的总路线、总方向，而且要与党的领导机关呼吸相关、息息相通。要与整个党的集体呼吸相关、息息相通。这是党报工作人员的责任，这是办好党报的必要条件之一”。二是舆论导向原则。根据新民主主义革命斗争的迫切需要，博古指出，只有运用马克思主义的基本原理与基本原则领导和管理党的新闻工作，“在政治上把握马列主义立场，以此来分析事变的演化”，才能使党的新闻“更坚强更雄伟地鼓其正义之声，更圆满地更有力地完成其集体的宣传者鼓动者组织者的任务”，真正成为推进新民主主义革命事业的伟大机器。三是群众为本原则。博古把党的群众路线和工作方法贯彻于党的新闻事业，主张新闻管理实践要以群众为本，做到“集中起来，坚持下去”。一方面要做“党的眼睛、耳朵”，“密切地与群众联系，反映群众的情绪、生活需求和要求，记载他们的可歌可泣的英勇奋斗的事迹，反映他们身受的苦难和惨痛，宣传他们的意见和呼声”；另一方面要“向群众讲话”，把党的方针、政策和主张直接或间接地告诉人民，使人民群众接受党的领导，积极投身到革命事业中。继而在新闻工作中形成以群众为主体，自下而上、自上而下的信息双向流通体系。四是真实性原则。博古认为真实性原则既是新闻自身内在的最根本规律，也是党的实事求是思想路线在新闻管理领域的具体反映，是管理好新闻宣传工作的思想基础。他要求新闻宣传报道“必须根据确切而无可辩驳的事实”，“忠实的报道，精确的报道，主动的报道，迅速地报道”；力戒“浮夸、空谈、武断和言过其实”。倡导新闻工作者从客观存在的新闻事实出发，采取实事求是的态度，真实反映新闻事实，以此推动社会及新民主主义革命事业的发展进步。五是开放性原则。所谓开放性原则，指在新闻管理过程中，以扬弃的态度对待传统及国外先进新闻管理经验，这是新闻实践活动的开放性和世界性本质的必然要求。1943 年 7 月，博古在编委会上提出“可以吸收外国资产阶级报纸的经验，但有原则的区别。不能机械地搬运苏联的东西，要自己创造”。

第四，形成新闻队伍建设的基本理论。博古认为，新闻工作者首先要认真学习理论，精通业务。博古经常讲，新闻工作者一定要“挤出时间多看书”。他要求每一个新闻工作者都要学习马列主义理论，坚定无产阶级立场，提高自身的政治素质；学习业务知识，拓展新闻工作视域，提高个体写作水平与技巧。他说：“有了正确的政治方针，业务就有决定意义，业务如果不精，正确的政治方针又何从表现呢?”“记者要有丰富的知识，对边区要熟悉，能懂得党的政策，掌握写作技巧，经常学习和研究新闻理论和别的通讯社新闻稿。”其次要深入群众，大胆实践。博古主张新闻工作者要“到群众中去，到实际中去”，不做“无冕之王，要做一个新闻战士，勤勤恳恳为人民服务”。再次要具备坚强的党性。博古指出，新闻工作者“时时反省自己是否站稳立场”，要以做党的耳目喉舌为荣。同时博古强调要大力发展基层通讯员，建立健全基层通讯员网络，以加强新闻工作者与群众间的联系，完善新闻队伍建设。在他以身作则的带动下，读书、钻研业务的好风尚逐步形成，一批干部脱颖而出。

第五，建立健全新闻管理制度。博古认为，在新闻管理过程中建立一些常规性的制度，施以适当的约束，可以保证发挥新闻管理作用，提高工作效率，改进工作作风。他领导制定了同各级党政军保持密切联系制度、稿件审查制度、校对制度、内部检查报纸制度及奖惩制度等常规性的制度。同各级党政军保持密切联系制度。博古主张编委会每一成员，分工联系一个党政军的领导机关，便于从制度上保证党的新闻事业同党的领导机关息息相通，确保新闻工作者及时把握新闻脉搏和掌握处理新闻稿源的准确性。这项制度在实践中得以发展和完善。稿件审查制度。博古多次强调，严格的稿件审查制度是新闻媒介坚持正确舆论导向和增强新闻宣传公信力的有效措施，有利于及时发现和处理稿件存在的问题，确保党的路线方针政策的有效传播，促进新闻事业的健康发展。校对制度。1942 年 8 月底，博古在编委会上明确指出，校对制度是稿件审查制度的延续，是进一步的补充与完善，是严把新闻作品与新闻受众见面前的政治关和质量关的根本保证。内部检查报纸制度。博古规定，报社内部定期检查报纸并公布结果，有错必纠，追究相关责任人，确保新闻管理过程中新闻舆论政治关和质量关的事后监督，提升新闻从业人员敬业精神和责任心，这一制度至今依然为新闻管理中的一项根本制度。奖惩制度。博古主张“奖励有不同的标准，一种是有特别贡献，一种是业务上能完成任务。惩的方面一种是有重大过失的，一种是业务上荒废的。奖励要讲民主，但也要有集中”。以强化新闻工作者使命感、敬业精神和责任心，调动其积极性和创造性，从而提高新闻宣传质量，保证新闻工作机制的上下协调与有效运转。

在遵义会议之前，博古可是中共中央最高负责人。到了延安，他的主要工作变为负责党报等新闻工作。从一把手到专管新闻工作，这中间的巨大落差，不但没有令博古消沉，反而使他以百倍的努力，全身心地投入到党的新闻事业中去。对一位领导人而言，对一位党员干部而言，能上能下且毫无怨言，最能体现其坚强的党性与坚定的理想信念。

当然，支撑博古投身党的新闻事业的信念的力量又是十分具体的，既有观念层面的，也有实践层面的。

首先，他是一个很有原则、很有组织观念的人。1935 年 6 月 16 日，红一、四方面军在懋功会师后，张国焘与陈昌浩分别来找博古，了解遵义会议情况，说遵义会议的决定不合法，红四方面军不同意。但是，28 岁的博古是非分明，他的心里只有党的利益，坚决维护党的团结统一。事后，毛泽东对周恩来说："博古是一个很有原则、很有组织观念的人。"因此，延安时期，组织分派的任务他都坚持原则、顾全大局，毫无怨言、十分投入地去工作。

其次，此时的博古已非彼时的博古，他在政治上成熟了。从上海到江西苏区再经过长征到达陕北，经历了这一切之后，博古在这些年的风风雨雨中政治上变得逐渐成熟和稳健起来。比如，在国共合作期间，博古针对王明的"一切经过统一战线""一切服从统一战线"的口号予以坚决的抨击，凭多年与国民党打交道的经验，他认为这样做只会断送中国共产党和红军乃至中国革命的前途与命运。政治上的成熟，使他在党的新闻事业创建过程中工作得心应手。

再次，延安时期，博古从教条主义者转变为真正的马克思主义者。经过几年的整风运动，博古思想上起了很大变化，1945 年 4 月 23 日至 6 月 1 日，中共七大在延安召开，博古作了长篇检讨发言，从思想路线的高度检讨了自己自 1928 年以来所犯的"左"右倾错误，认识到错误的根源在于"根深蒂固的教条主义、深厚的宗派主义、恶劣的个人主义"，表示要"脱胎换骨，重新做人，脱小资产阶级的胎，换教条主义的骨"。

在延安，博古的贡献，博古的转变，充分地证明了一点：只要心中的马列旗帜不倒，只要共产主义的理想信念不动摇，即使是天大的波折，共产党人仍能“不管风吹浪打，胜似闲庭信步”！

延安时期，博古的奋斗史也充分说明，知过能改，方为马列。只有真正的马克思主义者，才能在马克思主义光辉事业中有所作为。

第四章 作风

延安时期，毛泽东曾说过，我们要养成一种新的风气，延安作风。

延安十三年，中国共产党人发展民主、廉洁从政，他们自力更生、艰苦奋斗，在伟大的抗日斗争中培育了伟大的延安精神，形成了垂范千古的延安作风。

延安时期，以马克思列宁主义的理论思想武装起来的中国共产党，在中国人民中产生了新的工作作风，这主要就是理论联系实际，密切联系群众以及批评和自我批评。

延安时期，中国共产党人以优良的党风带动形成优良的社风、民风，华侨领袖陈嘉庚亲眼目睹后不由感叹：这里民生安定，工作勤奋，风化诚朴，教育振兴，男女有序，无苛捐杂税，无失业乞丐，其他兴利除弊，难于尽述，实为别有天地，大出我意料之外。

延安作风，成就了延安时期的共产党人；延安作风，将会激励无数的后来人。

一、一场有温度的整风

提起整风运动，人们自然而然地会想到延安整风。整风是中国共产党在全党范围内进行的普遍的马克思主义教育运动，在党的历史上，曾有过 1942 年、1950 年、1957 年三次整风，因 1942 年发生在延安地区的整风运动最为有名，故而整风运动通常专指延安整风运动。

延安整风，就是反对主观主义以整顿学风，反对宗派主义以整顿党风，反对党八股以整顿文风。整顿三风全面并举，但也有侧重点，那就是反对教条主义。整风运动的目的也表现在三个层面：一是反对主观主义，发扬马克思主义实事求是精神，确立正确的思想路线；二是反对宗派主义，提倡顾全大局的共产主义精神，确立正确的组织路线；三是反对党八股，营造生动活泼的文化氛围，树立清新的文风。

延安整风是有组织的：中共中央为了加强对整风运动的领导，于 1942 年 6 月 2 日成立总学习委员会，毛泽东为主任，在总学习委员会领导下，按系统成立分区学习委员会，各单位、各部门成立学习分会或中心学习组，各基层分别建立甲、乙、丙三种学习组。整风运动也是有方针、有政策的：为了正确地处理党内矛盾、增强团结，毛泽东为整风制定了“惩前毖后、治病救人”“既弄清思想，又团结同志”的方针。参加整风学习是有章可循的，首先要学习马克思列宁主义的若干基本文件，然后根据文件精神，检查思想、工作和个人的历史，经过批评和自我批评，最后写出学习和思想总结。整风学习也是有的放矢而不是乱学一通，它有自己专门指定的教材——《整风文献》，该文献包括《中共中央宣传部关于在延安讨论中央决定及毛泽东同志整顿三风报告的决定》《整顿学风党风文风》《反对党八股》《农村调查序言》《改造我们的学习》等22篇马列文章。当然，整风运动也有一定的规模，当时参加延安地区整风学习的有1万余人。整风运动，经历了高干整风、普遍整风、总结历史经验三个阶段，以1945年4月20日中国共产党六届七中全会通过《关于若干历史问题的决议》为标志，整风运动胜利结束。

整风运动既是一次全党范围内的马克思主义的思想教育运动，也是破除党内把马克思主义教条化、把共产国际决议和苏联经验神圣化错误倾向的伟大思想解放运动。它对克服抗战中的严重困难，创造了精神方面的有利条件。它不仅重新教育和训练了党内经过长期斗争保留下来的一批老干部，而且教育训练了抗战初期入党的大批新党员。它对于全党同志特别是党的高级干部，坚持一切从实际出发、理论联系实际、实事求是的辩证唯物主义的思想路线，坚持马克思列宁主义基本原理同中国革命具体实际相结合的原则，具有极其重大和深远的意义。整风运动的结果，实现了在以毛泽东为核心的中共中央领导下全党的新的团结和统一，为抗日战争的胜利和新民主主义革命在全国的胜利，奠定了重要的思想政治基础。整风运动对于加强无产阶级党的建设，增强党的战斗力，是一次成功的实践，是一个伟大的创举。

然而，整风运动又绝不仅仅是冷冰冰的一组数字，是一些耳熟能详的理论术语，更是延安万余人痛苦过也轻松爽快过的一场精神洗礼，也是一场曾经吸引世人关注的红色风暴。无论身处其中还是置身其外，只要是那个时代的弄潮儿，或多或少，都有可能为这一场运动或牵动神经，或倾注了心血，嬉笑也罢，怒骂也罢，都不可避免地为这一运动增添了温度。

延安整风的温度，是共产党人捡起批评和自我批评，尤其是开展自我批评时所表现出来的诚恳与深刻，检查中包含着对革命、对党、对人民的十二分的热忱。比如前文所述的博古，在 1943 年 11 月政治局整风会议上，他又一次作检查，表示自己在教条宗派中除王明外是第一名，特别是内战时期，他是国内教条宗派第一名；抗战时的投降主义，他是王明的执行者和赞助者。在党的七大上，博古再次面向全党进行了自我批评。

要反掉身上的歪风，不触及灵魂不行。因为，作风是思想意识的外在体现，在行为上有一定的规避、掩盖、虚假的能力，如果整风不深及灵魂深处，作风必然会有反复，甚至有可能以一种表面的假象来躲避一时的风头。唯有真正认识到自身问题的性质，诚心诚意想要改正自己的不正之风，自我批评才能达到痛彻心扉、脱胎换骨的效果。以博古为代表的一些犯了错的共产党人，正是怀揣着对革命、对共产主义火一样的热情，在整风运动中凤凰涅槃、重获新生——政治上的新生命。

二、理论联系实际

“马克思列宁主义的普遍真理一经和中国革命的具体实践相结合，就使中国革命的面目为之一新。”学过中国革命史的人，即使再怎么心猿意马、心不在焉，这个经典句子在他们听来，仍然是如雷贯耳。为什么呢？因为，新奇永远是抓住人们好奇心的神奇魔力。试想一下，中国革命的面目是怎样为之一新的呢？有没有什么传奇故事在其中诞生、流传？全新的革命者又创造了什么样的革命浪漫主义新生活？然而，毛泽东当年说这段话的时候，主要还不是为总结中国革命旧貌换新颜的一件件丰功伟绩，而是仅仅作为一个引子，话锋一转，谈起存在的问题来。而这，又是为什么呢？

我们不妨把视线拉回到1941年5月。既然回归历史，就不妨在时间上再纵深一点，我们可以看看1940年中国共产党经历的大事。翻开《延安时期大事记述》，1940年的大事历历在目：

陕甘宁边区文化协会第一次代表大会（1940年1月4日—12日）

陕甘宁边区第二届农工展览会（1940年1月16日—2月2日）

中共中央关于陕甘宁边区范围问题与国民党之谈判（1940年1月—3月）

陕甘宁边区党政联席会议（1940年3月2日—17日）

中共中央、八路军后勤部、政治部多次召开后方技术干部座谈会（1940 年 3 月 10 日—1942 年 3 月）

关于延安在职干部的教育（1940 年 3 月 24 日—1942 年 2 月）

周恩来离开延安领导南方局工作（1940 年 5 月—1943 年 7 月）

朱德从抗战前线返回延安（1940 年 4 月—5 月 26 日）

陈嘉庚访问延安（1940 年 5 月 31 日—6 月 8 日）

边区行政学院的成立及活动（1940 年 7 月—1944 年 5 月）

在华日本人反战组织在延安的建立及活动（1940 年 7 月—1945 年 9 月）

百团大战（1940 年 8 月—12 月）

延安华侨联合会成立及其代表大会（1940 年 9 月—1948 年）

透过这纵横交错的事件，各位应该看出一点眉目了吧？干部教育问题、与国民党关系问题、百团大战后带来的抗战形势等问题，自然而然给中共 1941 年的工作思考题涂上了较为浓重的着色。再联系 1941 年的几件大事来看，就会逐渐明白。比如，1941 年 5 月以前的小半年，中共着手办了以下几件事：

八路军军政学院与军事学院（1941 年 1 月—1943 年）

打退国民党顽固派发动的第二次反共高潮（1941 年 1 月 6 日—3 月）

八路军第三五九旅南泥湾屯垦（1941 年 3 月—1944 年 10 月）

《陕甘宁边区施政纲领》的制定和发布（1941 年 5 月—11 月）

可以说，这一时期，中共所面对的外部环境和革命任务更加复杂且艰巨了。要处理好日益复杂的局面，就需要清醒的头脑和务实的态度，表现出来就是一个政党的作风问题，尤其是如何研究、认识事物的学习问题。

但是，当时的情况却让毛泽东无论如何也乐观不起来，用他自己的话说，就是“我们还是有缺点的，而且还有很大的缺点。据我看来，如果不纠正这类缺点，就无法使我们的工作更进一步，就无法使我们在将马克思列宁主义的普遍真理和中国革命的具体实践互相结合的伟大事业中更进一步”。在他看来，党内存在着严重的学风问题，共产党人的学习有待于进行深入改造。问题主要集中于三个方面，一是不注重研究现状，对于国内国际各方面，没有系统、周密的研究，形成了“闭塞眼睛捉麻雀”，“瞎子摸鱼”，粗枝大叶，夸夸其谈，满足于一知半解等极坏的作风；二是不注重研究历史，近百年的中国历史以及古代中国的历史，在许多党员的心目中简直是漆黑一团；三是不注重研究马克思列宁主义的应用，不会运用马列主义的立场、观点和方法，生吞活剥地接受了许多马列的词句却消化不了，不能用马列主义分析和解决中国革命问题。

更可怕的是，坏的作风是具有传染性的，如同恶性传染病。毛泽东忧心地发现，这种极坏的作风把许多同志带坏了：

> 对于国内外、省内外、县内外、区内外的具体情况，不愿作系统的周密的调查和研究，仅仅根据一知半解，根据“想当然”，就在那里发号施令，这种主观主义的作风，不是还在许多同志中间存在着吗？
>
> 对于自己的历史一点不懂，或懂得甚少，不以为耻，反以为荣。特别重要的是中国共产党的历史和鸦片战争以来的中国近百年史，真正懂得的很少。近百年的经济史，近百年的政治史，近百年的军事史，近百年的文化史，简直还没有人认真动

手去研究。有些人对于自己的东西既无知识，于是剩下了希腊和外国故事，也是可怜得很，从外国故纸堆中零星地捡来的。

几十年来，很多留学生都犯过这种毛病。他们从欧美日本回来，只知生吞活剥地谈外国。他们起了留声机的作用，忘记了自己认识新鲜事物和创造新鲜事物的责任。这种毛病，也传染给了共产党。

这种一点不懂、一知半解、生吞活剥的态度与方法谬种流传，误人不浅。他们“无实事求是之意，有哗众取宠之心。华而不实，脆而不坚。自以为是，老子天下第一，‘钦差大臣’满天飞。这就是我们队伍中若干同志的作风。这种作风，拿了律己，则害了自己；拿了教人，则害了别人；拿了指导革命，则害了革命”。显而易见，这种主观主义的作风，其负面影响是致命的，革命党的革命前途有可能因此在不知不觉中被葬送，是共产党的大敌，是工人阶级的大敌，是人民的大敌，是民族的大敌，是党性不纯的一种表现。于是，毛泽东开门见山地告诉党员干部：“我主张将我们全党的学习方法和学习制度改造一下。”

用什么样的态度对待我们的学习呢？毛泽东告诉党员干部，正确的态度就叫作“有的放矢”，又叫作实事求是——“实事”就是客观存在着的一切事物，“是”就是客观事物的内部联系，即规律性，“求”就是我们去研究。我们要从国内外、省内外、县内外、区内外的实际情况出发，从其中引出其固有的而不是臆造的规律性，即找出周围事变的内部联系，作为我们行动的向导。而要这样做，就须不凭主观想象，不凭一时的热情，不凭死的书本，而凭客观存在的事实，详细地占有材料，在马克思列宁主义一般原理的指导下，从这些材料中引出正确的结论。这种结论，不是甲乙丙丁的现象罗列，也不是夸夸其谈的滥调文章，而是科学的结论。这种态度，有实事求是之意，无哗众取宠之心。这种态度，就是党性的表现，就是理论和实际统一的马克思列宁主义的作风。

系统地梳理了党内存在的学风之弊，也指出了应该采取的正确态度之后，并不意味着就万事大吉了。对于一个承担着革命重任的革命政党来说，必须有一套将思想变为行动的有效措施。为此，毛泽东建议中央向全党提出系统周密地研究周围环境的任务；建议聚集人才、分工合作研究中国近百年的历史而不是无组织地各自为战；建议在职干部教育应以研究中国革命问题为中心，以马克思列宁主义基本原则为指导方针，废除那种孤立、静止地研究马列的方法。

不过，出人意料的是，毛泽东所关心的这个重大问题以及他的讲话，并没有在党内引起足够的重视，中央机关的喉舌——《解放日报》甚至只在不起眼的角落刊登了一个小豆腐块来报道此事。这说明了什么？这就足以证明了一个道理：入鲍鱼之肆，久闻而不知其臭。毛泽东的一番言论，很有可能被不少人当作小题大做、危言耸听、故做惊人之举一类过滤掉了。这种身陷其中而不自知、深受歪风所害而浑然不觉的状态，也正是毛泽东所担心的。看来，不叫醒沉睡的同志不行了，不下猛药不行了。

随后，毛泽东不断与其他中央领导交换意见，逐渐在反对主观主义和宗派主义等问题上取得越来越多的共识。到了 1941 年 9 月，时机成熟，中共中央在延安召开政治局扩大会议，先后有 23 人参加会议，史称九月会议。毛泽东在会上作了《反对主观主义和宗派主义》的报告。会议内容之一便是检讨党在历史上特别是第二次国内革命战争时期的政治路线问题，明确党中央在从六届四中全会至遵义会议这一段历史上犯了“左”倾政治路线性质的错误，一些受王明“左”倾教条主义影响而犯过错误的同志转变认识，在会上作了自我批评。会议还集中讨论了如何使全党干部掌握马列主义普遍真理和中国革命具体实践相结合这一根本方向问题，讨论了如何使党的组织达到真正的团结和统一的问题。会议决定，要在全党发动思想革命，反对主观主义和宗派主义。有了这次会议成果作铺垫，中共中央和毛泽东在整顿学风问题上信心更足了。

1942 年 2 月 1 日，中共中央党校举行开学典礼，毛泽东在会上讲话，系统阐述整顿党风问题，首先谈的还是学风问题。这一次，他突出强调主观主义学风是反对马列主义的，是与共产党不能并存的（也就是不共戴天的意思）。学风问题，不应简单地仅被看作学习的问题，而是领导机关、全体干部、全体党员的思想方法问题，是对待马列主义的态度问题，是全党同志的工作态度问题，是一个非常重要的问题，也是第一重要的问题。

反对主观主义的错误，最有力的武器还是客观存在的事实。毛泽东在演讲中说，人们中间流行着一些糊涂观念，而这些流行元素，恰恰反映了主观主义问题的存在。

关于什么是理论家这个问题，他向学员们进一步澄清：我们读了一些马列主义的书籍，并不能因此就算作理论家。马列等人根据实际创造出的马列主义理论，是从历史实际和革命实际中抽象出来的总结论。如果仅仅读了他们的著作，但是没有根据他们的理论来进一步研究该理论所反映的革命实践特别是中国的历史和革命实际，就不能妄称理论家。真正的理论家是什么样的呢？真正的理论家应该能够依据马克思列宁主义的立场、观点和方法，正确地解释历史中和革命中所发生的实际问题，能够在中国的经济、政治、军事、文化种种问题上给予科学的解释，给予理论的说明。也就是说，真正的理论家就要能够真正领会马克思列宁主义的实质，真正领会马克思列宁主义的立场、观点和方法，真正领会列宁斯大林关于殖民地革命和中国革命的学说，并且应用了它去深刻地、科学地分析中国的实际问题，找出它的发展规律。这样的理论家，才是共产党人真正需要的理论家。要成为这样的理论家，就要根据《中央关于调查研究的决定》，学会应用马克思列宁主义的立场、观点和方法，认真地研究中国的历史，研究中国的经济、政治、军事和文化，对每一问题要根据详细的材料加以具体的分析，然后引出理论性的结论来。

毛泽东告诫党校学员，其实仅仅掌握了书本知识的人，并不能算作真正的知识分子。把那些仅有书本知识的人变为名副其实的知识分子，唯一的办法就是使他们参加到实际工作中去，变为实际工作者，使从事理论工作的人去研究重要的实际问题。马克思就是在实际斗争中进行了详细的调查研究，概括了各种东西，得到的结论又拿到实际斗争中去加以证明，这样的知识分子才是真正的知识分子，他所从事的这样的工作就叫作理论工作。知识分子从事理论工作，但世界上真正的理论只有一种，那就是从客观实际抽象出来的又在客观实践中不断得到证明的理论，舍此，只能是空洞的理论和僵死的教条，其结果不但妨碍了理论的发展，而且害人害己。另外，从事实际工作的同志，如果迷信自己的已有、偏于感性或局部的经验，缺乏比较全面的理性的知识，也没有办法把革命工作做好。党内反对主观主义作风，就是要反对教条主义和经验主义，重在反对更为危险的教条主义，因为他们可以伪装起来吓唬人。

反对主观主义学风，还要弄清楚许多人在“理论联系实际”上的糊涂观念。挂在口头的“联系”不是真联系。毛泽东告诉学员们，马克思列宁主义的理论与中国革命实际的联系，就像俗话说的“有的放矢”，在马列主义这个“矢”和中国革命实际这个“的”之间，有些人是拿起箭就漫无目的乱放一通，有的人则鉴赏把玩这一理论，并不放箭出去，也就是不与中国革命发展任何关系。所以，马列主义的理论是行动指南而不是神圣的教条，共产党人要善于应用其中的立场、观点和方法，把理论放在革命实践中去研究，这才是真正的理论联系实际。

毛泽东代表中央关于学风的两次演讲，就是改造学风的总动员令。抛弃主观主义的夸夸其谈，脚踏实地、理论联系实际，向实践求真知的风潮在延安开始一浪高过一浪，重要标志之一便是大兴调查研究之风。这种好的风气的形成，任何时候都少不了示范引导、制度保障、财力支持等内部和外部的促进因素。我们首先看看1941年中共中央在调查研究机构设置方面的努力，就可以感受到那时中共对通过调查研究形成理论联系实际的作风是何等重视了。1941年8月，中共中央印发《关于实施调查研究的决定》，决定在中央下设调查研究局，内设情报部、政治研究室、党务研究室3个部门，同时还要求北方局、华中局及山东等分局及各独立区委和省委，也要设立调查研究室，有效建立起从中央到地方的调查研究网络。1941年7月又将马列学院改为中央研究院，9月又改为中央研究院并设立中国政治研究室、经济研究室、文化思想研究室、教育研究室、新闻研究室、文艺研究室、国际问题研究室等；后又在晋察冀边区、香港、重庆和延安设立了中央调查研究局情报部的分局，进一步完善了中国革命实际与理论的研究体系。

调查研究不是苦行僧跑路，总是要花费一些银子的。所以，必要的经费保障，还需要上级给以明确的指示，具体操作人员才好照章办事。中央在《关于实施调查研究的决定》中规定："各局委之调查研究室设主任一人，必要时由各该局委的委员之一兼任，内设若干有能力的研究员；拨给必要的经费，给予各种便利，以达系统的周密的调查与研究一切必要情况之目的。"

有了人员与经费的基本保障，各类调查团的组建才成为可能。调查团作为开展调查研究的重要组织形式之一，是延安最普遍采用的形式，当时组建的大型调查团有西北局考察团和延安农村调查团2个，另外还有数百个其他类型的小型调查组织。

时任中共中央政治局委员、中央书记处书记的张闻天所率领的延安农村调查团，虽然只有9人，但他们奔赴陕北和晋西北抗日前线，进行了长达一年零两个月的农村实地调查。调查中，张闻天亲自动手拟定调查提纲，亲自整理调查材料，亲自撰写调查报告，真正把中央“实事求是”“理论联系实际”的号召落到实处。为了解第一手材料，张闻天带领调查小组住在农民家里，每一次调查都亲自口问手写，发现问题后立刻到群众中再调查，主动向当地群众请教，询问调查得到的情况是否属实，自己提出的意见是否符合实际情况。此次调查涉及陕北神府县直属乡 8 个自然村、米脂杨家沟村、米脂县城内经济、绥德市商业以及晋西北兴县二区 14 个村，获取各种调查资料累计达数百万字，是研究 20 世纪三四十年代晋陕交界黄河流域社会经济变迁等的重要资料。

延安时期的调查研究，做到了“从国内外、省内外、县内外、区内外的实际情况出发，从其中引出固有的而不是臆造的规律性，即找出周围事物的内部联系，作为我们行动的向导”，避免了教条主义和经验主义，跳出了主观主义泥潭，在实践中形成了理论联系实际的优良作风。

三、密切联系群众

在延安，如果你去参观杨家岭革命旧址，稍加留神就会发现路边树立一张巨幅照片。照片上，毛泽东双手叉腰，正与一群农民打扮的群众谈话。当然了，照片正文的注文写得很清楚：一九三九年，毛泽东在杨家岭与农民亲切谈话。他们在谈些什么呢？参与毛泽东谈话的几个当事人的回忆虽然细节各有不同，但大概内容是一致的：毛泽东问几位老乡，今年的收成如何？负担重不重？

其实，民间流传的关于毛泽东在杨家岭与群众的几则故事，远比这个照片所显示的要生动、有趣，只不过没有留下照片让人们目睹历史的瞬间而已。

其中一则故事，就与杨家岭最气派的建筑有关。这个建筑人们自然一下子就能猜到，不错，就是中央大礼堂。当年，为了筹备七大的召开，中央最先考虑在安塞县修建开会的礼堂，可是主管工程的任弼时和李富春实地考察后认为距离延安太远，交通不便，不适合作为会址所在地。随后，又从保密的角度选中了枣园后沟，又是挖窑洞又是盖礼堂。等到建成后才发现，虽然保密条件好，但地方太小了，条件也太差，根本没办法接待那么多与会代表，只好忍痛放弃了。到后来，还是将会址选在了中央所在的杨家岭，具体地点就在杨家岭沟口的中滩上。1941 年开始动工，1942 年就建好了。因为当时保密工作做得好，许多人都不明白为什么在边区如此困难的时候，还要大兴土木，大搞楼堂馆所？因此，有些人就给任弼时、李富春他们专门提意见，认为这是铺张浪费。

故事是不是绕得有点远？别急，我们的故事就发生在礼堂修建期间。不知道人们有没有注意，中央大礼堂内设主席台的那一端，特别靠近山体。这当然是有原因的，一方面是因为杨家岭沟内场地所限，只能切削部分山体充当地基；另一方面也是为了接近山体中的防空洞，方便与会人员遇到紧急情况时疏散进防空洞。切割山体的岩石，切削礼堂的大石拱，整理修建礼堂所需的各种型号石材等，都需要大量地开山取石。所以，修建礼堂时最常见的场面就是开山炸石，工地上活跃着大群的陕北石工。

靠山吃山，陕北人祖祖辈辈守着山石，不少人都是靠加工石头过活，积累传承了惊人的石材技艺。因陋就简兴建七大礼堂，自然少不了陕北石工们奉献他们的聪明才智。那个时候，延安没有电，每到天黑，工地上漆黑一团，工人只好停工，也正好舒展一下蜷缩了一天的四肢，活动活动那些已经麻木的关节，再抽上一袋旱烟，有一句没一句地拉拉家常，日子似乎过得也不比神仙差。就这样一天又一天，工程眼看要完工，大伙就要各奔东西了，可是每个人心里都有一点小遗憾：早就给家里人吹牛说在毛主席的门口干活哩，可是临了，还没有见过毛主席呢！这要是让人家知道了，可太丢人了。

日落西山，群山隐退，又一天结束了。石工们吃完晚饭，又聚在一起抽烟聊天，烟袋的亮光映在人们黝黑的脸庞，每个人都变成了一尊青铜雕塑。就在这时，一个大个子朝他们走过来，蹲下来与大伙对了个火，就一起抽烟聊天，只不过他抽的不是旱烟袋而是用纸卷的烟卷。一个老乡还嘲笑说，抽卷烟没劲，一看就知道没什么烟瘾。这个人呢，笑了笑没接这个话茬，却只管问了一大堆问题：你从哪儿来的？家里几口人？几个劳力？做石活挣的工资够不够养家？家里种多少地？负担重不重？对政府有什么意见没有？两个石工悄悄嘀咕：这个大个子操着一口外地口音，肯定是个当官的，可是这半夜了谁还往这石头窝子里跑？于是，大伙谁都没再往深处想，都随性地往外倒苦水。有的说票子太毛不受花（通货膨胀），有的说天年不好、负担太重……大个子听了后安慰大伙，公家和老百姓都困难，但只要大伙一起努力生产，日子会好起来的……

不知不觉夜深了，大个子起身告辞了。这时，杨家岭的警卫战士们来催促大伙回到工棚去。看着天上的星星，不知谁又冒出每天都有人说的一句话：唉！啥时候才能见上毛主席啊！几个警卫战士听后扑哧一声笑了，大声地告诉老乡：刚才和你们聊天的就是毛主席啊，怎么能说没见过呢？老乡们听后惊叫一声："天大大呀，你说的是真的？"几个人后悔得直跺脚：早知道就借着光亮多看几眼毛主席嘛，我根本就没看清楚！唉，没想到毛主席就和咱老百姓在"一达里"（在一起的意思）嘛！

和老百姓在"一达里"，这是陕北老乡的话，翻译过来就是和群众在一起的意思，用政治术语来表述就是密切联系群众。深入群众、联系群众，一是与群众的空间距离很近，能够与群众面对面促膝相谈，能够与群众产生邻居、房东关系，这在革命战争年代是相对容易的事，甚至是形势的需要；二是指与群众在情感上很亲近，在关键利益上首先想到的是群众。说白了，就是把群众当亲人。

在杨家岭，毛泽东与村里群众的另一些故事流传得更广，成为一些干部教育现场体验课的必讲内容之一。杨家岭本名杨家陵，因明代工部、兵部尚书杨兆陵墓设于此处而得名，中共中央迁居此处后改名杨家岭。杨家岭村杨姓村民居多，人多疑其为杨家陵墓守陵人后代。毛泽东居住在杨家岭期间，经常抽出时间了解村里群众的生产生活情况，同杨再清、杨再忠、杨再孝等青年经常交谈，一来二去就非常熟悉了。有一次，毛泽东出门散步，发现杨再清正在山坡下的菜地里收白菜。当年的白菜大丰收，杨再清把许多菜叶掰下来丢在地里，只收取菜心。毛泽东就劝他把能吃的菜叶都捡回去晾干以备荒年食用。许多群众都学杨再清的样子，把菜叶捡拾回去晾干备用。结果，第二年遇上春荒，这些菜叶就派上了大用场，老乡们都觉得还是毛主席看得远，替穷人过日子打算盘。

因为家穷，杨再孝年纪不小了，却一直讨不到媳妇。后来，终于有媒人给杨再孝介绍对象，毛泽东听到这事后很高兴。一天，毛泽东饭后散步，在杨家岭沟口遇到收工回家的杨再孝，就亲切地问他："再孝，听说有人给你介绍媳妇，这是好事啊，什么时候办喜事呀？"杨再孝难为情地咧了咧嘴说："媒人倒是给说了一个，可是家里穷，给不起彩礼钱，事情就拖下来了，等攒够钱再办吧！"毛泽东听了很着急，半开玩笑半认真地告诉杨再孝，好事就得趁热打铁，夜长梦多，等攒够钱再去娶媳妇，说不定媳妇早成别人的了。他对杨再孝说："彩礼钱我们先帮你凑一些，赶紧拿去把喜事办了。你好好劳动，等攒了钱再还给我们，你看这样好不好？"杨再孝很不好意思，一再推辞，说什么也不要毛泽东他们凑钱。毛泽东见状故意装作不高兴的样子说："别争了，就这样办吧，明天就让警卫员把钱送到你们家去。"

又过了一段时间，毛泽东忙完工作出门散步，大老远就看见杨再孝躲躲闪闪地想要绕开，便让警卫员把他叫到跟前。毛泽东拍了拍杨再孝的肩膀玩笑道："杨再孝，你这个朋友不够意思哟。你娶媳妇的彩礼钱还是我们帮忙凑的，怎么办喜事、喝喜酒也不招呼一声呢？"杨再孝满脸通红，低着头小声说："婚事没办成。"原来，杨再孝的未婚妻提出，结婚要坐花轿，没有大花轿就不出门。给过彩礼钱后，杨再孝再也没钱去雇什么花轿了。事情就这样耽搁下了。毛泽东听后安慰杨再孝说不要怕，帮人帮到底，我们再帮你想办法。其实，凑点雇一顶花轿的钱在毛泽东他们看来并不是什么难事，关键是不好找花轿，基本上是有钱没地儿去雇。

这可怎么办呢？刚好有中央办公厅的同志在身边，毛泽东就说，这个任务交给办公厅的同志吧，你们想办法帮杨再孝扎一顶花轿吧。办公厅的同志一商量，找木材做一项轿子也来不及啊，干脆就地取材，用一些现成的替代品吧。办公室里有一张八仙桌，有人就把它来了个底朝天，再用红布转圈一缠，大红的轿身搞定！轿顶怎么办？总不能就这样透气见光地接新媳妇去吧。大家七嘴八舌地商量时，有人提议用把闹秧歌时用的伞拿来盖在上边。再找来两根杠子往两边一插，一顶大红花轿就做成了。就这样，毛泽东和中央办公厅的同志帮杨再孝热热闹闹地把新娘子抬进了家门。与此同时，毛主席帮穷小子杨再孝娶亲的事也一传十、十传百，在延安、在陕甘宁边区、在各根据地传开了。

一花独放不是春，百花齐放春满园。密切联系群众，把共产党人所思所想、努力方向与群众的切身利益联系起来，不是一个人、两个人努力去做就够了，而是要教育、引导全党都朝这个方面努力，形成党群一家亲的局面。为此，毛泽东等中共中央领导人，利用一切机会向党员干部讲述联系群众的问题。

联系群众，从什么事情入手？毛泽东早在 1934 年便著文指出：“我们应该深刻地注意群众生活的问题，从土地、劳动问题，到柴米油盐问题。妇女群众要学习犁耙，找什么人去教她们呢？小孩子要求读书，小学办起了没有呢？对面的木桥太小会跌倒行人，要不要修理一下呢？许多人生疮害病，想个什么办法呢？一切这些群众生活上的问题，都应该把它提到自己的议事日程上。应该讨论，应该决定，应该实行，应该检查。要使广大群众认识我们是代表他们的利益的，是和他们呼吸相通的。”当然，这些问题不是说说就算了，要真正使党员干部密切联系群众、密切联系群众生产生活等具体利益，单靠讲话、写文章是不行的，还要有切实的行动。作风，就是千百万人努力工作因而蔚然成风。

中央书记处搬到枣园后，修桥、办学校、看病等难题，中央都帮群众一一解决了。

中央进驻枣园后，与临近的侯家沟村民便成为邻居。日子久了，中央领导对群众的困难便有所了解。他们发现，侯家沟村民的出行十分不便，下地劳作经常要赤脚蹚过西川河，遇到下雨涨水便没法过河。看到群众如此困难，中央便组织机关干部、警卫战士等，迅速搭建了一座便桥。毛泽东高兴地向身边工作同志讲，这就是为人民服务。

枣园乡政府离中央驻地非常近。枣园乡乡长杨成福经常来园子里向中央、毛泽东汇报工作或请教问题，往来频繁，双方逐渐熟络起来。时间不长，毛泽东便发现一个奇怪的现象：有时候杨乡长来园中公干，总有一个小孩子跟在身后，如果说他是通讯员，年龄似乎还小了一点。据说，有一次毛泽东故意指着那小孩问杨成福：你的警卫员多大啦？杨成福好久才反应过来，笑着说："他哪里是什么警卫员，他是我儿子！"

"你儿子？他这个年龄，应该上学啊，为什么不上学呢？"

"这儿没有学校，其他地方又太远。"

原来，枣园乡没有学校，许多适龄儿童都没办法入学，杨成福的儿子就是其中之一。再交谈下去，毛泽东惊讶地发现，就连枣园乡乡长杨长福，也是大字不识的文盲。毛泽东就劝杨成福多学文化，一天识一个字，几年下来就脱盲了。杨成福说了一大堆理由，最主要的就是没老师。毛泽东说："老师的事好办，我们会派一个老师教你，也教那些孩子。"不久，在中央和毛泽东的亲自关注下，叶子龙的爱人蒋英被委派到枣园乡政府任文书，帮助老杨读书识字。随后，又办了一个枣园小学，由蒋英兼任小学校长，枣园乡适龄儿童回到了校园，解决了困扰群众很久的子女入学教育问题。

密切联系群众，还要从群众利益入手，时刻牵挂着群众的疾苦，善于从司空见惯的现象中发现问题并立说立行，这是延安时期共产党人自上而下的普遍作风。1941 年的一天下午，延安市委书记张汉武突然接到中共中央办公厅电话，要他立即去杨家岭，毛主席有要事见他。

张汉武接电话后放下手中公务，急忙赶赴杨家岭。看到张汉武一路赶来气喘吁吁，毛泽东将他接到办公室坐下，又给他倒了一杯水。张汉武不知道主席找他要谈什么大事，紧张地望着主席那略带严肃的面容，忐忑不安地等着主席问话，连水也忘记喝了。

只见毛泽东坐到张汉武对面，点起一支烟，深深地吸了两口，才开口说道："汉武同志，延安城北十华里处有个叫小砭沟的村庄，村里的婆姨不生娃，这事你知道吗？"

"好像听说过有这么回事。"张汉武老老实实地回答。

"既然听说了，你这个延安人民的父母官，调查过这事没？采取过什么措施没有？"

张汉武一时语塞了。他虽然听说有这么回事，但并没有引起高度重视，也就没有派人去调查，更没有采取任何措施加以解决。现在听了毛泽东的询问，不禁惭愧地低下了头。嘴里喃喃地说道："我们的工作没有做好，请主席批评！"

看到张汉武满脸通红，眼睛里满是愧疚，毛泽东放缓了语调温和地说："汉武同志，我今天找你来，不是为了批评你，而是想和你商量如何尽快解决这个问题。生儿育女是群众传宗接代的大事，我们的政府是人民政府，就应该看到群众的疾苦，尽量帮助群众解决。汉武同志，你说对吗？"

"主席说得对，我回去后马上派人去查清原因，尽快想办法解决小砭沟问题。"张汉武听到主席问话，急忙答道。

"那好，不过要快，我等着听你的好消息。"

张汉武回到市委后，立即召开有关人员会议，组成了一个调查组，到小砭沟实地调查，走访群众，寻找原因。调查过程中，中央为加强调查组力量，要求中央医院派有经验的大夫和化验员去协助调查。经多方调查研究，调查组发现，小砭沟妇女不生小孩，问题就出在饮用水源上。原来，这个村子的集体用水主要靠一股泉水，但这股泉水中含有一种有毒物质，长期饮用这种水，妇女就不易怀胎，即使怀胎，胎儿的发育也会受到影响而流产。

问题的根源找到了，解决起来就相对容易。延安市组织人力帮助小砭沟村民改造水源，让人们喝上干净、卫生的饮水。与此同时，适时在群众中开展卫生防疫、保健等宣传，引导群众定期进行卫生大扫除，管理好生活垃圾及人畜粪便，形成了人人讲究公共卫生的好习惯。就这样，一年多后，小砭沟就传出了婴儿的啼哭声，长久以来困扰这里群众的棘手问题终于解决了。

密切联系群众是一项实践活动，更要接受实践的检验，密切联系群众的作风是建立在群众拥护的基础上的，其出发点不是个人的一厢情愿而是群众的客观要求。毛泽东曾说过："要联系群众，就要按照群众的需要和自愿。一切为群众的工作都要从群众的需要出发，而不是从任何良好的个人愿望出发。有许多时候，群众在客观上虽然有了某种改革的需要，但在他们的主观上还没有这种觉悟，群众还没有决心，还不愿实行改革，我们就要耐心地等待；直到经过我们的工作，群众的多数有了觉悟，有了决心，自愿实行改革，才去实行这种改革，否则就会脱离群众。凡是需要群众参加的工作，如果没有群众的自觉和自愿，就会流于徒有形式而失败。"

比如，毛泽东曾表彰过的延安南区合作社。办合作社的出发点是好的，是为群众创造便利条件、谋求实际利益，但群众把这种客观需求在转化为主观意愿时仍很困难，这就需要引导群众的需求。创办南区合作社，它的股金也是半自愿半摊派地从群众中收集的。

有些群众把入股当作了负担，也有的人把合作社叫作“活捉社”。南区合作社在这个时期所要克服的主要困难，是如何取得人民的信任和改变人民的认识。所以它在头几期不提公积金而是把全部盈利都分给了社员。苏票转换成法币时合作社又贴钱 500 多元。而且合作社还减价出卖犁铧等货物给群众。经过几年的艰苦工作，群众看到入股可以分到利，而且合作社真正是给他们办事的，对合作社的信任也就逐渐建立起来了。

过去的合作社在扩大股金时一般采取在群众中动员摊派方式，群众把向合作社入股当作一种负担。南区合作社的扩大股金则采取完全另外扩股方式，它根据人民的要求和情绪，在不同时期提出了不同扩股的口号，在解决人民的困难和给人民以看得见的物质利益的基础上，由人民自愿来入股。南区合作社曾采取过下面一些办法扩大股金：

一是与私人合伙。在私人较大资金不愿作为股金加入合作社时，先与之合伙经营，然后逐渐将其转变为合作社。二是供给人民必需品时宣传入股。例如 1939 年因铧涨价，乃提出扩股 500 元自己买铧，保证全区有便宜铧用的口号；1941 年因布匹涨价，提出扩股自己办工厂织布的口号。三是公债入股。1941 年南区人民所认购公债、1942 年所认购储蓄券，全部作为股金入股，由合作社统一向银行计利还本。四是分红入股。例如 1941 年每元股金分红 7 角，社员若不提取红利即作为 1 元入股，1943 年每元股金分红 3 元，社员若不提取红利即作为 5 元入股。五是实物入股。为了便利人民，社员可以土产品如粮食、木材等入股。

南区合作社在入股方面的经验，恰好说明，密切联系群众的作风，归根结底是建立在群众的自愿和拥护基础上的。

四、批评和自我批评

1947年11月的一天，艰苦的榆林战役结束了，漫天风沙中，干部、战士们一个个灰头土脸却又兴高采烈，因为打了胜仗呗！教导旅旅长陈海涵正策马飞奔，忽然看到彭德怀与几位领导站在路边，便急忙下马。彭德怀问陈海涵："你们旅撤出榆林时，是否检查过违反群众纪律的事？"

陈海涵回答说："检查了，但我们还没有来得及收集汇总，部队就出发了。"

彭德怀生气地说："不晓得是哪个单位的人，昨天上午在榆林南边一个村庄里，强行抬走了老百姓家的一缸酸菜，只给人家留下五千块钱（约合人民币五元）。群众有意见，你马上查一查，宿营后向我报告。要是查出来，第一，你们当领导的要亲自带上那个犯错误的人，抬上酸菜，给老乡送到家去，向人家赔礼道歉，接受群众批评。第二，对犯错误的要严厉批评，通报全军。第三，要写出检查来，报纸上公开登出。"

在场的一位领导看到彭德怀越讲越生气，便解释说："榆林是个苦地方。这里的老百姓一年四季在沙窝窝里，无风似火烤，有风满目沙。冬季最难熬，千里沙漠万里冰雪。一家人只守着一窖雨水，一缸酸菜，一件老羊皮袄过日子。现在是战争年代，部队在这里再苦不过了，对犯错误的同志教育一下就行了。"

彭德怀严肃地说“不行！这个先例不能开！没有纪律的军队是不能打江山的，打了江山也保不住。”

一旁的陈海涵急忙说：“我回去一定查清楚这件事，如果是发生在我们旅，一定严肃处理。”回到驻地后，陈海涵经过调查发现，彭德怀讲的那件事，果然就发生在自己的一个团。他狠狠批评了该团干部后，又亲自找到了事件当事人——抬走老乡酸菜的司务长，详细了解事情的经过。

司务长说：“部队在攻榆林城战斗时，生活非常困难，开始每个连还能分到一点干豆角，没几天，都吃光了，战士们都没菜吃。连长要我们向老乡买点菜，我便带着一个炊事员，赶了好几个村子也没有买到。回来的路上，在一个只有七八户人家的小村子里，看见一个老乡正在往地下埋一口水缸，我便上去揭开盖子一看，缸里不是别的，正是一缸酸菜，足有二百斤重。我们高兴极了，便向老乡请求卖给我们一些。老乡不愿意，说他们全家一冬天就靠这一缸菜了。我们再三讲道理，说好话，老乡还是不愿意卖。我一下火了，说不卖给我们，难道等着叫‘胡儿子’吃？这一句话吓住了老乡，便答应把酸菜卖给我们了。我们便留下五千元，和炊事员把菜装进麻袋里，抬回来了。”

听完事情经过，陈海涵有点犯难了：为了解决战士吃菜问题，司务长对老乡发火，强行买菜，是违反了群众纪律，该批评、处理就批评、处理，倒也好办。可是，菜已经吃完了，又该拿什么东西去还给老乡呢？后来，他们终于想出一个办法：老百姓不但缺菜，也很缺粮，强买了人家的菜，赔偿一点粮食不就行了？于是，就从连队的口粮中抽出一点米来，无偿地送给那户老乡，并向老乡诚恳地道歉。

处理完了这事，陈海涵用电话向彭德怀汇报处理结果。彭德怀听后沉默了一阵，然后问道：“你们准备怎样处理那个司务长？”

“决定给予记过处分。”陈海涵回答。

彭德怀说：“司务长认错的态度还是好的，就不要再去处分了，好好教育一下，要他莫再犯这样的错误就行了。他也是为战士们着想嘛！你的意见呢？”

陈海涵答道：“我同意老总的意见，我们旅领导也有责任，请老总批评我们吧。”

“你们当然应当受到批评，连队好久没有菜吃，你们晓得吗？为什么不想办法解决？光让战士去打仗，不关心战士的生活，算什么指挥员？同志！党把部队交给我们，是对我们的信任！而我们，我这个司令员，你这个旅长，就要时刻把战士放在心上，知道战士的饥饱，懂得战士的冷暖，这是一个指挥员应当具备的起码条件。在带兵这个问题上，马虎不得呀！”

这是解放战争时期我军一位旅长回忆的一幕，也是延安时期共产党人勇于批评精神的一个见证。批评人易，批评自己难，唯有批评和自我批评结合起来，一个集体才能不断自我更新、与时俱进。延安时期，中国共产党人的自我批评精神通过一个又一个事例、通过自上而下地全面遵行，蔚然成风。

1941 年到 1945 年，中国共产党集中开展了一次全党范围内的普遍的马克思列宁主义教育运动，这就是史称的整风运动。整风运动后期，转入审干阶段以后，一度出现过偏差，主要表现在错误地估计形势，夸大敌情，将许多来自白区的同志列为“特嫌”进行审查。在审干过程中，当时具体负责审干工作的社会部负责人康生在延安进行所谓的“抢救失足者”运动中，大搞“逼、供、信”，制造了一些冤假错案。好在党中央和毛泽东及时发现了这种错误倾向，由毛泽东亲自起草了《关于审查干部的决定》，制定了首长负责，自己动手，调查研究等实施方针。紧接着，中央又规定了审查的原则是“一个不杀，大部不抓”，对受迫害的同志进行了彻底平反。不仅如此，毛泽东还亲自出面，几次代表中央向被整错的同志赔礼道歉。时至今日，许多老延安回忆起这一情景仍然禁不住热泪盈眶。

1945年2月的一天，毛泽东在中央党校讲话：在审干中，“整个延安犯了许多错误，谁负责？我负责，因为发号施令是我。别的地方搞错了谁负责？也是我，发号施令的也是我”。

“错误可以给人教训，给人错戴了帽子的同志，以后再给别人戴帽子时，你就要谨慎；被错戴了帽子的同志懂得了一条经验，以后你不要乱给别人戴帽子，因为你自己吃过亏，以后要谨慎，有了这两个方面的经验，将来我们到北平、上海、南京去审查干部，做反奸工作，情况就会好得多。”

“这次大家都洗了澡，就是水热了一点儿。不少同志被搞错了。凡是被搞错了的要一律纠正，坚决平反！”“有的同志被错戴了帽子，这也没得要紧。帽子戴错了，现在我把它给你们摘下来就是了。”

“我们共产党人是革命者，但不是神仙。我们也吃五谷杂粮，也会犯错误。我们的高明之处就在于犯了错误就检讨，就立即改正。今天，我就是特意来向大家检讨错误的，向大家赔个不是，向大家赔个礼。”说到这里，毛泽东恭恭敬敬地把手举在帽檐下，向被整错了的同志赔礼道歉，毛主席还诙谐地说：“我向你们赔礼，你们也该还我一个礼吧？你们不还礼，我这手就放不下来了。”

大家以长时间的热烈鼓掌向毛主席答礼，许多同志感动得流下了热泪。

批评和自我批评是中国共产党三大优良作风之一，也是党保持生机与活力的重要力量之源。那么，如何才能够在党内健康地开展批评和自我批评，延安时期党的领导人不断在这方面进行理论探索，用以指导党内批评和自我批评的开展。

批评和自我批评，尤其是自我批评的重要性，并不是每个党员干部都能有比较深入的认识。毛泽东在党的七大报告《论联合政府》

中曾说："有无认真的自我批评，也是我们和其他政党互相区别的显著的标志之一。我们曾经说过，房子是应该经常打扫的，不打扫就会积满了灰尘；脸是应该经常洗的，不洗也就会灰尘满面。我们同志的思想，我们党的工作，也会沾染灰尘的，也应该打扫和洗涤。'流水不腐，户枢不蠹'，是说它们在不停的运动中抵抗了微生物或其他生物的侵蚀。对于我们，经常地检讨工作，在检讨中推广民主作风，不惧怕批评和自我批评，实行'知无不言，言无不尽'，'言者无罪，闻者足戒'，'有则改之，无则加勉'这些中国人民的有益的格言，正是抵抗各种政治灰尘和政治微生物侵蚀我们同志的思想和我们党的肌体的唯一有效的方法。"

的确，自我批评犹如打扫房间与洗脸，成为党的生活中不可或缺的东西，只有不断地自我清扫，我们的房间才能光亮如新，我们的容颜才能光彩照人。对于党的肌体而言，自我批评正是我们吸取教训、改进工作、发扬民主，保持党的肌体健康的有效方式。开展批评和自我批评，批评者要"知无不言，言无不尽"，不应吞吞吐吐、说一点留一点，或蜻蜓点水或明里批评暗中表扬；对待批评者要"言者无罪，闻者足戒"，不能一听批评就火冒三丈，不能因为别人提了批评意见就想方设法给别人小鞋穿，变相打击报复等。

如何正确对待批评和自我批评，延安时期中央领导们的一次三人座谈值得人们学习品味，而故事的流传，也确实对党的批评和自我批评优良作风的形成起到了重要的引导作用。

百团大战后，在延安召开的一次会议上，人们对彭德怀搞百团大战提出了过火的、不公正的批评，这让彭德怀十分恼火，于是他决定与毛泽东交换一下意见，并请周恩来做中间人。

一天晚上，三个人在毛泽东的窑洞里坐到一起谈话。刚一开始，熟知彭德怀脾气的毛泽东就开门见山地敲定谈话规则："咱们定下个君子协定：第一，把话讲透。第二，可以骂娘。第三，各自检讨，不准记仇，不得影响工作。”

接下来，毛泽东平静地对彭德怀说：“我先给你作检讨。造成这样子的后果，责任全在我，事先没得向你通气，事后又没得向你作解释，这也是老同乡我的不对……百团大战是无可非议的。从组织手续上讲，你战前对军委有报告，当时军委和我个人也是同意了的。如果讲缺点的话，那就是军委回电未到，你就提前动作了，但这也是可以理解的嘛……若说有错，首先错误在我，我不但同意了，给你发了电报，还向你提出这样的大战役是否可以多搞几次。”

毛泽东这番自我批评深刻、诚恳，彭德怀听后心里的怨气顿时消失得无影无踪了，他激动地说：“同志间的了解、信任胜过最高奖赏，有主席今晚这席话，就是现在叫我去死，也是死而无憾了。你还是了解我的，倒是我对你有误会，甚至有埋怨情绪，还要请你原谅我，我是个粗人呀！”

毛泽东忙接话道：“不！你是个有勇有谋、智勇双全的将领，在革命处在危难关头，你都是站在正确路线一边，这不仅是对我个人的支持，更是帮助了革命。遵义会议上你老彭投的一票是颇有分量的啊！好吧，请你多给我提点意见吧。”

这时，周恩来才插进话来，他笑着说：“君子协定的第一条是把话说透，不要错过这个机会哟。”

“那好，”彭德怀接着说，“言不透，意不明，话不说完，心不静。说我老彭有么子错误我都能听下去，说我老彭有个人野心，反对你，是帮助蒋介石，杀了老子的头，我也不认账。人怕伤心，树怕剥皮嘛……对你，我只有一条意见，会前应该给我老彭打个招呼，叫我也有点思想准备嘛。”彭德怀最后的几句最富感情色彩：“你毛泽东，我彭德怀，他周恩来，我们在党内都要自觉地接受党的监督和约束，办任何事都要从党和人民的利益出发，我们谁也不能头脑发热、独断专行、随心所欲。否则的话，势必给党和人民造成无可挽回的损失。如果发生了这种反常的事，那么对我们来说，就是欠了党和人民的债，是有罪的啊!”

彭德怀最后这几句话深深打动了毛泽东，他紧紧握住彭德怀的手说：“你讲得太好了，我建议将你的这个观点，写到我们的党章里去，恩来同志，你不反对吧?”

“我举双手赞成!”周恩来说。

批评和自我批评是一个整体，缺一不可，但作为领导者，对自己的批评是主要的。毛、彭、周三人座谈，毛泽东先作自我批评，以自我批评为主，起到了领导者带头的重要作用。在这次三人座谈中，又真正体现了“批评与自我批评应该是严正的、尖锐的，但又应该是诚恳的、坦白的、与人为善的”。“话要说透”“可以骂娘”，还有比这更严正、尖锐的批评吗？但是，“不准记仇，不得影响工作”，把批评严格限定在为了工作、不影响团结的轨道上来，也只有这种态度，才是对团结有利的。

批评和自我批评的良好风气，不仅是改正错误、增强党内团结的有力武器，也是对外树立形象，搞好党群关系的重要手段。能不能虚心接受群众的批评并及时改正，关系到党的号召力、凝聚力和战斗力。所以，批评和自我批评的作风，对于一个政党而言，更重要的是以这样的胸怀面对人民，体现出真正的为民情怀。毛泽东在党的七大报告中曾说：“以中国最广大人民的最大利益为出发点的中国共产党人，相信自己的事业是完全合乎正义的，不惜牺牲自己个人的一切，随时准备拿出自己的生命去殉我们的事业，难道还有什么不适合人民需要的思想、观点、意见、办法，舍不得丢掉的吗？难道我们还欢迎任何政治的灰尘、政治的微生物来玷污我们的清洁的面貌和侵蚀我们的健全的肌体吗？无数革命先烈为了人民的利益牺牲了他们的生命，使我们每个活着的人想起他们就心里难过，难道我们还有什么个人利益不能牺牲，还有什么错误不能抛弃吗?”

一切为了群众，不惜牺牲一切以维护群众的利益，以这种态度去抛弃一切不合人民需要的思想观点，抛弃一切错误思想，以这种态度对待来自人民群众的批评，这也是批评和自我批评优良作风的应有之义。延安时期，把来自群众的批评当作“天大的好事”的故事，正是以勇于接受批评、敢于自我批评的良好的作风，以良好的党风影响社会，不断密切党群关系的重要实践之一。

1940年秋天的一个上午，陕甘宁边区留守兵团的领导带领所属部队的十几位负责同志来到杨家岭，等待毛泽东主席接见。

为何会有这么一次“成规模”的会见呢？原来，留守部队的一些同志没有严格执行“三大纪律、八项注意”，受到了驻地群众的批评。可是面对群众的批评，一些干部战士还想不通，反而埋怨地方党组织对群众教育不够，这不，他们正要求向毛主席汇报。毛泽东知道这种情况后，很爽快地说：“好啊！那就请各路诸侯来谈谈。”

时间一到，毛泽东把大家招呼到会客室，热情地拿出自己的烟卷招待众人。待大伙坐定，他便说：“你们有什么意见，都谈谈吧！”

看到毛泽东这么热情，大家心里的怨气先消了一半，一些人的紧张情绪也不见了，大家你一言我一语，无拘无束地谈开了。东一条、西一条，大家还真提出了不少意见。一位同志最后说：“老百姓对我们有意见，动不动就说要和我们去见毛主席。”话一出口，大伙都不好意思地笑了。

毛泽东听了并没有笑，他环视一圈在座的同志，意味深长地说：“我看，这是天大的好事！”

“天大的好事？”大伙全都愣住了，脸上满是疑惑的表情。

看到人们不理解这句话，毛泽东严肃地说，自从开天辟地以来，中国几千年的历史，都是老百姓受官府的气，受当兵的欺侮，他们从来都是敢怒不敢言。现在，他们敢向我们提意见，批评军队，这是多么了不起的变化啊！你们想想看，从古到今，哪有老百姓批评军队的，哪有群众反过来管束军队这样好的事啊？这说明，我们边区的民主已经深入到群众中去了。说到这里，毛泽东反过来问大伙：你们谁懂得历史，说说看，是不是这样？

毛泽东的一番话，让大伙一下子弄清楚了旧军队和人民子弟兵的本质区别，大家的心里也就亮堂了。想想平时对部队教育抓得不紧，没有严格执行主席为军队制定的“三大纪律、八项注意”，影响到了军民关系，影响了党群关系，大伙都觉得非常惭愧，许多人沉痛地说：“我们思想上有军阀主义残余，对部队教育也不够，是我们做得不好。”

见同志们能这样认识，毛泽东很高兴，又给每人发了一支烟，语重心长地教导众人道：“我看咱们边区政府民主建设工作做得很有成绩，我们的军队有广大人民群众当老师，你们搞军队工作的就不会犯大错误。我们的边区大有希望啊！”

心里不明，肚里有气；心里亮堂，心情舒畅。回到驻地后，这些“诸侯”们认识到部队思想政治建设上的不足，分头传达毛泽东的指示，组织全体官兵结合实际学习讨论，在留守兵团所属各部迅速掀起“拥政爱民”的热潮。不久，地方也根据毛泽东的指示，搞起了“援军优属”活动。借助“双拥”运动平台，边区的军民、军政、党群关系日益密切，党群关系进入党史上最好的时期之一。

从党内批评和自我批评到面向群众的批评和自我批评，延安时期共产党人的这一优良作风，促进了自身肌体健康，增进了党的团结，密切了党群干群关系，把作风变成了战斗力，使党在革命斗争中越来越强大。

那么，到底是什么东西的存在，让广大党员干部勇于接受批评，敢于自我批评？除了勇气之外，一定还有深层次的、直接达到思想灵魂深处的某种因素存在。这种思想层面的因素，才能使一个政党的成员不怕批评，勇于接受批评，敢于经常性开展批评和自我批评。1944 年 9 月 8 日，毛泽东在中共中央警备团追悼张思德的会上作了讲演，用一段非常简洁的语言，把共产党人何以能够批评和自我批评这一奥秘揭示无遗：因为我们是为人民服务的，所以，我们如果有缺点，就不怕别人批评指出。不管是什么人，谁向我们指出都行。只要你说得对，我们就改正。你说的办法对人民有好处，我们就照你的办。这次讲演的内容就是著名的“老三篇”之一——《为人民服务》。

五、廉洁高效的作风

1939年，《新华日报》发表专论，号召弘扬边区政府工作人员廉洁高效的作风。陕甘宁边区工作人员的廉洁高效作风体现在哪些方面呢？

正如毛泽东在《中国共产党在民族战争中的地位》中所说："应该是十分廉洁、不用私人、多做工作、少取报酬的模范。"用什么来证明这一点呢？看行动，因为，在工作上除了完成一般政府行政人员应做的工作以外，他们还做了别人所未做的工作，例如武装人民自卫组织、组织农民替抗属耕种、领导农民进行春播秋收开展生产运动、工作人员自己进行生产以减轻老百姓负担、开展自我学习运动等。他们开展了这么多的额外活动，做了这么多职责以外的工作，所得的报酬，却又比任何区域的行政人员要少很多，因为最高的津贴也不会超过5元钱。这样看来，边区的行政人员正是比别人做了更多的工作而拿着比别人更少的报酬。

陕甘宁边区的各级行政工作人员又是最能服从命令的，能够坚决地执行党的路线，服从党的纪律、和群众有密切联系的，许多事例可以说明这一点。当年，日本进攻晋南和平型关，中国军民奋力反击，最后取得胜利。这两场战役的胜利，离不开人民群众的大力支持。当时，边区政府命令沿河各县政府在7天之内动员牲口10000头到前方参加运输，结果不到7天便动员了10800头牲口，自动到前方完成了运输任务，有力地保障了战斗计划的完成。还有，1938年，边区号召在2个月内征收10000担救国公粮，结果仅仅1个月内便征收到17000余担粮食，超额完成任务，这难道不是执行命令、联系群众的模范吗？

毛泽东给陕北公学题词中曾讲：“这些人具有政治远见，这些人充满着斗争精神和牺牲精神。这些人是胸怀坦白的，忠诚的，积极的，与正直的。这些人不谋私利，惟一的为着民族与社会的解放。”不仅是边区政府工作人员，就连毛泽东，也在执行中央和边区政策方面走在前面，在生产、缴公粮等方面为人民群众作出榜样。

1938年11月，日本飞机轰炸延安，毛泽东和中央机关连夜从凤凰山脚移居杨家岭。在杨家岭这个小山沟里，驻有中央办公厅、组织部、宣传部、统战部、农村工作部、政治研究室及各工作委员会等。在抗战初期边区财政十分困难的岁月里，杨家岭这个总共只有200人左右的伙食单位，也经常发生粮荒，蔬菜供应也不能按时保障。这个时候，作为一党领袖，毛泽东也照样与同志们一起同甘共苦，在粮食最为紧张的时候，一日三餐也只能喝小米粥。

为了解决物质困难，中央和边区政府号召开展生产，自己动手，丰衣足食。毛泽东便和杨家岭机关的同志们一起上山开荒种田。柯庆施担任中央机关生产部指挥时，把中央机关人员按单位组成生产队和生产小组，制定并颁布了年度生产计划。他们按照毛泽东“不与民争利”的指示，选择了在杨家岭后山四五里远的地方开垦荒地。

开春荒的时节，正赶上陕北的春旱，经常出现狂风沙尘天气，正可谓“大风起兮尘飞扬，遮天蔽日兮不见故乡”。在漫天沙尘中，人们视线模糊、呼吸困难、行走艰难。但即便是这样的天气，毛泽东和中央机关的同志们仍然一起扛着镢头，翻山越岭，到后山开荒或平整土地。在这支生产队伍中，活跃着毛泽东、任弼时、吴玉章、刘澜涛、李初梨、赵毅敏、向仲华等人的身影。柯庆施经常把生产安排和群众的反映报告给毛泽东和中央其他领导同志，他们一起商量生产计划，对生产工作给予及时指导。毛泽东说："种田和打仗一样，要调查研究，精心安排，才能取得好收成。"就这样，杨家岭中央机关生产组织当年原计划开荒200亩，实际却完成了300亩。等到播种时节，柯庆施汇报说这些土地计划种土豆、谷子和玉米。毛泽东表示同意，他说："我赞成多种谷子，人吃小米，谷秆可喂牲口，一举两得。"

到了夏天，一个晚上，柯庆施来到毛泽东的窑洞汇报工作："杨家岭机关的同志们提出，现在边区财政困难，老百姓种地必须缴公粮，我们开荒种了田，也应上缴公粮。"

"那要缴多少呢?"毛泽东听说吃公粮的人也要统缴公粮，主动帮助边区政府克服困难渡难关，一下子来了兴趣，微笑着抬起头来，暂时放下了手头的工作。

"同志们的意见是，缴一个月的口粮，按每人每天一斤半小米计算，每人上缴公粮四十五斤。"

"好哇！举双手赞成，我也缴一份。"毛泽东听了同志们的意见后很兴奋，提出了自己缴公粮的意见。

柯庆施显然对此早有预料，他不慌不忙地说："主席，同志们说了，您的工作太忙，您的那份公粮，就由大家代缴了。"

毛泽东点燃一支烟，边吸边拖着慢悠悠的湖南腔说："请转告同志们，谢谢大家了。不过，请客、看戏可以代替，缴公粮可不能代替!"

确定了公职人员要完成上缴公粮的任务后，生产队和生产小组的同志们生产更加努力了，毛泽东也悄悄地增加了劳动时间，他和同志们一道锄草、松土，到农忙季节，一周常常要参加三四个下午的劳动。天道酬勤，老天似乎也知道顺应人意，这一年的气候也好了许多，特别的风调雨顺，再加上人的辛勤劳作，庄稼长势十分喜人。到了秋后，果然获得了一个大丰收，看着一座座堆积得小山一般高的谷物秸秆，同志们个个乐得合不拢嘴。缴过公粮后，还有极大的剩余，以后就可以吃小米干饭了，能不高兴吗？

如果说，当时中国民众的生活绝大多数是极其俭朴的，他们的衣食是极其粗劣和简陋的，那么边区行政工作人员的生活也是非常俭朴的，他们在生活上也已经成为边区民众的模范。比如，1941 年 1 月皖南事变后，国民党不仅完全停发被服供应和抗日经费，还对陕甘宁边区进行军事包围和经济封锁，一切外援均被切断。这样，边区政府不得不规定，各单位经费和衣被等由“各系统各单位自行筹措”。然而，由于各单位资金有限，布匹、棉花等物品在边区属于奇缺物资，许多单位根本无法自主解决。所以，到了 1942 年又改为以边区政府统筹统支为主，各单位自给自足为辅的方式。

就说被服吧，当时边区财政厅承担统筹被服的任务，任务艰巨，困难极大。这个厅只有 6 架破旧的缝纫机，18 个工人，7 孔破窑洞，这就是全部生产设备与生产人员。经费和被服材料等，全无着落。怎么才能解决边区三四万人的衣被问题呢？这时，为了真正实现统筹统支，中央机关的团结纺织厂、被服厂，军委机关的交通纺织厂和石疙瘩被服厂，三五九旅的大光纺织厂，留守兵团的新华纺织厂等，都交由边区财政厅统一经营。这么多厂子合并起来，听起来热闹，但实质上每厂的工人仅有几个，最多十几个，缝纫机也很少。最后，财政厅只好组织人工缝制，所需的被服材料也只有用东挪西借的办法去凑。费尽千辛万苦，全年也只制作了 4 万套单衣，其他的被服还是无法解决。

再说做出来的衣服，其实质量也是很差的。究其原因，一是没有缝制经验，再加上时间紧急，制作时匆匆忙忙，针脚过粗；二是布料太次，很不耐穿，非常容易破裂。有许多同志，当他们兴冲冲地穿上新衣服，一走路或一弯腰，只听扑哧一声，不是开线就是撕破，不少人因此出了丑。于是，有人就半开玩笑地把这种衣服叫作“开步走”牌衣服，因为一开步就开裂嘛。边区的工作人员就是穿着这样的衣服，没日没夜地辛苦工作。

边区的工作人员是廉洁的。正如毛泽东所说，边区是：一、没有贪官污吏；二、没有土豪劣绅；三、没有赌博；四、没有娼妓；五、没有小老婆；六、没有叫花子；七、没有结党营私之徒；八、没有萎靡不振之风；九、没有人吃摩擦饭；十、没有人发国难财。即使有个别盗窃公款、营私舞弊、假公济私的，只要数目到了500元就必然受到法律的严厉制裁。这方面事例虽不是很多，但很能说明问题。

对于一些小的贪污行为，也毫不客气，给予严惩的同时并将其劣行曝光于主要媒体《解放日报》上。例如，延安县中区五乡征粮委员会扩大会议上，揭破了川口全村干部互相包庇的事实。参议员兼全乡征粮委员会主任陈国栋，参议员曹明海，征粮委员陈万清、陈万禄及乡长等互相包庇，当其他征粮委员将川口各户收获的调查情形报告给征粮委员会主任及乡长时，他们总说：“没这么多！”各家应征数字的分配，也不经过家长会议讨论，甚至连参议员也不清楚。总是强调本村负担太重，同时在本村分配数字中，采取两头大中间小的方式，加重富户和贫户的负担，减轻自己的负担。在村民大会上，征粮主任有时无故不参加，并很少征求群众意见，只派人讲一些“抗战困难阶段，大家应多流些血汗”的大道理，一切包庇的内幕最后终被揭穿，事实已证明：其中由陈国栋主使，群众当即要求参议会讨论，经决议撤销陈国栋征粮委员会主任及参议员的职务，并要求政府关禁闭，对陈万禄、曹明海等只追问打粮数目，按条例征收，不予处罚。

对于一些贪污数额较大的工作人员，即使他有过卓著的战功，也决不姑息，最终给予严厉惩处。这方面的典型案例便是肖玉璧贪腐案。肖玉璧曾任张家畔税务分局局长，在任内贪污公款 3050 元，最后被边区高等法院依法判处死刑。

肖玉璧早在 1933 年即参加革命，曾任区主席、贸易局副局长等职，犯罪前任张家畔税务分局局长。1938 年，他挪用公款 280 元。后来，他结识了在靖边太黄口开店的退伍军官张某，张某要肖玉璧为他招募新兵，并允诺说招满一营即任肖玉璧为营长，招满一团即任肖玉璧为团长。这是一个很大的诱惑，肖玉璧为之心动了，为了升官发财，肖玉璧不惜前后两次挪用公款共 2520 元，借给张某招兵，企图借此实现他升官发财的美梦。对于挪用公款形成的亏空，他采用多收少报的方法欺骗上级。1939 年 2 月，财政厅发现该税务分局存在问题，立即派人前去清算。肖玉璧看到罪行败露，便借口外出讨账，携带公款 250 元、税票 18 张逃跑。到了宁条梁地区，肖玉璧将税票以 72 元的价格卖给徐二。孰料，税票有效期已过，不能使用，徐二又将税票退还给他。到了 4 月，肖玉璧潜逃至绥远东胜县会晤张某，张某此时已经到某部当连长了。肖玉璧再次受命，仍潜回宁条梁为张某招兵，总共募集 13 人送往张某处。后来，肖玉璧再也招不到兵，无以为生，又潜回清涧原籍，遂被逮捕并正法。

在长期的革命斗争中，肖玉璧曾经立下不小的战功，全身负伤 90 多处。被捕后，他曾以为革命作出过贡献为由，要求政府从轻处罚。为严明法纪，党员与干部犯罪，边区的政策是从重处罚。肖玉璧被执行死刑后，为教育干部、警钟长鸣，《解放日报》1942 年 1 月 5 日还配发了评论员文章《从肖玉璧之死说起》：

> 肖玉璧判处死刑了，因为他贪污，开小差，为升官发财以至叛变了革命；虽然他还当过一些不小的“官”——区主席、贸易局副局长、税务分局局长等等。
>
> 据说，边区近两年来，贪污案件占总案件百分之五还要强，反贪污的斗争是非常要紧的。

今年，是边区更发展的一年，但也是更困难的一年；在和困难搏斗中，定会有千万个英雄挺身出现；但，却也难免不有“肖玉壁”式的“小丑”，贪污腐化、怕困难、开小差，或者竟走向叛变之路？

我们要严重的注意！注意每一个反贪污的斗争，抓紧揭发每一个贪污事件，我们一定要做到：“在廉洁政治”的地面上，不容许有一个“肖玉壁”式的莠草生长！有了，就拔掉它！

严重的注意！揭发！连根拔掉！这就是边区对待贪污的态度。

现在，是时候该问一个重要的问题了，那就是：为什么陕甘宁边区各级工作人员会有这种廉洁高效的优良工作作风呢？

《新华日报》说：

因为这些工作人员没有沾染旧官场中的恶习，而是从反对旧官场恶习斗争中锻炼出来的一批新的行政工作人员。同时，边区又是实行民主政治的地区，行政工作人员是经过人民选择的，人民有权力来监督每个行政人员。哪个行政人员违反了国家民族利益的话，人民就会叫他从行政机关中滚出去。再则，最重要的是有了先进政党的领导。共产党员首先在行政工作人员中起了模范作用，尤其是经过了十年苏维埃政府的优良传统，造成了上下一致、官民一致的传统，没有这些，就不会有如此独特的优良作风。

共产党员的优良作风又从哪里来？如何发挥共产党员廉洁示范作用？怎样防止共产党员进行贪污？法律法规与制度规范的约束固不可缺，严厉的制裁也不可少，但思想教育更是非常重要，要时时进行。例如，在全党全边区进行反贪防贪时，中央机关报发表相关文章，告诫全党要防止滋生贪污思想。文章话语平实，入脑入心，能够反映教育之一斑。

其举例说，相传古人学道学法的，到了功德圆满就要脱离凡壳时，师父一般都要搞一次测验，看看修行者是不是能够把持得住。不是半夜里床上来一位美女，就是怀里被丢了几块金元宝，或者毛茸茸的老虎，突然嗅到你的脸上去。凡此种种吧，只要你心思一动，就此跌落凡尘，前功尽弃；如果经得起这番考验，自然就成为龙华会上的长生人了。那么，做一个真正的共产党员，同样要经得起考验：杀头、坐监、上电刑、灌辣椒水，这些都稀松平常；钞票、洋钱、汽车、洋楼、漂亮老婆，满不在乎！脑子里装的是：真理、革命、奋斗、牺牲，直到他的最后一口气。然而，近来有的共产党员心不坚，有的能过奋斗、牺牲的关，却过不了抵抗金钱美女的关，比如从山中跑到城里，特别是较大的城市，看见花花绿绿的东西，心里就慌了，这样要买，那样要吃；人家请我看一次戏，我就得请人家进一次馆子；老羊皮大衣太土了，弄件二毛多好？鸡牌的铅笔不用了，弄支自来水笔，最好是老牌派克；不写信则已，写信就要用洋纸，发信就得是挂号……然而钱不够花是个大问题，几块钱津贴，做啥用？于是乎借、揩油、挪用公家的钱；于是乎由小贪污到大贪污，于是乎发生敲诈行为，于是乎自动把自家的脖颈挂到特务机关收买引诱的钩子上，这是其中的一类。

农村穷苦出身的，从来没有看见过几个铜子、几块洋钱。忽然有成百成千的钱从自己手里过，眼睛便花了，就像刘姥姥进了大观园，身子轻飘的像在云端。于是，革命的光荣历史与革命的伟大前途什么的，一时都抛到九霄云外去了，拐了钱就跑。只是，可怜得很，有的只卷了几百块钱，就断送了他的一切。这，又是一类。

就是这样，通过正反对比，古今对照，进行经常性的思想教育，使共产党员保持一颗纯洁、向上、健康的心灵与心态，保持优良传统，形成廉洁高效的作风。

六、用延安作风打败西安作风

延安，蓝家坪，高楼、广场、大桥，一个车水马龙的十字交通要道。

土石断崖上，一排几孔窑洞整饬一新；断崖下，就是一个附近居民因蔬菜瓜果而每晨必聚于此的早市。

或许，旁边公路上川流不息的人流与车流中，没有几个人清楚，这断崖上的窑洞，就是昔日延安高等学府之一——延安马列学院的旧址。

马列学院开办之初，是为了解决一个大问题的："指导一个伟大的革命运动的政党，如果没有历史知识，没有对于实际运动的深刻的了解，要取得胜利是不可能的。""普遍地深入地研究马克思列宁主义的理论的任务，对于我们，是一个亟待解决并须着重地致力才能解决的大问题。"因此，从一开始，这个学院就受到中央的高度重视，它的一部分学员是一二九运动后入党的知识青年，而这部分人在入学之前，绝大多数先经过抗大、陕北公学、中组部训练班以及中央党校的短期学习；它的教员也是高规格的，中央主要领导人经常来此授课。

就在中央领导人为马列学院学员作报告过程中，发生过一个广为流传的故事，《回忆毛主席》一书是这样描述的：

1939 年初秋，延安，马列学院。

今天，毛泽东要来作报告。党总支书记张启龙、副院长范文澜找来教育处长邓力群、教育干事安平生、宣传干事马洪和校务处长韩世福。要他们四人去杨家岭接毛泽东。

马列学院离杨家岭5公里路，路经延河上的一座桥。

四个人走到延水河桥头，愣住了：对面匆匆而来的不正是毛泽东吗？是的，他的布鞋面上已蒙上了一层黄土。

“你们四个人风风火火的，要干么事去？”毛泽东抢先打招呼了。

“学院领导派我们来接主席。”邓力群回答。

毛泽东笑了笑，幽默地说：“接我？嗯，我晓得的，是怕我忘了今天的报告会吧？你们放心好了，学院给我的任务，那是忘不了的。”

毛泽东扬手摇了摇：“这样做有点不好，一个人作报告要四人接，要不得！要不得！”

“哦，四个人，轿子呢？你们不是抬轿子来接我呀？”毛泽东似乎很认真地说，“下回呀，跟你们领导说，再加四个人，来个八抬大轿，又体面，又威风，要是还有人，再来几个鸣锣开道的，派几个摇旗呐喊的，你们说好不好？”

大家都笑了，毛泽东自己也笑了，谁也没接话茬。

毛泽东摇摇手：“那才不像话嘛，对不对？皇帝出朝，要乘龙车凤辇；官僚出阁，要坐八抬大轿，前簇后拥，浩浩荡荡摆威风。我们共产党人，是讲革命的，要革皇帝官僚的命，把旧世界打它个落花流水。我们既要革命，既要和旧的制度决裂，就万万不能沾染官僚主义习气。从杨家岭到马列学院，十里八里路，二万五千里长征都走过来了，这几步路算得了什么？我又不是不知道路，不要接接送送的嘛！我们要养成一种新的风气，即延安作风。我们用延安作风打败西安作风。”

这个故事确实广为流传，最显著的标志是出现了不同的版本，仅就故事发生的时间而言，就有 1939 年秋版、1940 年秋版，甚至有的还说是 1947 年秋；从杨家岭到蓝家坪，有的说大约 2 里路，有的说 5 公里；有的表述为用延安作风打败西安作风，有的表述为用延安作风代替西安作风；等等。

这里且不考证哪个时间正确、哪个距离准确，是打败还是代替，问题的关键是，它为什么就那么广受喜爱，以致传出那么多的版本？除了领袖的人格魅力等因素外，主要还在于故事的内容极有意义。故事的核心就是毛泽东所说的，我们要养成新的风气，即延安作风，用延安作风打败西安作风，营造一种全新的党风、政风和社会风气。

当然，无需过多解释，所谓西安作风，指的是国民党官员身上的官僚主义作风。

那么，共产党人当年是怎样养成延安作风的呢？

打败西安作风，肯定不会是跑到西安去打，而是从自己身上去打扫、清除，把歪风赶走，把一些好的习惯固化下来。在这个过程中，领导带头，事情好办，这也算是延安的经验，许多事例都能证明这一点。

有一句话可能不少人都耳熟能详，即“前方吃紧，后方紧吃”，说的就是抗战时期国民党方面的腐败作风。同一时期，延安的共产党和八路军，尤其是他们的领导人，生活状况又是怎样的呢？

陈嘉庚曾这样描述毛泽东在办公室兼住所的窑洞里会见他的情景：“下午 4 点，余与侯君乘车赴毛主席之约，到时毛君已在门外迎接。其住居与办事所亦是山洞，大小与余寓略同。屋内十余只木椅，大小高下不一，写字桌比学生桌较大，系旧式乡村民用家私，盖甚简单也。毛君形容相貌，与日报所载无殊，唯头发颇长，据言多病，已两月未剪去，或系住洞内寒冷所致。余言：‘何不另建住屋，敌机如来可进洞内。’答：‘亦有此打算。’又言他办公事多在夜间，鸡鸣后始睡，故日间须下午乃起床。余云：‘何不改日间工作，身体或健康。’答：‘十多年如是，已成习惯。’”

延安不讲排场的做法，在宴宾方面体现得更加突出。在延安，毛泽东曾宴请陈嘉庚，这顿饭给陈嘉庚留下了极其深刻的印象。作为华侨领袖，陈嘉庚不知出席过多少次盛宴，但都没有留下什么印象。唯独这次宴请，可能是他平生第一次出席邀请人如此重要而所设宴席又如此俭朴的宴会。说是宴请，而且是一党的领袖做东，且由总司令陪同，但宴会场所却十分简单。10 余人围坐一桌，所谓餐桌，就是一块陈旧无光的圆桌面放在一张旧方桌上，再用四张白纸覆盖桌面以代替桌巾。不巧的是，开宴之前，一阵风来，把白纸吹落了，主人就干脆不再使用这桌巾的替代品。桌上菜品也不多，只是比毛泽东平常的饮食多了一盆鸡汤。毛泽东向陈嘉庚说：“我没有钱买鸡，这只鸡还是邻居老大娘知道我有远客，送给我的。”

不讲排场，尤其是民族危难时刻，倡导这种新风，延安给陈嘉庚留下了美好的印象。

1943 年秋天，一位农民赶着一头小毛驴驮着几袋沉甸甸的粮食往延安城里赶。小毛驴走在熟悉的道路上，在熟悉的环境里显得十分亢奋。这条路它太熟悉了，就像拉磨的磨道一样，可以闭着眼睛放开步子走。再走一阵，转过前面的杨树崖，沿着大路一直向前，用不了多久就能到达延安城了。

就在这一人一驴埋头走路时，意外出现了，只见一辆汽车拖着一条烟尘的黄龙从弯道处一下子冲了过来。那个时候，汽车在延安是个稀罕物，别说毛驴没怎么见过它，就是革命队伍里许多走南闯北的人也没有见过。说这毛驴没见过世面也罢，说它胆小也罢，反正这一个钢铁的庞然大物，不，是一个大怪物，把毛驴惊吓得一下子几乎直立起来，把驴背上的粮食七颠八颠地甩了下来，一溜烟跑掉了。

赶驴的是个中年人，他刚刚还乐呵呵地哼着信天游，一边走一边盘算着自家的小日子。这两年，由于开展大生产运动，实行军民共建，边区群众的生活好了，庄稼丰收了，手里有不少余粮，所以起了个大早，到城里交公粮。他在想，假如有点时间，也要逛一下延安新市场。前面汽车开来的时候，他本能地往旁边一让，但是驴子犟脾气上来了，8 匹马也拉不回，扔下他跑掉了。看着散落在地的粮食，再看看早已跑远了的毛驴，这位农民不仅犯起愁来：路上又没其他人帮忙，一个人也没有分身术，去追驴子也不是，照看粮食也不是。

再说这车，开车的司机叫周希林，是个老师傅。本来，他可以开慢一些，但是因为领导要开一个很重要的会，要赶时间，所以汽车速度不知不觉比平时快了不少。接近杨树崖时，前面的山崖将视线挡住了，待到车过了山崖，突然看到那个老乡赶着一头驴时，他躲闪不及，便本能地按喇叭，请老乡让路。谁知道老乡听懂了，驴却被吓跑了。看到老乡让到路一边，周希林就准备绕过地上的粮食，一路风驰电掣地送领导去会场。就在这一闪念间，车内一个声音说：老周，你停一下。

说这话的是毛泽东，车停好后，他便下车走到老乡身边表示歉意。仔细一问才知道，老乡这是要去交公粮的，交公粮不就是支援革命，支援抗战吗？毛泽东诚恳地与老乡商量："老乡，这样好不好？你稍等一会儿，回头让汽车帮你把粮食送到粮站去，牲口受惊了，它自己会跑回去的。"

老乡看到下车的是毛主席，早就激动异常，听毛主席说要用汽车为自己送粮，再一激动，一下子就不会说话了，也不知道怎么拒绝，只是呆呆地站在原地摆手。毛泽东便跟他说："咱们说好了，请你稍等一下。"说完边上车，边向他挥手。

车一到枣园，毛泽东就让老周掉转车头去给老乡运粮。

为老乡送完粮，老周心里还有点想不通，嘴上虽不敢说，但心里老想，芝麻大的事，还值得用主席的车?

到了晚上，毛泽东把周希林叫到办公室说：“白天的事，是咱们不对。(毛主席没说你不对，说咱们不对。——著者注）见毛驴就该减速停车，如果咱们不按喇叭，毛驴就不会受惊，咱们的车惹的祸，回头再帮老乡，本来就是应该的，所以要站在群众的角度想问题，才能真正地为人民群众谋利益。”

70多年过去了，延安作风打败了西安作风，延安作风伴随着我们一路走来，走过了社会主义建设与改革开放，走出了中国特色社会主义道路。

第五章

公仆

公仆，实为人民公仆。

1311 年，但丁在其著名政论著作《论世界帝国》中，首次提出了人民公仆的概念：虽然从施政方面说，公民的代表和国王都是人民的统治者，但从最终的这方面来说，他们却是人民的公仆。

怎样才能做好公仆？

“欲影正者端其表，欲下廉者正其身。”我们党员干部必须学习英雄模范人物的革命精神，严于律己，率先垂范。

延安时期，共产党领导下的干部，正确对待手中的权力；他们具有高尚的情操，淡泊明志，夙夜在公，慎独谨严，一尘不染；他们“实行民主真行宪，只见公仆不见官”。

延安，过去是塑造公仆的试验田。

延安，今天是开展党性教育的革命圣地。

一、只见公仆不见官

1946年12月，朱德在他60岁生日收到不少特殊的礼物——诗歌。在应和董必武的贺寿诗时，朱德依原韵赋诗两首。其中之一是这样概括自己戎马生涯和边区的进步：

历年征战未离鞍，赢得边区老少安。
耕者有田风俗厚，仁人施政法刑宽。
实行民主真行宪，只见公仆不见官。
陕北齐声歌解放，丰衣足食万家欢。

全诗朴实无华，却句句掷地有声，尤其是“实行民主真行宪，只见公仆不见官”一句，更是成为延安时期共产党人优良作风的真实写照，公仆也成为共产党员干部的代名词。

那么，延安的公仆到底应该是什么样的呢？

共产党的干部，他们的吃穿用度、生活条件，有时甚至竟不如普通百姓，在今天的人们看来简直是土得掉渣。

就以身为八路军总司令的朱德来说吧，他在太行山区战斗生活期间，给群众留下的是“普通老头”的印象。山西人都熟知一句谚语：“有钱不住东南房，冬不暖来夏不凉。”在朱德借住的院子里，就有这样的东南房。分配住房时，朱德执意要住东南房，把冬暖夏凉的正房和西房让给房东和警卫战士们去住。警卫战士看到总司令在阴暗的东南房里办公很不方便，时不时提出要与他换房，他总是一再拒绝："不必要，不必要。"由于一贯艰苦朴素，对人又和蔼可亲，太行山区的许多老乡都错把朱老总当成普通"老头"。在襄垣县下阿村，朱德在一个老乡家里住了三四个月，一有空就和老乡一起劳动、聊天，老乡们亲切地称他为"老头"。后来，这家房东对朱德的"老头"身份产生了怀疑，她问警卫员："你们这个老头，像个庄稼人，朴朴实实，会生产，关心人，说话总是那么和气；可是他又不像个普通士兵，我看你们常带着手枪跟着他，还有从别的地方来的一些骑马的同志向他讲些什么事。这老头究竟是什么长？"警卫人员出于保密要求，只告诉老乡，老头是个团长。后来，因为战事需要，司令部要转移了，房东老太太笑着拉住警卫员说："同志，你骗了我们啦！这老头是朱总司令！"警卫员大吃一惊："谁说的？"老太太说："你还对我们保密哪？我亲耳听到你们一位同志叫他'总司令'的。"原来，有一次刘伯承来总司令部开会，一进院就喊："总司令，你好吧？"就是这话被房东老太太听到后，猜出了朱德的身份。老太太说："朱总司令这人真好，没有一点官架子，不听人说，真不知道他是个大官。"

朴素的公仆队伍里，当然少不了延安的徐特立老人。徐老曾任陕甘宁边区教育厅厅长、自然科学院院长、中宣部副部长等职。这位在革命征途中饱经风霜、年事已高的老革命家，在延安时期与同志们一起艰苦奋斗，生活中真可谓"极不讲究"。

1940 年 11 月的一天，延安边区参议会大礼堂人声鼎沸。原来，中共中央西北局正在这里召开征收公粮的会议，徐特立作为会议重要成员，也来参会了。他披着一件旧大衣，悄悄地和台下的众多代表挤坐在一起，仔细地听着每个人的发言，认真地做着记录，有些话没听清，有时还小声向别人询问几句。这次会议一直开到深夜才结束，临近散会时，外面天气突然变了，大风呼啸着卷起一团团黄沙，漫天飞扬，不一会儿，雪便纷纷扬扬地下了起来。工作人员赶紧给远道而来的同志准备住处，大家都忙着找住处，谁也没有注意徐老。忙乱之中，工作人员一时疏忽，竟然忘记给徐老安排休息的地方了。

第二天清晨，会议负责人派人给徐老打水，可是谁也说不出徐老昨天夜里住在哪儿。几个人相互一问，这才发现头天晚上安排住宿，竟然把徐老给漏掉了！这下可急坏了工作人员，他们急忙到处去找，见人就打听。留宿的代表都问遍了，还是找不到徐特立老人。风黑天高，雨雪路滑，上了年纪、腿脚已经不太利索的徐老不可能连夜返回住处的，他到底去哪儿啦？有人提议，要不然到大礼堂那儿去看看？几个人刚来到礼堂门口，一眼就看到徐老披着件灰色棉布大衣，正笑嘻嘻地从礼堂里走出来。工作人员急忙跑上去问："徐老，我们正到处找您呢！真对不住，人多事杂，昨晚忘记给您安排住宿了，您昨晚在哪儿休息的？"徐老笑呵呵地说："昨晚我就在大礼堂里休息啊。""啊？"工作人员情不自禁地惊呼了一声。这空荡荡的大礼堂，穿堂风正呼呼地刮着，门内还有一堆飘进去的雪。这么寒冷的地方，怎么能过夜呢？徐老仿佛猜透了他们的心思，就指指自己的大衣说："你们放心好了，我有这副好铺盖，是冻不着的。"这就是徐特立老人，延安的一位"高官"，在天寒地冻的夜里，还真就在冰窖一般空旷的礼堂里边凑合了一晚。

延安的公仆还有一个特色，那就是身居高位，却从没有想过在工作和生活上搞特殊，始终把自己看作革命集体中的普通一员。比如，朱德不愿接受生产照顾、徐特立不愿接受老年津贴的故事，就从一个侧面见证了延安公仆的这一特色。

在延安大生产运动开展期间，有一天，朱德所在的党小组正讨论生产计划，落实中共中央发出的开展大生产运动的号召。大家你一言我一语地商量着，有的说应该种菜，有的说要纺线，众人的智慧一旦集中，还真是不一般，找到了许多的生产门路，人们的情绪更高涨了，很快便分配了生产任务，决定立即动手开始劳动。就在这时，警卫员小李环顾一周，就像哥伦布发现了新大陆似的大叫："哎，同志们，今天开会，我们怎么没有通知朱总司令啊？"党小组长听了，急忙压低声音，好像怕别人听见什么似的说："朱老总已经五十多岁了，怎么能给他分配生产任务呢？这回，我可是故意不通知他的。他的生产任务，我们给包下来，大家看怎么样？"

听说要替敬爱的朱总司令分担任务，大伙都十分高兴，齐声说："对！对！"一致同意这个建议。

可是，世上没有不透风的墙，朱德不知道通过什么渠道，很快就知道了开党小组会的事。第二天一大早，他就来找小组长问道："昨天党小组会为什么不通知我参加？"党小组长当然振振有词："昨天小组会讨论生产计划，总司令太忙了，我们不打算分配您任务，所以就没有通知您。"

"那怎么行呢？"朱德语重心长地说，"毛主席号召我们'自己动手，丰衣足食'，这么大的事，我怎么能不参加呢？同志，在我们党内，每一人都是普通党员，党内不能有特殊党员。以后，这样的会议都应该通知我参加。"

根据朱德的提议，党小组重新开会研究生产任务分配问题。朱德首先表态："我是一个普通党员，坚决完成党小组分配的任务。请大家看看，给我分配什么任务？"大家你看看我，我看看你，谁都不说话。其实，大家心里都明白，总司令对自己一向严格要求，每次交党费，他总是把最新的钞票交给党小组长；每次过组织生活，他都积极参加；党小组每次分配的任务，他都积极完成。可是，这次的生产任务相当艰巨，总司令年纪大了，工作又那么忙，怎么能让他再动手呢？还是小李机灵，他提议："我们的原则是根据每个人的长处分配任务，我们这些小伙子，身强力壮，自然要多干点。总司令嘛，我看当个预备队员，需要的时候，再招呼也不迟。"这句话算是说到大伙心里去了，其余的小伙子们便齐声赞同。

老总就是老总，他一点也不着急，不慌不忙地据理反驳："中央的号召，每个党员都要积极执行。你们都积极了，就让我一个落后？我是不愿做'尾巴'的。"朱德一席话，把大伙说得没了词，只好同意由总司令和一名炊事员、一名警卫员承担机关里 2 亩多地的种菜任务。机关食堂 30 多人吃菜的任务，全部由他们 3 人负责。

朱德对争来的任务格外上心，他准备了镢头、锄头、扁担、筐子等生产工具，每天傍晚，就同自己生产小组的成员一起抬水浇地、薅草等，把一个小菜园子打理得跟个花园似的。夏秋时节，园子里的白菜丰硕，个个挺着肥大的身躯；一架架的西红柿，红红的果实压弯了支架；还有尖尖的辣椒、长长的黄瓜，经常引得路人垂涎欲滴。总司令的菜园种得好，这个消息不胫而走，不少人都来这里参观、取经，把这个小园子叫作"小南泥湾"。时任联防军司令员的贺龙来此参观后，连连跷起大拇指说："总司令不但是一位身经百战的军事家，还是一位种菜专家哩!"

徐特立 60 多岁了，是延安"五老"之一。当时，为了照顾年老体弱的同志，边区政府出台了一项规定，给老同志发"老年津贴"。一天，一个女同志负责给徐老去送"老年津贴"——几十个鸡蛋。徐老问清情况后，诚恳地说："组织上对我太关心了，我只有努力工作，来回答党和政府对我的关怀。不过，我的身体很好，用不着这些东西，请你拿回去，送给体弱多病的同志吃吧。"第一次送"津贴"的任务失败了。

组织上知道情况以后，又派这个女同志第二次送去，徐老还是不收。女同志见状便劝解道："徐老，您已经是 60 多岁的老年人了，跟青壮年人不一样，必须吃点有营养的食品，这是组织上的决定。"徐老不等她把话说完，就呵呵地笑着说："论年龄，也许我是你的 3 倍，说得上是个老年人了。但是，我的身体却不一定比你们青年人差。你看看，我穿多少？你穿多少？”徐老把打满补丁的灰布单裤往上卷了卷，对女同志说：“你看，我还只穿单裤，你呢，早就穿上棉裤啦！”

这位女同志被徐老说得一时答不上话来。她知道自己辩不过徐老，便灵机一动，把鸡蛋往徐老面前一放，说：“衣服穿多穿少是一回事，年纪老又是另一回事，您还是把东西收下吧。”说完，一溜烟转身出门，径直朝山下跑去了。然而，令她没有想到的是，她刚回去不久，这筐鸡蛋又被送回来了，还附上一封徐老的亲笔信，说明不收的原因。

看到徐老的信后，工作人员突然想到了一个好办法——送信。一个晴朗的日子里，还是这位女同志，挎着一个挎包，带着鸡蛋和组织上的信，高高兴兴地来到徐老住的窑洞前，一进门就大声地说：“徐老，我又来了！”徐老一见她来，就笑呵呵地说：“好孩子，你坐呀！”一边给她倒水，一边问：“什么事这样高兴，是不是又来同我讨论老年津贴问题来了？”女同志这回是有备而来的，她先把组织上的信交给徐老，再递过鸡蛋，调皮地说：“今天我是来替组织上给您送信的，不是来同您讨论老年津贴问题的。”

徐老看完信，激动地说：“党组织太关心我了，太关心我了！我为党为人民做的事太少了、太少了，我怎么敢当！”女同志听完徐老的话，故意问：“徐老，这是组织上的决定，您该不会再叫我把东西拿回去了吧！”徐老说：“既然是组织的决定，我应该服从，好，我收下了。”

那位女同志终于完成了自己的任务，欢欢喜喜地回去了。可是，她怎么也没有想到，徐老收下鸡蛋后，自己一个也没吃，都送给生病的同志了。

不就是一点生产任务吗？不就是几个鸡蛋吗？不参加那一点生产，吃了那几个鸡蛋，又能怎么样？确实不会怎么样，但是，当这些小事成为理所当然、成为风气，就会滋生“当官就应该骑马坐轿”的奇怪逻辑，就会滋生见责任就去逃避、见荣誉和待遇就去争抢的歪风，有些人就会全然忘记了自己公仆的身份，甚至为了会议的座次而大发雷霆之火。

延安时期，中共领导们深入群众、与群众打成一片，时时刻刻想着群众利益的故事，至今读来仍十分感人。

在延安枣园，有一座西式的大房子，人们习惯地叫它小礼堂。1943年大年初一下午，毛泽东和书记处几位同志在小礼堂前忙着接待客人，也就是枣园的老乡。老乡们穿着簇新的衣服，有的端着油馍，有的提着米酒，枣园里一下子热闹了起来。枣园群众还特意蒸了几个白面大寿桃，缝制了一面锦旗，上写“为民谋利”四个大字，献给党中央和毛泽东，感谢党的好政策给他们带来的幸福生活。

在小礼堂里，中央工作人员并排放了两行桌子，上面铺着延安生产的粗线床单布，火红的颜色映衬着节日的喜庆。桌上摆满了花生、红枣、糖果、香烟及苹果等，用来招待枣园的乡亲们。等几位老年人和毛泽东坐下来，人群安静下来，毛泽东环视一周，笑着问道：“大家年过得都好吗？”

乡亲们亲切地问候：“毛主席好！”

区长将座上的来宾一一向毛泽东介绍，当介绍到枣园乡乡长杨成福时，毛泽东紧紧握住杨成福的手说：“你是枣园乡的乡长，我是枣园乡的一户居民，以后你们开会也要叫我呀！”然后，毛泽东回头向大家说：“我们是邻居了，今天请大家到一起吃顿饭，希望不要客气，多吃，多喝。”

饭后，毛泽东问大伙：“枣园村有多少户人家？今年过年杀了几头猪？”

一位老乡回答：“全村一共有二十四户人家，过年杀了十八头猪。”

毛泽东说："不多啊，今年还要多养猪，明年过年，争取每户杀头猪。今年是大生产运动年，你们能不能做'耕三余一'？"

大家满怀信心地回答："不但能做到'耕三余一'，还要争取做到'耕二余一'哩！"

"有什么保障措施？"毛泽东笑着问。

"多耕地，多上肥，多锄草。"

毛泽东微笑着点头："很好！但这还不够，还要把劳动力组织起来，实行变工互助。"他详细地给乡亲们讲解组织起来的好处："在自愿参加的原则下，大家组织起来，实行人力、畜力、工具互助，这样可以提高效率。将来还要组织生产合作社，实行集体化，这是农民彻底解放的必由之路，由穷变富的必由之路。"

就在这一年，枣园成立了不少的变工互助组织。毛泽东经常找乡长、村长、变工队长们谈话，了解情况；就在这一年，毛泽东提议在枣园川修建一条水渠。中央书记处的同志和中央机关干部、战士及附近的群众共同出资、出力，很快修建了一条长达 5 公里的水渠，可以灌溉 1200 多亩土地。开闸放水那一天，枣园一带十里八乡的群众像赶赴庙会一样，川道里人山人海。当渠水哗哗地流淌进田地时，群众都高兴地欢呼跳跃起来，一位老农感慨地说："这是毛主席给咱们枣园老百姓带来的幸福水啊！"从此，人们就把这条水渠叫作幸福渠。

延安共产党人甘当公仆耻为官，走到哪里都不忘为群众谋福利，干什么事都首先想到群众利益。

当年，中共中央从瓦窑堡迁到保安（志丹）后，发现那里的老百姓生活非常苦。一是居住环境很差，当地老乡居住的窑洞，窗子非常小，有的干脆就没有窗子，不利于空气循环、流通，导致窑洞里空气污浊，久而久之便经常充斥着奇怪难闻的味道。空气不洁净，就容易感染呼吸系统疾病。毛泽东等看到这种情形，就告诉身边的干部、战士，要他们教育、引导群众改变思维，改变居住环境，教群众安装较大的窗户，使窑洞的采光、透气效果大大改善，群众的健康也得到了一定保障。

困扰保安群众的另一件事则是商业欠发达，当地老乡购买日常生活用品，都要跑很远的路去采办，很不方便。毛泽东等中央领导看到这种情形，就叫来有关负责同志，询问能不能办一个供销社？这样既能增加收入，更主要的一点是能极大地方便群众的生产生活。相关部门很快便筹集资金和人员，在保安开办供销社，群众奔走相告，对送上门来的货品赞不绝口，直夸共产党办了一件大好事。

后来，中央转陕北，经常借住在老乡们的窑洞里。一次，毛泽东看到几位老乡在积肥，便主动上前攀谈，问他们生产都用些什么肥料。老乡们回答说主要用粪肥和草木灰等肥料，但十分有限，生产上很缺肥料。毛泽东就说，我看到老乡们住的窑洞，墙壁都特别黑。听说那些黑土是很好的肥料，为何不刮下来用？这样既能增加肥料，又能清洁窑洞，一举两得嘛。老乡们说，也听说有人说过黑土能壮田，但谁也没试过。看到身边工作人员听得发愣，毛泽东告诉他们，走到哪里都不能忘记为群众谋利益。

作为毛泽东老师的徐特立也是这样，时时处处把群众的利益放在第一位。

1947 年 3 月，秉持“存地失人，人地皆失；存人失地，人地皆存”的理念，为了实现牵制敌人的有生力量，粉碎国民党的重点进攻，党中央主动撤离延安。徐特立也随着大队人马，翻过一座座山岭，跨过一条条河流，每天行军上百里，无法得到充分的休息。有一天，由于持续的过度劳累，这位老人终于无法支持，一下子病倒了。在临时住地，徐特立无力地躺在炕上，喘着粗气，干咳着。

同志们焦急地围在徐老周围，急得像热锅上的蚂蚁。卫生员摸了摸徐老的额头，热得烫手，再看着徐老干裂的嘴唇，大家的心比针扎还要难受。这时候，病人是多么需要开水啊！可是，水桶是干的，水壶里也没有水了。在这光秃秃的黄土丘壑地区，想要找点柴禾烧水也是一件非常困难的事。给病人喝生水肯定不行，更何况是一位年老体弱的病号呢？大家正在发愁之际，有个同志眼尖，发现老乡家的破窑里堆放着一些麻秆，便跑去找老乡要来了一些麻秆，准备当柴禾用。同志们试了一下，这东西一点就着，大伙不由得高兴起来，七手八脚地忙碌着，有的舀水，有的将要来的麻秆折断，准备生火烧水。

徐老听见动静，用孱弱的声音问道："你们在做什么啊？"

"同志们搞到了一些麻秆，给您烧点水喝。"

"什么？麻秆？"徐老一听，挣扎着坐起来。当他看到地上放着麻秆，便吃力地朝着准备点火的同志直摆手，苍白的脸上显露出生气的样子："不行！这个不能当柴禾用，快送回去，我们不能糟蹋老百姓的财物。"原来，徐老对当地群众的生活习惯了解得很清楚，这位同志拿来的不是普通的麻秆，而是一种经过浸制后晒干的加工过的麻秆，这种麻秆易燃耐烧，到了晚上，农民就拿它点着了当作灯来照明。徐老说："你们光想着替我烧水，却忘掉了群众利益，这怎么能行呢？我们只有时时想着老百姓，为着老百姓，才能取得胜利。"说完，便让那位同志把麻秆退给老乡。听到同志们说麻秆退还了老乡并道了歉，徐老这才安心地躺下休息。最后，直到同志们找到足够的柴禾，徐老才喝上了热水。

正是通过这些心系群众、服务群众的具体行为，共产党人才把一个传说变为一段传奇，营造出了"甘为公仆耻为官"的良好政治氛围。

二、三五九旅是模范

在流行速朽的时代，偶尔有人怀旧，一曲《南泥湾》，便会把人的思绪带回到那个火热的年代。听，谁正在播放这首老歌？

花篮的花儿香，听我来唱一唱，唱一呀唱。

来到了南泥湾，南泥湾好地方，好地呀方。

好地方来好风光，好地方来好风光，到处是庄稼遍地是牛羊。

往年的南泥湾，到处呀是荒山，没呀人烟。

如今的南泥湾，与往年不一般，不一呀般。

如呀今的南泥湾，与呀往年不一般，再不是旧模样，是陕北的好江南。

陕北的好江南，鲜花开满山，开呀满山。

学习那南泥湾，处处是江南，是江呀南。

又战斗来又生产，三五九旅是模范，咱们走向前，鲜花送模范。

咱们走向前，鲜花送模范。

能完整地唱完这首歌的人应该不多了吧？但是，南泥湾精神以及南泥湾的红色旅游，谁也说不清楚有多少人是冲着这首歌所营造的意境，不远千里来圆一个梦的。庄稼也罢、牛羊也罢、鲜花也罢，如今与往年不一般的关键，还是因为有了那一群人，有了那一群模范。人群已经渐行渐远，精神却在永世流传，这就是共产党人永久的教科书——艰苦奋斗的南泥湾精神。传承精神，就不能忘记那一群创造这种精神的人和他们永载史册的奋斗事迹。还是歌儿唱得好：又战斗来又生产，三五九旅是模范。我们今天就来翻开三五九旅模范们创造历史的那光辉一页。

抗战进入相持阶段后，日伪和国民党顽固派一再向陕甘宁边区发动军事进攻，中共中央为了加强陕甘宁边区的防御力量，命令华北敌后坚持抗战的八路军一二〇师三五九旅回师陕北。1939 年 10 月初，三五九旅到达绥德一带驻守，担负起坚守河防和保卫陕甘宁边区、保卫党中央的任务。因国民党采取停发军费和经济封锁等办法，想要以经济手段把边区军民困死。为战胜困难，中央提出“发展经济，保障供给”的方针，号召军民自己动手生产，组织八路军实行屯垦。1940 年 11 月，因国民党军企图侵犯宜川，三五九旅奉命将七一七团调往南泥湾一带，一面防备敌顽，一面开荒生产，开发南泥湾的生产运动就此拉开序幕。从 1941 年到 1942 年，三五九旅的垦区从南泥湾到金盆湾、史家岔，人马也从一个团到全旅都开到南泥湾一带。到达南泥湾以后，朱德总司令指示：“敌人来了你们打仗，敌人不来就生产。”“这里是你们的家，你们好好的成家立业吧！”

然而，在这草木丛生、野兽出没的烂泥湾，要安一个家何其难也。有一个团，就是接受了建设自己家园的命令，开赴到了文彬庄。听名字不错吧，文质彬彬嘛，但眼前的情景让战士们倒吸一口凉气：这里没有居民，也没有房屋；只有几孔被烟熏黑了的破窑，顽强地证明着这里曾经是人类居住的场所；村子里长满了一人高的蒿草，看不出院落也看不出道路。但是，在拓荒者的眼里，破窑洞已经是最舒适的宿舍了，横七竖八地躺满了人。另外，在院子里、山崖下，在树林里，到处都搭起了草棚，住满了人，露营的队伍摆成长达四五里长的长蛇阵。

建设家园的第一步，就是尽快打窑洞。战士们回忆：“你看吧，当我们一个个扛起铁锹和镢头走向工作地的时候，你还可以辨认得出是张三或是李四；可是，当收工号响过，我们走出新窑洞的时候，大家都变成了一个个的泥土人儿，非得先到河水里洗一下，你才会认得清……六七月里，太阳光又毒又热，你也得拼着气力和泥土搏斗。为了节省衣服，大家都只穿着一条短裤。汗水几乎从全身向外流淌着，土黏上去，把人变成泥人。还有，在这山沟里，也许是由于草木繁盛和潮湿的缘故吧，毒蚊特别多，它们会偷偷咬住你，直到出了血，你才会感到极大的痛痒。还有一种咬人的细虻，它的身体极小，咬起人来却很毒，我们的头上、臂上到处都是它咬的大疙瘩。为了对付它们，燃起火来用烟熏。但是，窑洞开口后就麻烦了，这固然可以避免日晒的痛苦，但那熏蚊的烟，必然的也要熏着人了。”

困难还不止这么多，比如说，南山的夜里很潮很冷，人们在露天休息时，一床羊毛毯子和经年的旧棉被根本无法抵制长夜的寒冷，战士们只好在临时宿营地燃起熊熊的篝火。除了御寒，火堆还能帮助战士们保护家产。在住所没有建好之前，连队养的猪只能圈在临时木栅里，野狼们经常在夜里成群结队下山找吃的，拖走好几头猪。有一次，也是夜里，一只狼竟大模大样地走进战士们睡觉的草棚，在一个侦察员的脸上嗅了嗅，张开血盆大口正要咬下去时，侦察员醒了，他虽然没有被狼咬着，但仍在额头上留下了两个牙痕。后来，自从燃起火堆，狼就再没有来过，火不但能为战士们抵御寒冷，还成为战士们生命财产的守护神。

苦是苦了点，但战士们全然不在乎。他们说：“我们的生活，有些艰苦，而且有点原始意味吧！但是，我们却全不在乎。我们的劳动生活，在这样一个自然环境里展开是充满了快乐的。我们的指挥员关心我们是很周到的。”部队缺菜吃，首长们就派人去捡野菜，枯树堆里，木耳蘑菇特别多，河里的水芹也很多，味道跟真芹菜也差不了多少。想吃肉更容易，褪了毛的山鸡，战士们光凭两条腿就能追上逮着，做出菜来也是很香；野羊经常可以猎到，它们的肉和羊肉差不多，只不过肉质要粗一些。漫山遍野的林木，就是战士们的聚宝盆：桦树的皮可以作草帽和饭盒，多剥几层可以作纸用，用钢笔两面都可以写字；杏树带给战士们的诱惑是巨大的，在延安和其他市镇里需要花一块钱才能买一二十个的黄杏，在这里可以毫不费力地任意品尝。有时候，挖窑洞的人们会派出两三个人去摘杏，不久便会扛回两裤筒的杏子来，同志们吃鲜杏、晒杏干、烧杏仁，一点也不浪费这天赐的美味。

窑洞终于挖成了，1 个团差不多拥有 173 个窑洞，所有的窑洞口都搭起了房檐，安装起门窗。有的连队的窑洞建在山上，他们先平整出一个院落，然后才在立面上开出很整齐的窑洞，既整齐，又壮观，窑洞上又挖窑洞，远远望去，很像一幢幢二层楼房。挖成了窑洞，置办了桌椅等必要用具，这个家也就算安下来了，成家的任务就完成了。

成家而不立业，家就不会安稳。战士们安顿下来之后，就全力以赴投入到生产中去，努力建立起革命的家业。建立家业过程中，最重要的就是开荒。英雄的三五九旅的干部战士们，硬是把十分艰苦的开荒工作变成了一场场热火朝天的劳动竞赛。

激烈的竞赛开始了！没有太阳，阴沉的天气，狂风卷起一阵阵风沙，凶猛地呼啸着。战士们竞赛的赛场是在 3 里长的一条沟里，3 个山头绵长 10 里，他们预先划定了每个人的位置，上面插着用木棒做成的标志：一亩、两亩、三亩，荒地有的是，只要力气大就尽力地挖吧。175 位英雄分散开来，每人面前都有一大片荒地等待开垦，他们跃跃欲试，就等开始的命令了。

号声响了，英雄们挥动着锋利的镢头开始了竞赛。一时间镢头上下翻飞、尘土飞扬。计时员报告：李位一分钟48次，李四一分钟42次，钟久长38次……只见他们两只手紧握镢头，全臂的力量都集中到手腕上，一个镢头开挖的土，抵得上普通人两个镢头的量。英雄们动作快、挖得大，工具利、气力猛，不间断、不休息。李位已经挖了1亩了！二营也有6人超过1亩了！消息传出，大家的节奏更快了。竞赛越来越激烈，风也越刮越大，每个人都裸浴在飞沙之中，只看到两只眼睛黑白分明，其余全是一抹的黄土色。可是，人们根本无暇顾及这些，号子声、加油声响成一片：加油呀！加油呀！

到了中午，一个消息传遍人群，李位已经挖到1亩8分了，人们纷纷议论着，说他今天有希望达到3亩。于是，那些营、连、排长们纷纷跑回去传递这个消息，给本队的同志们加油。不知不觉间，天黑下来了，人们一直工作了11个小时，一直看不清楚了才收工回家，每人还背回几十斤柴禾。平静的一夜过去了，捷报在清晨传来：李位当天开荒3.67亩，赵占奎开荒3.21亩，李四开荒3.15亩，张玉仑开荒3.13亩，韩治银开荒3.12亩，钟长久开荒3.09亩。这几位特等劳动英雄开荒都超过了3亩。

据统计，三五九旅从1943年3月15日起到4月2日止，除去雨、雪等耽误4天，实际只用了15天的时间，全旅就开荒超过了5万亩，生产效率的确惊人。

大面积开荒，大面积播种，也大面积培育了人们的信心，这也是人们当初所没有想到的。当王震旅长提出2个月生产，8个月教育时，有些同志认为必须花费四五个月进行生产，2个月是无法完成生产计划的，部队种地不能按老百姓标准，因为部队不如老百姓会种地。王震旅长反问：我们部队同志个个身强体壮，红光满面，比老百姓更有组织和纪律，为什么搞不赢老百姓呢？如果这样还能战胜敌人吗？也有个别同志认为执行任务就会妨碍部队的巩固，有的则认为农业生产解决不了问题，还是把希望寄托在商业上面。这些思想分歧，最后都通过 1942 年召开的中共西北局高级干部会议统一了。认识到位，生产积极性才可能激发出来。

高效生产也离不开严密科学的劳动组织。他们提出的口号是：全体参加生产，不让一个人站在生产线之外。干部以身作则，不是指手画脚，而是动手动脚。上至旅长下至伙夫马夫，一律参加生产！要实现不让一个人站在生产线之外，就要严密组织，且看机关是如何组织的：司令、政治、供给、卫生等机关，旅长、副旅长、副政委、参谋长及秘书、警卫员编成一个小组，其余以科为单位编成小组，只留下两个女同志守机关，代替值班参谋与收发工作。旅政治部以科为单位编成小组，主任编入组织科，同样只留几位女同志值守机关，办理日常工作。还有卫生部、团部及团的下属机构，所有机关人员全都参加生产。

通过这样的组织，在开荒时战士们看到或听到营长、团长、旅长都在生产，不由提高了生产的自觉性，他们会觉得："营长、团长、旅长都生产，手也打了泡，为什么我不生产？"干部们参与生产，一方面能够亲身体验稼穑之艰辛，一方面能注意适时领导生产。

另外，必要的生产工具也是必备的，缺乏农具也会极大妨碍开荒的进度与质量。比如镢头，供给部门到延安、延长、瓦窑堡、甘谷驿甚至托人到宜川、山西去买，或者修械所、铁工厂日夜不停地赶造，最终达到了每人一把镢头的标准。也有战士担心，说不怕生产就怕吃不饱饭。结果，通过多方努力，不但保证吃得饱，还做到了吃得好，改善了伙食，比平时好得多。饭，每天三顿，有的是三顿全是干饭，有的是两干一稀。菜，则是猪肉、豆腐、豆芽、萝卜、山芋，各种干菜等，轮流交换吃。不到一个月，有的单位吃了四五头猪，有的单位平均每人吃了四五斤肉。吃稀饭时配凉菜，如萝卜切细，用盐腌好放上香油，又节省又好吃。

为什么部队开荒的劳动热情这么高呢？除了上述因素之外，还有几点值得思考。

首先，在部队中贯彻中共西北局高级干部会议精神，关于生产，让战士们了解以下几点：

第一，为什么要生产？生产是为了达到丰衣足食的目的。我们的军队是革命的军队，没有剥削者剥削劳动的果实，劳动成果归自己享受。我们做到了自给自足，改善了生活，也就减轻了人民的负担，发展了边区经济，帮助了政府解决困难，密切了军队和人民的关系。

第二，生产和战斗是什么关系？生产的任务就是战斗的任务，在前方打仗是为了抗日，在后方生产获得了成绩，巩固了边区，援助了前线，也就等于在前线战斗取得了胜利。

第三，劳动是工农群众固有的传统美德，艰苦奋斗是八路军的光荣传统，我们要发扬劳动的精神与艰苦奋斗的精神。

其次，要归功于部队开展的劳动竞赛运动。竞赛是激发劳动热情的一种好方法。当大家都度过了开荒初期的艰难，手上打的泡磨破了，全身的酸痛过去了，有些人能够一天开挖一亩以上时，便号召大家同他比赛。有的战士看到他能挖一亩地以上，自己也有信心能挖一亩以上，偷偷单独试了试发现挖得确实多了，便有了信心，都向着第一个能挖一亩的人挑战。你跟我比，我跟你比，比赛的氛围出来了，轰轰烈烈的个体比赛变成班与班比，排与排比，整个部队都卷入生产的热潮。

再次，发扬了干部和党员的模范作用。从旅长开始，所有的干部都参加挖地，没有十分要紧的事，一般都和战士们在一起，从早挖到晚，绝不是做做样子。

最后，奖励劳动英雄，反对懒汉。在劳动中，发现了挖地比一般同志多的，当天就表扬，号召大家向他学习，向他看齐。开荒英雄们在生活上优待，发给毛巾、肥皂等奖品。也从精神上进行鼓励，写慰问信，会议上表扬，造成劳动英雄最光荣、人人尊敬劳动英雄的浓厚氛围。个别懒汉在这种气氛下受到压力，也都逐渐转变过来了。

三五九旅是模范，至今仍有后人赶。70 多年后的今天，一批又一批的后来人，来到南泥湾瞻仰前辈的丰功伟绩，更学习他们的精神，尤其是三五九旅在开发南泥湾过程中所表现出来的创造精神，更是令后学们敬佩不已。

比如，垦荒部队利用杏仁油制作擦枪油，解决因缺少机油而导致子弹卡壳的问题。又比如，战士们捣碎黑格兰根，帮助缓解后勤部门缺少染料的问题。这样对农业作物进行后续加工，物尽其用，从而实现创新。

技术上的改进也不容忽视。传统纺车因因相袭，少有改变。但三五九旅的战士，就创造性地在纺车的锭子中间安装了一个铁制的加速轮，从而大大提高了纺线的效率。延安城内当时用的 3000 多辆纺车，就是这样的加速纺车。中央领导同志周恩来、任弼时在纺纱比赛中取得优异成绩，也同使用改进的纺车不无关系。

其实，初到南泥湾的战士们，种地并不像打仗那样在行。在“大锅饭”的模式下，一天一个人也刨不完五分地。老百姓这样对战士们打趣道：你们回去吧，种地你们干不了。大胡子旅长王震面对这种情况，果断地实行了“分任务指标、奖勤罚懒、劳动竞赛”等一系列的制度。尤其是劳动竞赛，激励着战士们抢着干、偷着干。为了公平地进行劳动竞赛，最后不得不外加一条“不许早到迟退”的纪律加以约束。从一人一天刨五分地，到最后的四亩二分三，劳动制度的改变大大促进了南泥湾的生产。

今天，我们继承和弘扬南泥湾精神，挖掘其改革创新内涵，对于我们建设中国特色社会主义具有重要意义。对同一资源进行多重利用、创造性地改进生产技术、不断完善鼓励创新的体制机制，自力更生、艰苦奋斗，努力推动科学发展，这是南泥湾大生产带给我们的启示。

三、人人争识林老头

林老头不是别人，就是陕甘宁边区政府主席林伯渠。身为边区政府的主席，怎么会被人这样“不敬”呢？其实，“老头”一称，并无一丝一毫不敬，反倒体现了边区群众对他浓浓的爱意。群众亲昵地称他为“林老头”，赞扬他亲民爱民，没有官架子，是“人民的老勤务员”。正因为这样，他的老友续范亭才会专门为他赋诗一首：

林老奇逸人中龙，风流潇洒有大度。
胜任愉快政多宽，不事吹求公令布。
童颜鹤发非导引，公余且作长征赋。
漫天风雪巡洛鄜，怀古不忘杜工部。
人人争识林老头，亲切有如家人父。
灯下细谈几件事，米面油盐棉花布。

林老头确实是一个老头，担负起执掌边区政府的大任时，他已经年近六旬，漫长的革命岁月中，风霜染白了他的胡子和头发，在革命人永远是年轻的青年行列里，他的确很显老。然而，就是这样一位老人，他的身上却集中体现着延安时期共产党人的高风亮节与优良作风。

借助60岁生日小型祝寿会，人们终于有机会在1945年3月通过他自己的回顾，了解其革命生涯。他把自己的一生总结为三个关键，就是在三个关键时刻，他都没有走错路：第一次是辛亥革命失败后，同盟会分裂了，在日本参加了孙中山组织领导的中华革命党；第二次是经李大钊等朋友的宣传，受俄国十月革命的启示，在 1921 年 1 月加入上海共产党早期组织；第三次是大革命失败后，坚持为共产主义事业奋斗。1927 年 4 月和 7 月，蒋介石、汪精卫先后在上海和武汉发动四一二反革命政变和七一五反革命政变，疯狂屠杀共产党人和革命群众，轰轰烈烈的大革命夭折在一片血泊之中。面对血雨腥风与白色恐怖，林伯渠的一位老友曾劝他登报宣布脱离共产党，并表示愿意保护他。对于这番“好意”，林伯渠“不经思索就毅然拒绝了”，他义正词严地声明：“要干就干到底，决不后悔，也不会计较将来个人的命运。”掷地有声的这一番话充分显示了他坚定的革命信念和临危不惧的革命精神。

这种信念与精神，一直伴随着他走进延安，执政陕甘宁边区。边区是贫瘠的，边区面临的困难是空前的，尤其是国民党发动三次反共高潮，企图通过经济封锁来围困边区，迫使其放弃局部执政。为了使边区尽快走出困境，尽快建设好边区，林伯渠不顾年老体弱，经常骑着毛驴到边区各县调查研究、视察工作，亲自调查了解基层的真实情况。1941 年年底，边区参议会刚一结束，他就带着 20 多个同志冒严寒、顶风雪，一路跋涉前往甘泉、鄜县、延川等县的乡村，深入到群众之中，了解边区各项政策在基层的执行情况，了解基层群众对边区政策和政府工作有什么意见。人们看到一位头发花白的老人，翻穿着一件老羊皮袄，东家进，西家出，走村串户，坐在农家的炕头上，与农民兄弟家长里短攀谈，对他们嘘寒问暖，心里无不充满了深深的感激。

群众眼里和蔼可亲的林老头，他的下乡视察可不是走马观花，更不是蜻蜓点水，这次冬季视察，他们一行人一走就整整两个多月。1942 年的元旦，就连群众最看重的重要节日——春节，也是在乡下度过的。在调研中林伯渠发现，当时由于国民党的封锁，边区人民经济上十分困难，但人们的抗日信心仍十分坚定，他们日常生活节衣缩食，为抗日部队捐集粮草、鞋袜等却慷慨大方，群众的深情厚谊深深打动调研队一行。林伯渠一路走来，常常用边区群众这种乐观、顽强的革命热情来激励年轻的同志，写了不少歌颂边区群众的诗歌，既表达了对人民群众的敬爱之情，也展现了这位革命老战士豪迈的革命激情与乐观主义情怀。比如在调研过程中，有一次一大早从高家哨出发，触景生情，有感而发：

骏马坚冰踏洛河，
纷纷瑞雪舞婆娑。
载途公草驴争拥，
觅食饥禽陇见多。
天意难知厄重耳，
法轮无语笑荆轲。
群山皆冷心犹热，
反著羔裘当薜萝。

一行人马到达甘泉时，正逢阴历除夕，年节的气氛感染着每一个人，林老欣然命笔：

甘泉小滞逢除日，
朋侣追从作浩歌。
相约廉隅共砥砺，
难忘大地正干戈。
心如止水波纹少，
梦似浮云间隙多。
樽酒及时共一醉，
那堪岁月共蹉跎。

寒冬腊月，风雪交加，花甲老人不避风雪深入基层，扎根群众之中，在农家的田间地头、院坝炕头、炉旁灯下，与群众一道规划生产生活的美好蓝图，受到了边区各界的一致拥戴，也完整地向人民群众尤其是最基层的群众展示了什么是共产党人的作风。当他终于结束这次长达两个多月的长途视察回到延安时，边区政府为他举行了十分盛大的欢迎大会，他的老友续范亭在会上赋诗赞扬他：

年来足迹遍神州，
革命先锋一老牛。
不学导引不避世，
童颜鹤发自风流。

是啊，如他那般年纪，许多人都开始安享晚年，谁还会像一头不知疲倦的老黄牛一样辛苦奔波呢？但为了革命，这位鹤发童颜的老先生仍旧充当革命的急先锋，为革命奔走在基层、前线，足迹遍及神州，在其身上真正体现了“献身革命最风流”。

其实，林伯渠就像邻家那和蔼可亲的老头，与群众打成一片，深入细致关心群众的生产生活，像一家人一样生活，远不是一次两次下乡视察、调研所能形成的。他到基层如同家常便饭，小毛驴一骑，一去就是好多天，走村串户，与群众哪来的距离？这不，1943年4月25日至5月6日，他又去安塞、志丹两县调研去了，一去就是10天，期间所见所闻所思，写成《农村十日》发表在延安《解放日报》上。

他关心的是西北局高级干部会议后两大任务传达下去之后，在基层落实得怎样了？问问村干部，都能回答个八九不离十，有人说：“本来嘛，老百姓搞的就是生产，政府替老百姓做事不搞生产搞什么呢！”林伯渠听到了，记下来，很显然，他是认可农民兄弟这一观点的。他了解到，除少数人觉得公家管生产是多找麻烦外，一般老百姓都知道这是好意，是想让大家把日子过好，看来大多数群众对我们的政策还是能够理解的。

那么，发动春耕运动，展开全面动员，会不会像以往那样开不完的会，没完没了的动员呢？从乡到村到户一调查，会开得少了，没有因开会而误工，动员也减少了一些，但并没有完全停止：安塞二区在旧历二月底曾发动各乡动员自卫军修路一星期，每乡 20 人；春耕开始时动员牲口驮运公粮几百石，与修路合并计算，每乡误工 50 个。林伯渠通过调研全边区的农户计划，发现并不是普遍地都做了农户计划，如志丹一区只选择了示范村来做计划，其余的只分配一些开荒计划而已。有的农户计划只是把去年的照抄一遍，或者内容过于简单，如安塞二区六乡副乡长张玉喜个人的计划，只填了有 12 口人，2 个劳力，牛 1 头，羊 100 多只，丢熟地 45 亩，川地每亩上粪 2 堆，山地川地各锄草 2 次，种桃树 5 株，妇纺 2 人，纺毛 50 斤。实际上，他去年种地 40 多垧，又种了 30 多亩麦子。今年丢熟地后，准备开荒 50 亩。春耕开始时因死了牛，只剩下 1 头牛，已经开荒地 20 多亩。翻丢熟地 1 次，计划到种糜子以前再揭川地 1 次，多开 20 来亩荒地，合共种 50 垧左右。羊早就有大的 100 只小的 50 只，猪有 3 头可以生小猪 10 头，并有驴 1 头。家里会纺织的妇女 3 人，每月最少可以纺毛 10 斤。

瞧瞧，光是一个农户计划，他就查出了这许多道道，了解的实情连许多当事人自己也算不清楚。他发现，干部去帮农户制定计划时，只把数目写下来，没有和他们商量研究是否可以想法子多打粮食，或是帮助他们解决生产中的一些问题，结果有些老百姓看到计划表时，一想就想到公家又要调查统计什么了，很少觉得它对自己有什么实际的帮助。关于农户计划，林伯渠关心的是这个计划能给农民的生产生活带来什么切实的帮助，走形式的计划于民无益，他自然毫不客气地在报纸上给予曝光。

农民对于奖励劳动英雄是什么反应？他高兴地看到，老百姓开荒情绪高涨，没有受奖的跃跃欲试，想要在生产上和那些英雄们一较高下。还有，改造二流子计划，也着实让老百姓高兴了一把，他们认为这是政府办的一件好事；农贷也给群众解决了不少问题，耕牛、农具、种子等，都能从中受益，这些于民有利的成就，当然也是他所乐见的。让他揪心的事当然也不少，比如变工队，有许多地方还没把变工队搞起来，老百姓说没有这个习惯，他们最多只愿意在锄草期间进行变工。林伯渠仔细了解了变工不好组织的原因，一是人口分散，荒地不多；一是牛犋好坏不一，参加变工担心会吃亏。即使把变工的好处讲清楚了，也仍然很难搞起变工，主要还在于懒散的特性：农民本来是稀稀拉拉的，公家说，愿意组织的自动组织，那谁也懒得搞；如果公家不只是宣传一下，而是领头来搞，变工也就搞起来了。不深入民间，不与农民兄弟倾心交谈，不取得群众彻底的信任，哪里能听到这种肺腑之言，从哪里获得最真实的信息？反之也一样，真心实意地为群众着想，不厌其烦地调查、了解、掌握那些十分琐碎的“小”事情，恰恰关照到了群众最核心的利益，群众岂会拿干部当外人？

当然，了解农村的具体情况，也能以此来检验干部工作作风的转变情况。一些区乡干部满足于数字的概念，没有深入去发现许多生动的事实，具体去研究问题，对于这种现实，林伯渠把它拿出来在报纸上公开批评，毫不客气：一个区长能够说出他那个区有 18 个二流子，但要他把一个二流子的具体情况、生产计划和转变过程详细讲一讲，就把他难住了。还有一个干部被派下去检查开荒情形，发现任务没完成一半，他不问没完成的原因，也不问完成任务有什么困难，需要什么帮助，却只是命令老百姓这是你自己承认下的，一定要完成。基层工作作风好转的一面，也让林伯渠高兴不已：干部都下乡了，活动在田间地头和山沟里，过去只忙于动员工作，平时无事的现象已经消失了。

“为什么我们不应向你们学习呢？你们是大地的儿子。人类的智慧，血汗，不都是埋藏在劳动中吗？我们政府号召生产，要大家丰衣足食，就必须每个人向好的劳动者看齐，成为新的英雄啊。这次农村小住10日，觉得实际的内容太丰富了，需要虚心去学习的地方还多着哩。”农村10日，林伯渠的记录见证了他的为民、务实，而他的这一番感想，又再一次彰显了一个共产党人坚持群众路线的本色。

延安时期的大生产运动，不仅从物质上保障了解放区军民渡过了难关，也在精神层面锻炼了干部，坚定了他们的革命意志，培育了党的优良作风，改善了党群关系，巩固了边区。在这场运动中，林伯渠除了是一位边区的政府首脑，深入调查研究，听取各方面的意见，有助群众解决各方面的困难外，他还率先垂范，带头参加生产劳动，开荒、拾粪、种菜等，哪样都不落后。有一个叫作惠疙瘩的农民，他早起拾粪时，经常看到林伯渠一大早提着一个粪筐拾粪，感动之余，就想替林老分担一些负担。他领着自己的儿子挑了两担粪倒在林伯渠的粪堆上说：“您老年纪那么大了，政府事情又多，以后我们就替您拾粪吧。”林伯渠笑着说：“你们的好意我领了。我虽然年纪大些，在政府里有工作，但大生产运动是党中央的号召，我也要积极响应，参加生产劳动。我也是咱边区一个普通老百姓嘛！”

边区开展生产运动的同时，也号召开展节约运动，林伯渠带头响应边区号召，制定了自己的节约计划并张贴在边区政府机关的墙报上：（1）在农业生产上，用变工合作方式，完成上交粮食局二石细粮的任务。（2）收集废纸交建设厅。（3）戒绝吸外来纸烟。（4）今年的棉衣、单衣、鞋袜、被单、手巾、肥皂，全不要公家供给。在计划后面，林老还附了一首小诗：

待客开水不装烟，
领得衣被用三年。

淡巴菰一亩公粮缴，
糖萝卜两分私费赡。
施肥锄草自动手，
整旧如新不花钱。
发动男耕和女织，
广辟草莱增良田。
边区子弟多精壮，
变工扎工唐将班。

围观墙报的人们看到林伯渠这一首诗，叽叽喳喳炸开了锅：林主席头发都白了，还带头制订生产节约计划，咱们年轻后生往后可得更加努力呀！这个计划所产生的影响，正与毛泽东给林伯渠回信中所说的一样。原来，林伯渠在向中央汇报边区新一年生产节约计划时，也将自己的生产节约计划一并汇报，毛泽东看到这个计划后，也很赞赏，随即给他回信：

林老：

来示诵悉。生产节约今年必比去年有更好成效，你个人的计划能实行，必有好的影响。我也定了一点计划，准备实行。

敬祝

健康！

毛泽东

一月十九日

是的，政府主席的计划如能实行，其带头示范效应想必是极好的。只是，林伯渠的计划到底实行得怎样？当年的一位外国记者和我们一样好奇，《林伯渠》一书记载了他的采访过程：

“主席先生，听说您去年种的糖萝卜长得不错，今年如何？可以参观吗？”

“可以，不过今年的糖萝卜还刚刚种下去不久呢。”

他们来到延河边的一块滩地上，林伯渠对记者说：

“到了，其实没有什么好看的。”

记者蹲下身子，用手抚摸着绿油油的萝卜缨子，赞不绝口地说：“真是名不虚传哪！我信服了！你们共产党的干部，不仅发动群众干，还自己带头干，说到做到，了不起！”

旁边的秘书小王对记者说：“你不知道，当初林老找这块地可真不容易啊……延安党政机关和学校等单位都搞生产，找块闲散地极其困难。一连好几天，都没有找到合适的地块。看着林老拄着拐杖山上山下地奔走寻找，我们都不忍心了，就劝他说：‘您工作那么忙，年纪又大，近处也没有合适的地，还是算了吧！只要我们每人多开几镢头荒，就够您那份了。’可是林老却严肃地说：‘我是边区政府主席，要求别人做的，我首先要做到。我不完成生产任务，怎么去要求别人？’实在拗不过他，我出了个主意：‘咱们在河滩上找块地吧。’林老担心地问我：‘河滩上种地行吗？大水来了怎么办？’我说：‘行！咱们种糖萝卜，等大水下来，糖萝卜已经收了。’于是林老带领我们几个人在河滩上开地……林老和我们都完成了上缴任务。”

人人争识的林老头，他是陌生的，并不是每个人都熟悉边区政府主席的工作啊；人人争识的林老头又是极熟悉的，尤其是那句“要求别人做的，我首先要做到”。这话竟是如此的耳熟，它就是“要求别人做的，自己首先做到；要求别人不做的，自己坚决不做”的历史版。延安时期的许多党员干部，在党和政府的带领下，在许多艰难险阻面前，也曾经说过这样的话。或许，这就是林老头，一个忠诚的共产党员不经意间留给后人的不菲财富。

四、整整我们的官僚主义

1938年春，延长发生了一件令人意想不到的事，来自延川、宜川等县残废医院的伤病军人与延长的伤病军人聚集起来，200余人要集体上延安去“请愿”，直接向毛泽东主席提意见。对此事负有直接责任的两延河防司令何长工，听完参谋汇报这个消息后，非常着急。他正准备派人去请伤员代表来谈话，伤员们的代表竟不请自来了。何长工连忙把几位代表请进窑洞里，询问他们“上访”的原因。

原来，中央和红军长征到达陕北后，在延长、延川等地建立了几个残废医院，专门收容长征和抗战初期战场上退下来的伤病员。由于日寇和国民党顽固派对抗日根据地的疯狂蚕食、“扫荡”与封锁，延安的物质条件非常艰苦。受此影响，残废医院里的条件也不尽如人意，医疗设备简陋，药品奇缺，被服单薄，伙食很差，基本只有粗粮。再加上部分医疗人员认识不到位，觉得医护工作没意思，一心想着上前线。因此，他们工作起来作风粗糙简单，对伤病员关心照顾不够。

留在这些医院里疗养的伤病员，基本上都是参加过长征的老战士，他们经历过枪林弹雨，度过了一段激情燃烧的岁月，个个都是身经百战的风云人物。由于伤病，突然一下子脱离了队伍，孤寂地窝在医院里，心里面的落差别提有多大了。他们最怕的不是伤痛甚至不是死亡，而是成为不能战斗、不能劳动的废人。现在，进了残废医院，被人当作废物一样忽视、冷淡，他们的情绪终于爆发了。还有一点，那就是这些伤病员中大多数人是原中央苏区和其他苏区过来的老同志，不习惯北方生活，他们的爱人问题也无法解决，便纷纷动了回南方老家的念头。到延安去，就是要给毛泽东反映这些意见。

在与伤病员代表交谈的前后，何长工的心情就像坐了过山车一样，剧烈起伏：刚一听说在自己的防区有人要上延安去“请愿”，心里又愧又火。惭愧的是由于对医院管理不善，酿成了几百人上延安“请愿”的事端，这在边区和其他根据地是从来没有发生过的事，也是极为丢脸的事。而让他更上火的是，这么一群人，一有事就上延安，还点名要找毛主席。如果人人遇事都这样搞，中央领导还要不要正常工作啦？然而，伤病员们的一席话，又让他的心情渐渐平静甚至产生了愧疚，老兵们并没有提什么过分的要求，只是客观地分析事情的利弊：三个方面军会合于陕北，人民负担比较重，物资又很困难，如果我们回南方老家去了，也可减轻边区人民的负担，还可以在老家做些群众工作，扩大我们党和军队的影响。何长工越发觉得对不住他们，医院工作上有漏洞，对不能重返前线的同志们关心照顾不够，便说：“你们的意见很对，都怪我们的工作没有做好，对你们最起码的要求都没有保证好。不过，毛主席日理万机，工作那样忙，有多少党和军队的大事等着他去处理，哪能事事都要他亲自处理呢？他老人家又怎能处理得过来呢？你们先住下来，有问题我们一个一个解决。如果我这里还解决不了，到那时再找毛主席好不好？”老兵们就这样被暂时安抚下来了。

何长工一面向延长师范学校借房子，让这些伤病员先住下来，一面打电话向八路军供给部报告，商量解决办法。供给部的同志接电话后回复，立即派人到延长处理问题，并请何长工一定想办法劝阻伤员们不要来延安。这样初步处理一番后，何长工还是觉得军队内部发生向上“请愿”问题是个大事情，应该向中央和毛泽东主席汇报，于是拨通了毛泽东的电话。

毛泽东在电话里听了简单汇报后陷入了沉默，稍后，他问何长工：

“你是怎么处理的?”

“安排他们住下了。准备把生活搞好一点，然后安排一些娱乐活动，让他们好好休息一下再说其他事情。”

“你发火没有？批评人家没有?”毛泽东最担心的是处理不当会火上浇油，把事态进一步扩大，所以着急了解处理此事的具体细节。何长工当然明白毛泽东的良苦用心，不由心中一动，万分庆幸自己当时还算冷静地接待伤病员们。他急忙回话：“没有批评他们，我作了自我批评，是我们工作没有做好。”

毛泽东说：“没有批评他们就好。这些同志大部分是长征过来的，流过血，对革命有功，现在残废了，没有伸手向党要什么，就是要求我们改进工作，要求回老家去，这是多么好的同志啊!”停顿了片刻之后，毛泽东又沉痛地说：“长工，这件事情我们没有搞好啊！我们确有官僚主义，要发动伤病员给我们提意见。你转告伤病员同志们，就说毛泽东的窑洞已经腾出来了，欢迎他们到延安来，整整我们的官僚主义。”

何长工回忆，听到毛泽东沉痛的近乎自责的声音，他的内心受到极大震动。起初，他也认识到自己对这事负有一定的责任，但总认为河防区不过是替卫生部代管一下残废医院，要负责也是卫生部负有直接责任。可是，作为一位领导干部，遇事不是勇于承担责任，不是想办法妥善处置，将会给党的事业造成多大的损失，将会给许多无辜的好同志造成多大的痛苦……何长工也不禁深深地陷入自责。他心情激动地放下电话，立即跑到延长师范学校向伤病员转告了毛泽东的话。大家听了深受感动，都说毛主席真是虚怀若谷，能听取群众的批评意见，能和群众血肉相连、心心相印。有个伤病员非常激动，哽咽着说："长工同志，请你转告毛主席，我们不去延安了。"

请群众来给自己整治官僚主义的毛病，需要先进行一番自我诊断，对自己的失误有了充分了解之后，再思考如何对自己的工作进行补救，这样的准备之后，才能真正诚心诚意地听取群众的意见，充分采纳群众的意见与建议。这就如同请客，只有充分了解客人的偏好，做好充足的准备，才能宾主同乐。

因此，事件发生几天之后，毛泽东把何长工召到延安，详细询问了残废医院和伤病员的情况后说："不能再叫残废医院了，这个名字对伤员人格不尊重，任何人到那里去，都会对这个名字反感。我和富春同志商议了一下，准备把残废医院改成荣誉军人教导院，你就来做总院院长吧，再给你派个政委和卫生科长，河防司令部另派人去工作好不好？"据何长工回忆，毛泽东讲到这里，有意停下来看了看他的态度与反应，然后继续说："这个事情很重要，搞不好会影响前方部队的士气。现在一时没有合适的人选，你先去工作吧。"毛泽东推心置腹的一席话，令何长工十分感动，他压根就没想着讨价还价或者挑三拣四，特别爽快地就答应了："主席放心，我去。"

毛泽东听了很高兴，说："我们还要召集伤员代表和卫生部门一起开个教导院工作会议，他们有什么意见，有什么办法，都可以拿出来谈。"他特意强调："会议要在延安开，伤病员代表要多来一些，不要怕麻烦，也不要怕给中央添麻烦。我们要尊重群众的意见，尽量满足伤病员们的愿望。他们想到延安来，我们硬不叫人家来，那怎么能谈得拢呢？这方面的事以前没有及时处理，结果让问题堆成了堆，这回如果再煮成夹生饭，以后还得回锅。"因此，他一再嘱咐何长工，回去后赶紧搞一个筹建荣誉军人教导院的工作方案。

带着这个筹建荣誉军人教导院的重要任务，何长工回到延长县后经多方调查，认真思考，很快做好了建院方案并派人送给毛泽东，毛泽东看后给何长工回了一封信：

长工同志：

你提的办法，原则上我完全同意，请会同王群同志切实办一办，一定要力改过去错误方针，积极地当作训练干部去办好。名称拟改为教导院，废止称残废院。你为院长兼政治科长，王群为政委兼供给科长，另找一专门的卫生科长，就是你们三个人负总院责任，靠近军委留守处找一二间房子办起事来。不日起始的教导院工作会议好好的开一开，由你主持，王群辅之，我可以来讲一次话。先找富春，滕，肖，谭，莫一商开会要点，即将你拟的东西先行讨论一番。

乘此次开会，彻底的把各院全部情形调查清楚。

毛泽东

二月二十五日

到了2月底的一天，教导院工作会议如期召开，会址就在延安抗大旁边的一间房子。这次会议，完全遵照毛泽东的指示，尽可能多地找了一些伤病员的代表，参会人员总共60多人，其中的一半多是伤病员代表，另外的一半都是医护人员。李富春、滕代远及八路军总部、供给部、卫生部等部门的相关领导同志都来参会了。因为提前告诉了开会的人，是毛主席请他们来提意见的，所有的伤病员和医护人员在会上都畅所欲言，提了许多很好的建议和意见。毛泽东百忙之中仍然来参加会议，让许多与会代表感动不已。毛泽东在会上讲，从客观上说，边区的生产生活条件确实很艰苦，延安的条件也有限，伤病员都来延安也不大可能。从主观上讲，我们确实存在官僚主义的问题，本来工作可以搞得好一点，但是我们没有及时发现问题，没在抓紧解决大家的困难。大家在这方面批评得对，要求到延安来提意见也是对的，以后有意见还可以到延安来提。因为担心伤病员提意见可能会使相关同志有心理负担，毛泽东还专门强调：过去工作没有做好，具体谁负什么责任就不要追究了，责任在我们上面没有组织好，缺乏主动精神去抓好这一工作。今后，大家要按照这次会议精神去办。毛泽东开诚布公的一席话，让所有的人心里都感动，他们暗暗在心中鼓劲，一定要把工作做好。

会后，毛泽东照顾大多数伤病员希望回到南方老家的愿望，专门请周恩来与国民党交涉，待返乡伤病员的人身安全有了保障之后，再送伤病员们回南方去。过了不久，周恩来与国民党就此事反复交涉，终于使返乡的伤病员的安全有了保障，荣誉军人教导院这才把2000余荣誉军人平安送回老家。看到如此多的伤病军人被送回老家，有人心中十分不舍，便问：将来还叫不叫他们回来呢？毛泽东肯定地回答：全国胜利后，我们当然还要请他们回来的。因为，他们是回各地做抗日宣传动员工作的。伤病员返乡影响很大，毛泽东唯恐工作有疏漏，他还特意强调，全残的同志就不要让他们回去了，因为他们到了白区老家，连基本生活都没法处理，生存会有极大困难的。一大批伤病员陆陆续续回家了，带着战友们的不舍，也带着毛泽东等人的亲切关怀回家了，但如何照顾、安顿伤病员的工作却并没有就此结束。

到了1938年年底，毛泽东专门召集卫生部门和中央机关有关负责人到杨家岭，详细了解对伤残工作的检查情况。在这次会议上，毛泽东指示有关部门：今后物资发放要适当向前方伤病员同志们倾斜，发放的次序应该是：一、前方，二、伤病员，三、残废同志，四、后方部队和机关等。残废同志的伙食标准也要有所提高，要与伤病员的标准相同，即中灶标准，每人每天7分钱菜金。

在毛泽东的直接关怀下，伤病员和残废军人的生活条件得到根本性改善。即使在最为困难的时候，党中央和毛泽东也没有忽视对伤病员和残废军人在生活上的照顾与政治上的培养。

在党中央和毛泽东的关注与跟进下，眼光向下，关心最基层群众的生产生活状况，不断完善相关制度，使优待优抚制度更加完备，求实求细的工作作风也在此后逐渐成为一种优良传统。

第六章 宗旨

1848 年，马克思、恩格斯在《共产党宣言》中指出，过去的一切运动都是少数人的或者为少数人谋利益的运动，无产阶级的运动是大多数人的、为绝大多数人谋利益的独立的运动。这一经典表述，奠定了中国共产党宗旨的理论基础。

1931 年，中华苏维埃共和国临时中央政府成立后，以毛泽东为代表的中国共产党人对党的宗旨认识有了进一步深化，提出了要真心实意地为群众谋利益，关心群众生活，注意工作方法等观点。

延安时期，在著名的《为人民服务》演讲中，毛泽东强调，我们的共产党和共产党所领导的八路军、新四军，是革命的队伍。我们这个队伍完全是为着解放人民的，是彻底地为人民的利益工作的。

延安时期，以毛泽东为代表的共产党人把“真心实意地为群众谋利益”等观点，升华为“全心全意为人民服务”，以此作为共产党人的宗旨并写入中共七大党章。

延安时期，党的宗旨不仅写在党章上，还体现为无数可歌可泣的英雄人物与他们的事迹中。

一、纪念白求恩

有些人，也许从来没有想着怎样去青史留名，但他的名字却如同北斗、长庚，永悬在人们仰头的方向；有些人，也许从来没有想着带走什么，他只知道劳作和付出，却不经意间带走人们无尽的思念；有些人，他从不曾有只言片语的说教，但他的事迹注定要成为人们升华灵魂与改变作风的永恒指南。在延安时期，在延安精神与延安作风的形成过程中，一个个领袖、英雄的影响固然十分重要，但白求恩大夫，一个地地道道的外国人，其作用则显得格外突出，除了其“洋人”的光环，一代伟人毛泽东的大力推介更是功不可没。

对于抗战中的大多数中国人，尤其是抗日根据地的广大民众而言，恐怕在 1940 年之前对白求恩这个洋大夫并没有多少了解。然而，1939 年 11 月 12 日，白求恩牺牲之后，一个外国人的名字却迅速被广大根据地军民牢牢记住并永远纪念。

毛泽东得知白求恩牺牲的消息后，心情非常悲痛，在 1939 年 12 月 1 日延安各界追悼白求恩大会上，他亲笔题写挽词：“学习白求恩同志的国际精神，学习他的牺牲精神、责任心与工作热忱。”此后，八路军政治部、卫生部准备联合出版《诺尔曼·白求恩纪念册》，毛泽东深情地撰写《学习白求恩》（后来收入《毛泽东选集》时改为《纪念白求恩》）一文以志纪念，以饱含热情的笔触高度赞扬白求恩的共产主义精神和国际主义精神，号召每一个共产党员都要向他学习。

毛泽东在文中强调："一个外国人，毫无利己的动机，把中国人民的解放事业当作他自己的事业，这是什么精神？这是国际主义的精神，这是共产主义的精神，每一个中国共产党员都要学习这种精神。""白求恩同志毫不利己专门利人的精神，表现在他对工作的极端的负责任，对同志对人民的极端的热忱。""我们大家都要学习他毫无自私自利之心的精神。从这点出发，就可以变为大有利于人民的人。一个人能力有大小，但只要有这点精神，就是一个高尚的人，一个纯粹的人，一个有道德的人，一个脱离了低级趣味的人，一个有益于人民的人。"毛泽东说："我和白求恩只见过一面……对于他的死，我是很悲痛的。现在大家纪念他，可见他的精神感人之深。"

延安时期的军民纪念白求恩，忘不了白求恩初到延安与毛泽东那仅有的一次见面。

1938 年 3 月底的一天，当白求恩在翻译的陪同下来到毛泽东的窑院时，毛泽东早已迎了出来，他紧紧地握住白求恩的手，把这位不远万里来到中国的客人请进窑洞。毛泽东首先对白求恩率国际医疗队来中国表示热烈欢迎，他高兴地说：你们来到解放区，说明了加拿大人民、美国人民和中国人民的团结与战斗友谊，说明了资本主义国家的无产阶级和殖民地半殖民地人民之间的深厚情感。白求恩向毛泽东转达了加拿大人民和美国人民的亲切问候，详细介绍了加拿大和美国人民的革命斗争情况。

接着，让人感动的一幕出现了：只见白求恩从贴胸的衣袋里掏出党证，双手递给毛泽东。他的意思再明白不过了：这是我的党证，请您收下。毛泽东同志，我，一个加拿大共产党员，今天向您报到！毛泽东双手接过，亲切地点点头。他意识到，这不仅仅是一位普通共产党员的证明书，还是一位国际共产主义伟大战士用双手捧上的一颗滚烫的心哪！

回答了毛泽东关于他一路行程的关切询问之后，白求恩兴奋地告诉毛泽东，根据他的经验，只要能够在战场上及时给予抢救，百分之七十五的伤员都能治愈。毛泽东为白求恩的激情所感染，激动地频频点头。毛泽东向白求恩介绍了解放区革命斗争的蓬勃发展，他一针见血地指出，只要人民发动起来，日本侵略者必将陷入人民战争的汪洋大海之中。白求恩听后，当场向毛泽东请求到前线去，到晋察冀前线去，到一个军医最应该去的离火线最近的地方去。毛泽东劝慰之后，答应了白求恩的请求，叮嘱他说：前线很危险，任务很重，条件也非常差，一定要注意自己的身体。

不知不觉3个小时过去了，白求恩回到自己住处后心情难以平静，他在日记中写道："我在那间没有陈列的房间里和毛泽东面对面地坐着，倾听他从容不迫的言谈的时候，我回想到长征，想毛泽东和朱德在那伟大的行军中怎样领导红军经过两万五千里长途跋涉，从南方到了西北丛山里的黄土地带。由于当年的战斗经验，使得他们今天能够以游击战来困扰日军，使侵略者的优越武器失去效力，从而挽救中国。我现在明白为什么毛泽东那样感动每一个和他见面的人。这是一个巨人！他是我们世界上最伟大的人物之一。"一个高尚的人，一个伟大的人，两个人惺惺相惜，从这一刻开始，他们在人们朝向共产主义理念信念的心理天平上投下重重的砝码，深刻地影响人们的内在的精神与外在的形象与作风。

延安时期的军民纪念白求恩，忘不了白求恩忘我奋斗的点点滴滴。

1940年出版的《现代青年》把白求恩称作"中国游击队的恩人"：

白求恩博士不忍坐视因医药缺乏而痛苦的中国抗日军队的战士，他组织了一个模范医院，他主持了五台山第一个医务训练班，他也是国际和平医院的院长。他对中国战士说："千千万万爱自由的加拿大和美国工人的眼睛已经转向东方，用了赞美的眼光注视着中国反抗日本帝国主义的光荣斗争，不要以为奇怪，那些工人同你们自己一样，正在绕地球半周的三万里之外相助着你们!”他看见中国军队里医务技术的低落，他急着要提高它，他说过：“技术，握在经济资本独裁者的手里，是使日本灰飞烟灭世界的敌人；技术，若在中国手里，就会成为世界和平的力量。”他对战士的亲切和技术的高明是华北战士们忘记不了的，由受伤而痊愈归队的战士们的传播，白求恩博士的名字深入战士们的心坎，战线上他们常互相鼓励着：“同志们勇敢冲锋，消灭敌人，我们有白大夫!”病床上疼痛的战士常常在失眠中问：“白大夫在不在?”如果护士答应在，战士就熟睡了，白求恩博士对待受伤的战士像慈母一样。

在去年一年之内经过他施行手术的人在一千人以上，一个月内他平均给一百三十个人施行手术，在一天之内替七个至十五个人施行手术，从今年四月至七月这四个月中间，他施行手术三百一十五人，走路一千五百零四里，建立了十三个医疗站和救护站，组织了两个手术治疗队，设了两个医药讲座，他还亲自领导一个手术治疗队在距离火线不到八里的地方工作。许多内脏受伤的战士被治好了。许多脑部受伤的战士被治好了，在炮火下施行手术，炮弹就落在他的旁边，有一次战斗结束后四十九小时内，他一口气救治了七十一个伤兵。有一个战士失血过多，他会从自己身上取出二百 CC 的血输给战士，他这种大仁大勇的牺牲精神，感动了医院的医生和附近的老百姓，很快组了一个输血队。许多失血过多的战士的血管里，就这样的有了国际友人的血液和中国抗日人民的血液的交流，产生出新的力量，继续为中国的独立自由和正义和平而搏斗。他写了三本关于战时救治的著作，特别是对游击战争的医药治疗有许多创见，设计了用两个牲口造成一个流动手术治疗队的组织，创造了在火线上医治不能超过二十四小时的腹、胸、脑等部伤势的记录，他创立了中国的游击医术，建立了敌后的游击堡垒。他抛弃了美洲三大名医之一的尊号来中国战场上做个医术战士，他抛弃美洲纸醉金迷的资本主义社会生活，来到中国的烽火里过艰苦的战斗生活。他正准备着回国去为中国进行医药募捐时，但为了医治一个受伤的战士，在他替那个中毒的战士施行手术的时候，他也中了毒，为了那个中毒的战士死了！我们记得，白求恩博士说过："自由幸福的新中国，不管我们看见看不见，都是我们的血造成的。"

白求恩毫不利己专门利人的精神，体现在他对同志春天般的温暖和体贴入微的关怀，体现在工作生活中的点点滴滴，更集中体现在他临终前的遗嘱中。当年，这遗嘱被翻译成中文，发表在晋察冀军区《抗战三日刊》上，激励着无数的抗日将士冲锋向前，也激励着一代代青年去继承、去弘扬这种人类最崇高宝贵的精神财富。今天，我们再来读一读这饱含情意的遗嘱，仍然感受得到巨大的心灵震撼，仍然感到字字句句都是血：

亲爱的聂（荣臻）司令员：

今天我感觉身体非常不好，也许我要和你们永别了！

请你给加拿大总书记蒂姆·布克写一封信，地址是加拿大多伦多城威灵顿街十号。同时，抄送国际援华委员会和加拿大民主联盟会。告诉他们，我在这里十分快乐，我惟一的希望就是能够多做贡献。也要写信给美国总书记白劳德，并寄上一把缴获的战刀。这些信可以用中文写成，寄到那边去翻译。随信把我的照片、日记、文件寄过去，由蒂姆·布克处置。所有这些东西都装在一个箱子里，用林赛先生送给我的那 18 美金作寄费。这个箱子必须很坚固，用皮带捆住锁好，外加三条绳子。

将我永世不变的友爱送给蒂姆·布克以及所有我的加拿大和美国的同志们。

请求国际援华委员会给我的离婚妻子坎贝尔夫人拨一笔生活款子，分期给也可以。我对她应负的责任很重，决不能因为没钱而把她遗弃了。还要告诉她，我是十分内疚的，并且曾经是快乐的。

两张行军床、两双英国皮鞋，你和聂夫人留用吧。

马靴、马裤，请转交吕（正操）司令。

贺（龙）将军，也要给他一些纪念品。

两个箱子给叶部长；18 种器械给游副部长；15 种器械给杜医生；卫生学校的江校长，（可以）让他任意挑选两种物品作纪念。

打字机和绷带给郎同志。

手表和蚊帐给潘同志。

一箱子食品和文学书籍送给董同志，算我对他和他的夫人、孩子们的新年礼物。

给我的小鬼和马夫每人一床毯子，另送小鬼一双日本皮鞋。

照相机给沙飞。

贮水池等给摄影队。

医学书籍和小闹钟给卫生学校。

每年要买 250 磅奎宁和 300 磅铁剂，用来治疗疟疾患者和贫血病患者。千万不要再到保定、天津一带去购买药品，那边的价钱要比沪、港贵两倍。

最近两年，是我平生最愉快、最有意义的日子；在这里，我还有很多话要对同志们说，可我不能再写下去了，让我把千百倍的谢忱送给你和千百万亲爱的同志们。

白求恩

1939 年 11 月 11 日

到了生命的最后时刻，白求恩想的不是索取而是最后的奉献，床、毛毯、皮鞋、医疗器械、照相机、打字机、手表……一件不留地都送给与他共同战斗过的同志们；在接近生命的终点时，他想到的是责任与义务，请国际援华委员会给他早已离异的妻子拨一笔款子，用作生活费，他说这是他应负的责任，没钱和死亡，都不是逃避的理由，就连每年应该买250磅奎宁和300磅铁剂，用来治疗疟疾患者和贫血病患者，到哪里买药品更便宜等问题，也要郑重地叮咛再三。这一切的一切，都离不开一个爱字，他的风范正应了后来那句话：他心里装着全体人民，唯独没有他自己。

白求恩走了，他带着人们的思念走了，但他留下了巨大的精神财富，富裕了一切爱好和平与正义的人们，也滋润了一代又一代共产党人的心田，激励着一代又一代的共产党人在各自的岗位上以高度的敬业精神、以精益求精的态度服务人民。

二、为人民服务

1944年9月8日下午，枣园后院的干河沟上临时布置了一个会场：在靠山根下的一片荒滩上，垒起了一个20多平方米大小、30多厘米高的土台子，两边各竖立了2根松木柱子，以此为支撑在台上搭起了一块棚布，就成了一座简易的主席台。台前正上方挂着“沉痛追悼张思德同志”的黑布横幅，中间悬着毛泽东亲笔书写的“向为人民利益而牺牲的张思德同志致敬”的挽联。台子四周，摆满了形形色色的花圈，这些花圈都是战士们用山上采来的野花扎起来的，虽然大小不一，却更加冷艳、肃穆，烘托出一种凄美与哀伤的气氛。这，就是中共中央机关和中央警备团追悼张思德的会场。

下午2点，一向秋高气爽的陕北，天气突然变得阴沉，仿佛也在此刻向张思德同志深深致哀。不大的场地上，中央机关和中央警备团共1000多人整整齐齐地排列在那里，人们的脸上个个愁云惨淡，神情凝重。突然，会场上出现了一阵小小的骚动，肃静的气氛被打破了。只见毛泽东在中央机要科科长叶子龙和警卫队队长古远兴的陪同下，从枣园后院走出来，迈着沉重的步子下了坡，一步一步缓缓地来到会场前，无声地站在了队列中间的最前排。

揪心的哀乐响起来了，有些战士禁不住抽泣起来，追悼会在哀乐声中开始了。先由中央警备团团长吴烈宣布向张思德同志默哀3分钟，毛泽东这位战天斗地、叱咤风云，指挥千军万马横扫中外敌人的伟人，也同所有参加追悼会的人们一样，为了悼念一位普通又平凡的战士，一起垂首默哀。紧接着，警备团政治处主任张廷祯致悼词，详细介绍了张思德的生平事迹，张思德生前的战友们已经泣不成声了。随后，毛泽东缓步登台，表情严肃，目光炯炯有神，环视一周后，用洪亮的、深重的湖南口音向死者表达敬意，向生者讲述生死大义。

毛泽东讲话时手中没有讲稿，这是一次即席讲话，但他显然是有备而来，早有成熟的腹稿，讲话引经据典，说理深入浅出，言辞悲壮而富有逻辑和哲理，具有极强的穿透力，话语间饱含无限的激情："我们这个队伍完全是为着解放人民的，是彻底地为人民的利益工作的。张思德同志就是我们这个队伍中的一个同志。"毛泽东一边讲话，一边辅助以强有力的手势，当他讲到"为人民利益而死，就比泰山还重"时，就把两手往下用力一压，仿佛泰山压顶一般，使人感受到千钧之力；当他讲到"替法西斯卖力，替剥削人民和压迫人民的人去死，就比鸿毛还轻"时，把手掌卷成一喇叭状并放到嘴边轻轻一吹，鸿毛之轻，可听可见。

这次追悼会的整体情形，延安《解放日报》在 1944 年 9 月 21 日进行了相当完整的报道：

警备团追悼战士张思德同志，毛主席亲自致哀悼

［本报讯］中央警备团战士张思德同志，今年三十岁，但为党为人民已经战斗了十二年，走过雪山草地，受过长期艰苦的锻炼，也曾光荣地负过伤，是一个忠实为人民利益服务的共产党员，不幸于今年九月五日在安塞石峡峪烧炭遇险殒命。中央警备团团部特于九月八日下午二时，在西山广场开会追悼，到会千余人，毛主席亲临讲话。主席台四周布满花圈和挽联，中悬毛主席亲笔挽词"向为人民利益而牺牲的张思德同志致敬"几个大字。与会者无不深感死者的光荣。大会在哀乐声中开始。

该团政治处张主任介绍死者的光荣历史后，毛主席即缓步登台，怀着沉痛的心情向死者表示敬意，继作历时一时半之久的讲话，对为人民利益而牺牲的意义，阐述至详。

毛主席说：“我们共产党八路军新四军这个团体，完全是为着解放人民的，是彻底为人民利益工作的，张思德同志就是我们这个团体中的一个。”

毛主席又说：“人总是要死的，但死的意义有不同，中国古时候有个文学家叫做司马迁的说过：‘死有重于泰山，有轻于鸿毛’，为人民利益而死就比泰山还重，替法西斯卖力，为剥削人民压迫人民的人去死，就比鸿毛还轻。张思德同志是为人民利益而死，所以他的死，比泰山还重。”

毛主席继续又申述虚心倾听党外人士的意见，为人民利益坚持好的改正缺点的道理。他说：“因为我们是为人民利益服务的，所以有缺点就不怕别人批评指出，不管是中国人外国人，谁向我们指出都行。只要你说得对，我们就改正；你说的办法对人民有好处，我们就照你的办。‘精兵简政’就是党外人士李鼎铭先生提出的，他提得好，对人民有好处，我们就采用了。只要我们能为人民的利益坚持好的，为人民利益改正错的，我们这个团体就一定能更加兴旺起来。”

毛主席又教导我们大家要相互关心，相互爱护，相互帮助。他说：“我们都是来自五湖四海，为了一个革命的共同目标，走到一起来了，但我们还要和全中国大多数人民走这一条路。我们今天已经是八千六百万人民的大团体，但还不够，还要更大，才能取得民族的解放。我们的同志在困难的时候，要看到成绩，看到光明，提高我们向前的勇气。中国人民正在受难，我们有责任解救他们，我们要努力奋斗。要奋斗就有牺牲，死人的事是经常发生的。但是我们想到人民的利益，想到大多数人民的痛苦，我们为人民而死，总比为土豪劣绅而死好得多。不过，我们应当尽量地减少那些不必要的牺牲，我们干部要关心每一个战士，一切革命团体的人都要互相关心，互相爱护，互相帮助。”

最后，毛主席号召把开追悼会变成一个制度，并推广到老百姓当中去。他说：“今后我们的团体里，不管死了谁，不管是伙夫是战士，我们都要给他送葬，开追悼会，这要成为一个制度。这个方法也要介绍到老百姓那里去。村上的人死了，开个追悼会，用这样的方法，寄托我们的哀思，使整个人民团结起来。”

毛主席讲话毕，乃由该团代表致词，他代表警备团全体战士宣誓，要遵照毛主席的指示学习张思德同志为人民利益服务的榜样，继承他的遗志更加努力地干下去，四时许散会。

毛泽东这次的讲话内容，后来经整理编入《毛泽东选集》，名为《为人民服务》。这篇悼词，当时便引起人们高度重视，掀起了学习张思德、努力为人民服务的热潮。今天看来，这篇短文其实就是中国共产党人确立为人民服务宗旨的宣言书，明确提出，共产党“彻底地为人民的利益工作的”性质和价值追求。

人的一生应当怎样度过，这是千古以来人们不断思索的一个社会和哲学命题，共产党也概莫能外。生的意义，或者可以用死的价值来为其划一个句号。为人民利益而死，就比泰山还重，就是死得其所。从人生的终极意义上讲，为人民服务，应当成为共产党人的价值追求。为人民服务，就应该是虚怀若谷，不怕别人的批评，只要批评对人们有好处，就要采纳批评的意见，这不但有利于真正为人民利益工作，也能使我们的队伍兴旺发达起来。

由悼念张思德而引出为人民服务的命题，学习张思德，就是从理论与实践两个方面把为人民服务变为共产党人的工作指南。什么是为人民服务？哪些人有责任为人民服务？干什么是为人民服务？怎样为人民服务？坚持为人民服务，应当怎样看待工作和生活中的利益纠葛？这些都是当时摆在共产党和其领导的八路军、新四军面前的现实问题。要真正树立为人民服务的理念，在革命斗争中真正践行这一理念，不在头脑中弄清这些问题就寸步难行。为此，毛泽东在这次讲话之后，继续在为人民服务这个主题上做文章。

1944 年 10 月 4 日，毛泽东在博古陪同下看望《解放日报》社、新华社全体工作人员并作了简短讲话，提出了新闻工作要全心全意为人民服务的问题，他说，三心二意不行，半心半意也不行，一定要全心全意为人民服务。

下面我们就通过张思德的事迹，去理解毛泽东所说全心全意为人民服务的深刻含义。

张思德来到延安后第一次被组织派去烧炭时，全班人只有他一个有过烧炭的经历，当时要完成烧炭 3 万斤的任务何其难啊。但是，对上级交代的任务，张思德从不讲条件，总是千方百计、全力以赴、不折不扣地去完成。他召集战士们开会说："打仗是战斗，烧炭也是一场战斗，我们烧好炭，保证首长和同志们冬天取暖，这就是为抗日战争、为战胜敌人的经济封锁，贡献了一份力量。""到深山老林里烧炭，前无村后无店，生活会比延安更加艰苦，3 万斤的烧炭任务，要一窑一窑烧出来，而且还要保质保量，这个任务不轻啊！可是，我们战场上能攻下敌人的碉堡，难道就攻不下眼前这个'碉堡'吗?"统一思想后，他们拼尽全力和时间赛跑，尽可能按时完成烧炭任务。一窑炭烧好了，出炭这个最紧张的活儿就来了，这时需要争分夺秒。窑里温度这时特别高，出慢一点，整窑炭就会着火，功亏一篑。张思德每次都是抢先钻进窑里，以惊人的速度抱起木炭，一根一根往外递。炭上冒出的火星，灼在人的皮肤上像针刺一般痛，可他全然不顾这些，烟灰呛得他喘不过气来，汗水迷住了他的双眼，他都顾不上擦一下。一窑炭出完，他简直就变成了一个“黑人”，全身衣服都被汗水湿透了。

张思德完成任务，不留余地，不留退路，一心想着保质保量完成任务，不搞变通、不打折扣、不讲条件、不计代价、不讲报酬，这样的工作，就是全心全意为人民服务。

在当时的个别人看来，为人民服务是个苦差事，自己为革命奋斗了十几年，没有功劳也有苦劳，该享受享受了；还有人认为，为人民服务是极崇高伟大的事业，是毛主席号召的，只有真正的大人物所干的大事情才是为人民服务，自己干的这些鸡毛蒜皮的事，算不上为人民服务；也有人认为，工作凑合凑合就算了，没必要跟自己较劲。弄不清为人民服务的责任主体，搞不明白为人民服务的职责范围，或者不愿意弄清楚这些，或者揣着明白装糊涂者大有人在，是时候为他们提提醒了。

1944 年 12 月 15 日，毛泽东参加陕甘宁边区第二届第二次参议会并作了题为《一九四五年的任务》的演讲，他说：“我们一切工作干部，不论职位高低，都是人民的勤务员，我们所做的一切，都是为人民服务。”极其简练的一句话，就把缠绕在许多党员干部心头的乱麻解开了：一切干部都是勤务员，勤务员的天职是什么？就是为人民服务，就是要当好人民的仆人，全心全意为主人着想，为主人服好务。这样，就说清楚了一件事，在共产党的队伍里，无论大官还是小兵，上至司令员下至司号员、炊事员，都是人民的勤务员，为人民服务都是他们的天职，人人都有为人民服务、服好务的不可推卸的责任；为人民服务没有高低贵贱之区别，只有革命分工之不同，毛泽东在窑洞里搞理论著述，把马克思主义理论与中国革命实际相结合，提供中国革命的理论指南，这是为人民服务；张思德在安塞的深山老林里伐木烧炭，满面黧黑烟火色，烟熏火燎、汗流浃背，这也是为人民服务。

我们天天讲为人民服务，什么是为人民服务？有一次，毛泽东这样问身边的工作人员，工作人员一紧张，硬是让这个简单的问题难住了，事后懊恼不已。其实，这个问题说简单也简单，说不简单还真不简单。为人民服务，不一定非要干那些惊天动地的大事情，但也不能尽干一些无关痛痒的小事情，关键要解决群众最急需解决的问题，哪怕是芝麻粒大小的事儿，在群众看来也是天大的事。然而，要做到这一点，不把群众的利益放在第一位是很难办到的。

《张思德的故事》一书，就讲过这样一则张思德赶错猪的故事：

有一天，张思德和战士小杨接受了到离延安100多里的张村驿去买猪的任务。他俩走村串户，不到半天的工夫就买了20多头猪。在回延安驻地的路上，不巧有头猪突然病倒了。俩人很着急，急忙把猪群赶到近处的一个村子。张思德跑去找老乡帮着想办法。乡亲们听说八路军同志的猪病了，纷纷赶来帮助出主意，想办法。有个白发老汉连饭也没顾上吃，就从家里跑来了，他摸摸猪的体温，扒扒猪的眼皮，钳开猪的嘴巴，说："不碍事的，是中暑了。"说完，就跑回家拿来些草药给猪灌进去。不大工夫，猪就好了。张思德和小杨很高兴，俩人商量，白天走天气热，猪容易生病，夜里凉快，猪愿意走。天一黑，俩人又赶猪上路了。临走，张思德把药钱和一张感谢的字条压在老乡家窑窗前的药碗底下。

当老汉发现药钱和字条时，张思德和小杨他们已经走出10多里路了。

这一夜，张思德和小杨赶猪走了几十里。渐渐地东方开始发白，山村、树木显露出模糊的轮廓。20多头猪你拥我挤地朝前走着。

"哎呀，班长你看，"小杨忽然发现有一头猪系着脖圈，叫起来，"准是赶错了老乡的猪！"

张思德听小杨这么一说，立刻把猪仔细清点了一遍，果然多了一头。

“怎么搞的?”小杨直跺脚。

张思德说：“昨天在村里休息，咱不是把猪圈在老乡家的圈里吗，准是赶出来时天黑看不清，把老乡的猪也一块轰出来了。”

“老乡少了头猪一定很着急。”

“是呵，怪我们工作不认真。”

“怎么办?”

“马上送回去!”张思德没有多说，他叫小杨在前面的村子里休息等候，自己赶上那头猪就往回走。

这头离了群的猪很不好赶，东掠一嘴草，西拱一口地，要不就横着撒起欢来。为了赶路，张思德就从路边拔些猪爱吃的野草，走在前面，边走边撒，一会儿工夫，猪就“听从指挥”了。

走了一段路，猪跑的速度忽然慢下来，细心的张思德发现猪的一只腿有点破了，他蹲下来一看，原来由于跑的路多，蹄子磨坏了，怎么办?这前不着村后不着店的，到哪儿去解决这个问题?他灵机一动，在四川家乡的时候，不是有人给牛穿过草鞋，现在不是同样也可以给猪打草鞋穿吗?想到这儿，他立刻从路边找些马两草，编起山梨大的圆窝窝，又从袖子上撕下一条布，垫在里面，往猪蹄子上一扎，嘿，猪穿上“草鞋”，又欢欢喜喜地跑了起来。

一路上，张思德对这头猪照料得更精心了。路过村庄，他找来泔水，用自己的钱买了一些黑豆放在里头，让猪吃个饱；遇见小河，他撩起清水，让猪洗个澡。快到晌午了，他怕猪中暑，把猪引到树荫下遮阳。

就这样，张思德紧赶慢赶，终于在下午把猪赶到老乡家。他一见这家的主人就说：

“老乡，是我们粗心把您的猪赶跑了，实在对不起了！”看着这个一脸尘土、一身汗的八路军战士，再看看眼前自己这头欢蹦乱跳，吃得圆滚滚，蹄子上还穿了草鞋的猪。老乡拉住张思德的手，激动地说：“同志，你受累了。”

“不，我们没有把工作做好，应该检讨。”张思德真诚地说，他把猪轰到圈里，又一次向老乡道歉。

赶错了一头猪，在一些人看来，能算多大的事？但张思德他们从群众的角度考虑，这就是天大的事；及时把这头猪送回去，也不是什么大事，但如果没有群众利益第一的思想，要在第一时间顶着烈日把一头到处乱跑的猪送回去，总能想出许多的理由来避免这个“麻烦”。为人民服务，为的是人民的利益。

把人民群众的利益放在第一位，这种思想觉悟是从哪里来的？张思德之所以能够一切以人民利益为重，树立起全心全意为人民服务的理念，除了组织的培养、革命队伍里同志们的帮助以及他个人不断学习体悟以外，党的领袖的言传身教也非常重要。

有一天清晨，警卫员正在为毛泽东站岗，隔壁群众家的一只母鸡生蛋后越墙而入，在毛泽东的窑洞前咯咯咯地叫了起来。警卫员知道，毛泽东彻夜工作，黎明时分才刚刚入睡，一旦被吵醒便很难再入睡。因此，保证他的睡眠便成为警卫人员的一大任务。这只“不识时务”的母鸡极力夸耀自己的功劳，甚至还想着能不能被犒赏一把米，叫声越来越大。警卫员急忙去赶那只鸡，那鸡却与他兜圈子，不愿离开。警卫员急了，捡起一块小石子扔了过去，刚好击中母鸡，受到惊吓的母鸡一连串惨叫，如同被鹰袭击了一般，扑腾着翅膀跳过墙去了。外面巨大的声响惊醒了毛泽东，他走出门来睡眼朦胧地低沉着声音厉声责备：“刚才是谁在撵鸡？你们知不知道？母鸡生蛋后最容易受到惊吓，你们这一撵，鸡受惊后一周都不下蛋，老百姓的油盐酱醋钱到哪里去找?”

毛泽东生气了，不是因为被打扰睡眠，而是因为自己身边的人损害了群众利益。警卫人员因此而接受了最直接的教育：怎样才算群众利益放在第一位?就是要像毛泽东一样，即使是睡意朦胧状态下，也下意识地、不知不觉地想着群众利益。据说，这位当事的警卫员就是张思德。

为人民服务是一场接力赛，张思德走了，千千万万的共产党人接过了他的接力棒，取得了民族独立与人民解放斗争的伟大胜利，为人民谋取了翻身与解放；张思德走了，雷锋接过了他的为人民服务的接力棒，在服务群众的凡人小事中让一种精神永放光芒，把为人民服务具体化、时代化为人人可为的好人好事，造就了千千万万的活雷锋。再有后来的焦裕禄、孔繁森……为人民服务，在共产党人的心田里根深叶茂。

为人民服务，从延安时期到今天，再到明天，既是共产党人的宗旨，更是共产党人实实在在的行动!

三、把群众的利益放在第一位

1943年，毛泽东在中共中央西北局高级干部会议上作报告，在谈到发展生产时，特别强调合作社的贡献，认为边区在发展生产上来了一场革命，那就是采用合作社的方式，把公私劳动组织起来了，发动了群众的生产积极性。合作社的性质就是为群众服务，就是要处处想着群众，为群众打算，把群众的利益放在第一位。

合作社把群众的利益放在第一位，许多时候工作是不管分内还是分外的。在下乡走村串户服务群众过程中，延安南区合作社主任刘建章发现，南区梢元梁村村民的饮用水不好，人吃了容易得病。刘建章听了以后就记在心里，挑着货郎担子去梢元梁村，一边送货上门，一边查看群众的吃水情况。通过实地查看，他发现这里的群众吃的水是树木丛中流出的，俗称柳根水，许多人因此得了柳拐子病，走路不便，生产劳动很受影响，不少人因此陷入贫困之中。看来，不卫生的饮用水是威胁这里群众生命健康的重要因素，必须帮群众另找水源。

刘建章与同行的其他合作社干部商量后，决定暂时留下来，帮这里的群众寻找新水源。他们东刨西找，到处寻找合适的水源，一连几天，连一点水的影子也没有找到，有些群众看到这种情形，情绪更加失落，流露出失望的神情。有的老年人便说：“老刘呀，咱命苦，天生下来受罪吃柳根水！”刘建章反复给群众解释、宣传：“咱们不能讲命靠天，在共产党领导下，要破除迷信，靠我们的双手改变乡村面貌。”刘建章他们没有灰心，仍旧一如既往地在村前村后寻找、挖掘。功夫不负有心人，经过多天努力，他们终于找到了一处干净水源。消息一传开，村里男女老少都乐开了花，大家像过年一样走出家门，兴高采烈地涌向泉水旁，连声感谢老刘他们为群众办了好事。

1943 年 11 月 13 日，在中直、军直第二届生产展览会开幕式上，毛泽东欣然命笔，为展览会题词：“群众生产，群众利益，群众经验，群众情绪，这些都是领导干部们应时刻注意的，庆祝今年生产的胜利。”关注群众利益，关注群众的情绪，把它作为一种要求提出来，不是说说就算了，而是以实实在在的行动作出示范来，从中央到地方，从领导干部到普通工作人员，时时刻刻把群众利益放在第一位的做法在党内和执政队伍里蔚然成风。

人民群众如果有情绪，总要借助某一机会发泄；为群众情绪所“伤”者，如果只是满足于“处理”发泄情绪的群众，而不是深入调查研究，了解人民群众何以会有这些不良情绪，就只会拉大党与人民群众之间的距离，就会增加双方之间的隔膜，最终导致党群关系的紧张与对立。关注群众情绪，分析研究导致群众某种不良情绪的原因，改进相关工作以缓和人民群众的这种情绪，延安时期共产党人有着成功的实践与经验。

有一次，中央社会调查部部长康生送给毛泽东一份《情况汇报》，反映清涧县一个农妇因丈夫被雷击死而心生不满，逢人便骂“共产党黑暗”“世道不好”“政府官僚横行”等，社会调查部已经将这名妇女押送延安，拟审讯后交法院严惩。

毛泽东看完材料后很激动：“不能这么做嘛！打骂之事，是民间常有的，大部分是因气盛所致。为什么生气？人家死了人，出了事嘛！迷信不可信，这是个教育问题。”他对社会部的人说：“设立社会调查部，不是设立几个官位就算了。不作调查，不加以了解，不认真研究，就随随便便地抓人、捆人、杀人，这是国民党的黑暗做法，是反动派在旧中国长期以来所搞的一套官僚做法啊！如果单就这一点而论，我看，人家骂得多少有些道理呀。”

于是，毛泽东叫来军委总部的保卫部部长钱益民，让他把骂人的妇女找来，他要当面了解情况。农妇随着钱益民踏进毛泽东的窑洞时，神色十分慌张。毛泽东见他们进了门，忙迎接道：“你不用怕嘛，请坐、请坐。没什么好招待，就几个枣，还是你们陕北人民辛苦的汗水浇种的。吃点、吃点吧。”毛泽东的和蔼态度让农妇渐渐不再紧张，她定了定神，轻轻地坐在椅子上，与毛泽东一问一答地拉起了家常。

“家里有几口人？”

“六个哩，咱男人的娘，七十哩；咱男人四十七，他……”提起死去的丈夫，农妇不禁抽泣起来。

“不要难过了。他这么死了，我们也很难过。听说他是个好庄稼把式，人很能干。这些，我们政府在追悼他时要表扬的嘛。”

在聊天的过程中，农妇终于弄明白，和她谈话的人正是她骂过的毛泽东，并且还受到如此热情的招待，内心一下子崩溃了，她突然跪下来痛哭流涕：“毛主席，咱不好哩，咱不该骂政府，不该骂您，咱有罪哩，咱该枪毙。”

毛泽东慌忙扶起农妇说：“妹子，你不用难过嘛！不要这样。我们不会枪毙你的，我已经批评了地方干部和延安的执法部门。老百姓有具体困难，不给解决就该挨骂嘛！我今天同你谈谈，你不用害怕，要对我讲真心话，究竟有什么困难克服不了才骂政府的？你只有说心里话，我们才是一条心嘛！”

在毛泽东的鼓励下，这位妇女才倒出了她的心里话：“咱有三个娃，大的才十岁，小的才三岁半。地里庄稼，靠咱男人顶着，咱男人的娘，是个瘫痪人，住的两孔窑，靠近沟边，一发水就涝了。说打孔新的，至今没有劳力，也没钱雇人。是共产党来了，咱开始有了五亩地。头两年还好，打的也吃不完。这两年，村里的官、乡里的官、县里的官，都不管咱的死活嘛！要公粮还骂咱男人，连老娘也骂上！”

“你们村里像你这样的困难户多吗？”

“咱那沟畔里20来户人家，就数咱家穷苦些。不过，缴不上公粮的，这两年也不止一家，还有张家、王家，不少于五家哩！”

“村干部、乡里干部真的骂人？”

“毛主席，咱妇道人家可不敢撒谎，咱要说假话，你就枪毙咱。”

“我相信你。”

农妇讲到最后，希望能放她回去。毛泽东马上答应，他让钱益民和一名干部进来后说：“马上送这位妇女回家去，记住，去清涧的人，要带上公文，讲明这位妇女没有什么罪过，还是个敢讲真话的好人，她对我们共产党和政府讲了很好的意见，要对当地政府讲清楚，要对她实行具体的特别照顾。清涧的公粮问题，边区也应当做一次认真的调查研究，该免的要免，该减的要减，不能搞国民党反动派那一套，搜刮民财，不顾老百姓的死活。还有，社会调查部要对这次捕人作出深刻反省。”

群众情绪背后是真实的民意，体察民意才能真正走近群众，才能了解群众的所思所想，才可能想群众所想、急群众所急。延安时期的共产党人，他们听到群众的骂声后，也有情绪上的不良反应，也采取了一些不当措施。但是值得庆幸的是，中央及时纠正了这种不正确的做法，听到群众骂声后首先深入了解实际情况，然后深刻反思反省，不断改进思路与规章制度，从群众情绪中体悟群众的利益趋向，努力维护群众的利益。

关注群众利益，大事小情都很重要，即使是点点滴滴的小事，一件一件做起来，一件一件做实了，共产党人的亲切形象也就在群众心中扎下了根。共产党人将人民群众忧心的事情看在眼里急在心上干在手上，一级带着一级干，一级做给一级看，将群众始终放在心中最高位置。

就拿任弼时来说吧。1943 年的一天，任弼时外出归来时天已经很晚，没想到在半道还遇到许多老乡正荷锄而归。任弼时关切地问："大家好啊！怎么这么晚了才回家？"

"没办法呀！"一个赤脚老农回答，"今年田里的草来势太猛，锄都锄不退，咱们恨不得拖住日头干活呢。"

"哦！"任弼时听了若有所悟地轻轻点头，接着又问："那，现在活干得怎样了？"

"唉，还差得远哪！"老农无奈地摇摇头，不由得叹了口气。

望着老农们远去的背影，任弼时没有直接去枣园而是策马向农民们干活的地方奔去，借着霞光察看庄稼情况。

到了第二天，太阳刚刚露头，农民们已经在田里锄草了。突然，大路上人声鼎沸，只见一大队干部和战士们扛着锄头从枣园走来，显然是冲着这片田里的荒草来的。人群之中，任弼时戴着一顶草帽，脚穿草鞋，扛着一柄锄头，俨然一副老农打扮。

当农民们弄清楚干部战士们要帮自己锄草时，纷纷跑到路上来劝阻说："这怎么能行呢？你们都是办公家事、办大事的，这点小事可不敢烦劳你们。"

任弼时说："生产劳动就是公事和大事啊！"他握着村长的手说："村长，今天和老乡们一起锄草抗旱，我们可能锄得不好，请你们多指导。"

在锄草过程中，任弼时一再叮嘱战士们说，要注意锄下，不要图了数量没有质量，千万不能把禾苗给锄掉了。当然，也不能把莠草当作好苗留下来。任弼时锄得很仔细，遇到不好锄的草，他干脆弯腰用手去拔以防损伤禾苗。不一会儿，人们就锄去了一大片草，每个人也都热得汗流浃背了。这时，农民赵占山上前招呼任弼时："首长，您歇歇吧。"

看到大家都干得有些累了，任弼时便招呼战士们都歇一会儿。在一棵大树下，任弼时一边休息，一边向坐在他周围的群众询问他们的生产生活情况：一亩地可以打多少玉米？好地打多少粮食，坏地打多少粮食？收的粮食可吃几个月？其余几个月怎么办？还能搞些什么副业不能？喂猪的饲料怎么解决？看到这位小胡子首长如此随和，老乡们也就不再拘束了，你一言我一语地谈了起来。任弼时这个中央的"大管家"，又扳着手指头为群众的生产生活进行安排：冬天如何合理安排，春荒怎样度过等。他说，一定要搞好家庭副业，喂鸡、养羊，还可以种一点烟叶。这样一来，每年最少可以收入两至三个月的粮食以补贴家用。请客送礼这事不要搞了，过日子要节俭，村里的干部要起带头作用，让大家把钱用到解决生活中存在的困难方面去。到了冬天农闲季节，大家可以组织起来找点活干干，比如到山里去烧炭或去背煤，这样一天也能挣不少钱贴补家用。要是遇到大雪天不能出工，大家还可以在家编编草垫子、草席子等，这样也能换回两三个月的口粮。

听着任弼时娓娓道来，村民们越发感觉到惊奇：这么大的官，还能这样熟悉农民的生活，这样贴心地为每家每户着想。如果他当农民，一定是个过日子的好手。等到收工时，任弼时问大家："你们还有什么困难没有？"大家七嘴八舌地回答："没有啦，没有啦！"其实，群众的生活中并非再没有别的困难了。通过平时的观察与了解，任弼时知道枣园一带的农民们求医看病还很难，他也在思考如何缓解他们这方面的困难。

此后不久的一天晚上，曾与任弼时一起在树下聊天的农民赵占山家人病了。这病来势凶猛，可外面天黑道滑，请医送医都不好办，赵占山急得团团转。无奈之下，一边让家人通知村长，希望能组织人帮他运送病人，一边把门板拆了下来，准备做成一个简易担架，连夜把病人抬到十几里远的医院去。

一家人正在忙乱之际，院门“砰砰砰”地响了起来。

家人腾不开手去开门，隔着院子大喊：

“谁呀？”

“是我们，医生！”

一听说是医生，赵占山不禁一愣，这半夜的哪里来的医生？他急忙跑出去开门，拉开大门一看，果然是两位医生：他们身穿军服，背着药箱，汗水打湿了军帽与衣服。医生一边擦汗一边着急地问：“老乡，是你们家有人生病吗？”

赵占山既激动又好奇：“是啊，你们怎么知道的？谁告诉你们的？”

“是任弼时同志让我们来的。”

就在这时，村长也提着灯笼来了，他告诉赵占山，任弼时早就交代过村干部，这附近哪家有了病人，一定要告诉中央机关的卫生队，切不可耽误。当他听说赵家人生病了，就到枣园请任弼时同志派医生的。

医生们熟练地检查、治疗，很快就控制了这种民间常见病，病人的情况很快就好转了。医生们耐心地讲了后续注意事项并留下足够的药品，然后就告别了。临走之际，他们告诉老乡：“弼时同志已经说了，以后老乡来请医生，我们必须随叫随到。老乡们千万别客气，有情况随时来找我们。”

关心群众利益，把服务群众的工作由个人的觉悟变成一群人的自觉行动，除了任弼时，延安时期的中央领导同志几乎每个人都是这方面的模范。无论是相对和平环境里对群众生产生活无微不至的关怀，还是战争环境里对群众生命财产的高度关注，都能体现出共产党人把群众利益放在第一位的可敬风范。

比如，在转战陕北的路上，周恩来除了关心战局及纵队的安危，还时时刻刻关注群众的生命财产安全，关心群众的生活疾苦，尽可能减轻群众负担、保护群众利益。在横山石湾时，尾随的敌人很快便追上来了，已经距石湾很近了，负责转移物资的区委同志担心粮食草料不能及时疏散，想要一把火烧掉。周恩来知道后急忙制止："不能烧，一粒粮、一根草也不能烧！"他一边指示工作人员一起动手，赶快疏散，一边四处走动，到老乡家里查看，看看还有什么东西没有来得及疏散，当看到一户老乡的一口锅和一些坛坛罐罐还没有坚壁时，就对工作人员说，这些东西来不及转移，可以就地埋藏好，不然敌人来了都给你打烂了，稍后群众回来怎么吃饭？部队在这里只停留了一个小时，周恩来连饭也没来得及吃，一直指挥转移群众、疏散物资，临走时还一再叮嘱同志们，完成任务赶紧撤离，一分钟也不要耽搁。

到了朱官寨，看到有的老乡在煮南瓜吃，周恩来便找来县委书记张俊贤说："这里的群众遭受了敌人的抢劫，生活很苦，县委的同志要好好安排群众的生活，组织好生产，我们的生活不用你们管。"张俊贤带领县里的同志深入村户，开展互助互济，发动群众团结起来解决困难。县委机关灶上本来节余了一点粮食，准备送给中央领导，在周恩来的一再坚持下，全部用来接济困难群众了。群众的基本生活有了保障，周恩来等中央领导们吃着榆叶窝窝头却十分高兴，连说好吃好吃。

在神泉堡，正值秋收时节，群众家家户户忙着收庄稼。周恩来把"九支队"（中央纵队代号）同志召集起来进行动员："现在正是秋收的时候，要积极帮助农民秋收。人民经过敌人的抢劫，生活很苦。大家要爱护群众的一草一木，比如一个枣子，是很小的，你如果摘吃了，那就影响很不好。一个人做一千件、一万件好事，别人认为是应该的。要是做了一件坏事，也是十分不应该的，你们要多做好事，不要做一件坏事。”经过一番动员，中央领导便和机关工作人员一起上山帮群众开展秋收。有时路过枣树，红红的枣子成熟后掉落下来，同志们也不会随便捡食，而是把枣子拾起来，在树下放成一堆。当地群众看见这种情形，对这一支队伍越发敬佩与爱戴。

四、一切空话都是无用的

边区很穷，特别是陕北，似乎更穷，人们蜷缩在黄土高坡的窑洞里缺衣少食，卫生习惯也降到了极度自然的状态。因为日子过得贫苦，故而这里的劳动人民通常自谓“受苦的”。

相传，光绪皇帝特使、翰林院大学士王培棻奉命考察陕北，回到京城后写下了《七笔勾》：

万里遨游，百日山河出尽头，山秃穷而陡，水恶虎狼吼，四月柳絮稠，山花无锦绣，狂风阵起哪辨昏与昼，因此上把万紫千红一笔勾。

窑洞茅屋，省上砖木措上土，夏日晒难透，阴雨更肯露，土块砌墙头，灯油壁上流，掩藏臭气马粪与溲，因此上把雕梁画栋一笔勾。

没面皮裘，四季常穿不肯丢，纱葛不需求，褐衫耐久留，裤腿宽面厚，破烂亦将就，毡片遮体被褥全没有，因此把绫罗绸缎一笔勾。

客到久留，奶子熬茶敬一瓯，面饼葱汤醋，锅盔蒜盐韭，牛蹄与羊首，连毛吞入口，风卷残云吃罢方撒手，因此上把山珍海味一笔勾。

堪叹儒流，一领蓝衫便罢休，才入了黉门，文章便丢手，匾额挂门楼，不向长安走，飘风浪荡荣华坐享够，因此把金榜题名一笔勾。

可笑女流，鬓发蓬松灰满头，腥膻呼呼口，面皮赛铁锈，黑漆钢叉手，驴蹄宽而厚，云雨巫山哪辨秋波流，因此把粉黛佳人一笔勾。

塞外荒丘，土鞑回番族类稠，形容如猪狗，性心似马牛，嘻嘻推个球，哈哈拍会手，圣人传道此处偏遗漏，因此上把礼义廉耻一笔勾。

《七笔勾》，勾出了封建统治者的无情嘴脸，却勾不走人民群众的苦难，何时是个头？

即使是到了民国时期，这里未进行革命前，人民群众的生活依旧苦难深重。《陕甘宁边区实录》曾有记载：边区人民过去的生活是极其困苦的，许多劳苦大众只能以粥充饥，褴褛的衣服难以遮体，甚至在寒冷的冬天也穿不上棉衣，“一家人住在一个窑洞里，睡在一个炕上，全部家具财物有两个毛驴可以载完；有了病只能听天由命，一遇天灾人祸则流离饥饿，为匪为盗。同时由于经济文化的落后，人民中吸食鸦片，嗜好赌博的现象也很普遍，蓬头垢面，终身不洗澡的是很多的”。

革命以后，情形有所好转：不但剥削人民的帝国主义和封建军阀一起被赶走了，就连租、债、捐、税等也被一律取消了。但是，农民并没有得到喘息的机会，连年的反“围剿”战争，人们忙于打仗，不能安心生产；敌人入侵后，又总是杀人放火抢粮抢牲畜，企图以饿、冻等手段扼死边区军民。这样一来，那些流血奋斗、高唱战歌的农民，冬天还穿着破单裤，也没有毯子来御寒，居民把所有的财富都贡献给军队，也不过是几升小米和苞谷，或者是剩下的几只羊。如果你跑到农民家里一看，只是一间破窑，两只破缸，缸里什么也没有，炕上就是一堆土，靠煤火过夜。

边区政权稳固之后，进入了一个相当和平环境，有了发展经济、休养民力的难得机遇。这时候，我们的党员干部们应该怎样想、怎样干？

1942 年年底，在中共中央西北局高级干部会议上，毛泽东以书面报告谈论经济问题与财政问题，在谈到发展农业问题时曾说，如果我们的党与政府不注意动员人民并帮助人民发展农工商业，则人民生活即不能改善，抗战需要亦不能供给，其结果就是军民交困。军心民心如不能巩固，一切也就无从说起了。所以党与政府用极大力量注意人民经济的建设，乃是我们非常重要的任务。

从支持抗战的大前提出发，认真研究发展经济、改善民生的问题，把党员干部的注意力聚焦到发展经济以保障供给的同时，也就通过工作实践，把他们的立场引导到为群众的民生幸福全心全意服务上来。

在边区执政的同志们，他们到底应该怎样去做呢？有没有什么现成的榜样可学？有的，那就是延安县同志们的做法与精神。

毛泽东号召："我们全边区的同志必须学习延安县同志们那样用尽全力替农民谋利益，使农民很快的富足起来。农民愈富足，则其交纳一个固定数目的公粮也就愈觉得不在意下，愈觉得共产党、八路军、边区政府是和他们完全一致的，分离不开的。"

实际工作中，一些同志的工作成绩和工作方法，无论怎样打扮都难以让人赏心悦目。因此，毛泽东不得不大声疾呼：一切空话都是无用的，必须给人民以看得见的物质福利。我们还有许多同志的头脑没有变成一个完全的共产主义者的头脑，他们只是做了一个方面的工作，即是只知向人民要这样那样的东西，粮呀，草呀，税呀，这样那样的动员工作；而不知道做另外一方面的工作，即是用尽力量帮助人民发展生产，提高文化。……我们的第一个方面的工作并不是向人民要东西，而是给人民以东西。我们有什么东西可以给予人民呢？在目前陕甘宁边区的条件说来，就是组织人民、领导人民、帮助人民发展生产，增加他们的物质福利，并在这个基础上一步一步地提高他们的政治觉悟与文化程度。

如何才算是领导人民、帮助人民发展生产？发几个文件，开几次大会，提一些口号，是不是这样就是做了给人民东西的工作了呢？不，绝不是这样。毛泽东强调，为了做好给人民东西的工作，即领导、帮助人民发展生产，我们应该不惜风霜劳苦、夜以继日、勤勤恳恳、切切实实地去研究人民中间的生活问题、生产问题，耕牛、农具、种子、肥料、水利、牧草、农贷、移民、开荒、改良农作法、妇女劳动、二流子劳动、安家计划、合作社、变工队、运输队、纺织业、畜牧业、盐业等重要问题，并帮助人民具体地而不是讲空话地去解决这些问题。

从耕牛、农具、种子到畜牧业及盐业，列举这么多，绝不是为了显示其耐得啰唆，而是从言辞间传递出具体地研究和对待这些事关人民群众切身利益的问题。

以延安南区合作社为例，或许能够从一个侧面了解当时延安县的同志们是怎样为群众利益勤勉工作的。

南区合作社不拘成规，把它的事业发展到全体人民经济生活的各方面，它组织了纺织、榨油、制毡等6个生产合作社和一个拥有100余牲口的运输队，把发展的重心放在社员群众的利益上，尽量将盈利分给社员，不限制股份的红利，不论社员股金多少，一律照股分红；不限制社员对股金的处理权利，每个社员都有随时退股的自由；也不限制社员资格，各阶层人民群众都可加入，机关社团也可以加入；也不一定非要现金入股，当它还未在群众中有完全信仰时，它允许人民用公债券、储蓄票入股，以扩大股金；当它在群众中拥有较高信仰时，群众要求入股无钱时，它号召群众可用一切有价实物入股，如粮食、牲畜、鸡蛋、柴草等，人民感到很方便。

南区合作社真正面向群众，真正替人民谋利益。每年春耕时，事先从韩城等地运来铁铧，以比市价低的价格卖给农民；它组织各种生产事业，安置工作人员家属，吸收失业工人，招收学徒，解决群众工作难题的同时，还保障了事业不断扩大、赢利，保障当地群众日用必需品的供给，增加了人民群众的收入；组织 800 多名妇女参加纺织，每月可纺 1400 斤，每月增加收入 70000 元；它的消费合作社完全为了方便百姓，不仅使群众买东西少走冤枉路，还要比城市商店的商品便宜不少钱。

在各个方面，在各个生产领域，群众的生活都在向好的方向发展，但也并不是一帆风顺。

革命后一段时间，特别是进入抗战相持阶段后，边区人民的生活有了很大的改善。经过两年的经济建设，一般民众生活已经达到够吃够穿的程度。一般来说，抗大的伙食要算比较好的，然而据抗大一个采买员说，他走了几十里路经过了几十户人家，他们都比抗大吃得好些。边区人民的生活从废墟上发展起来，人民不但恢复了残存的家园，而且逐渐的繁荣起来。三分之二的农民有了耕牛，衣服已经不是从前那样破烂，在财富日益增长过程中，农民的日子一年比一年好，以前的许多贫农、雇农，都已经上升为新中农或者富农了，而中农成了乡村的主要成分，这时的中农、贫农也和过去不一样了，如华池某村，过去的富农也就是有雇工 1 人、耕地 50 垧、收获 34 石、牛 7 头、羊 80 只、驴 2 头，如此而已；而当时该村的一户中农，雇工 2 人、耕地 50 垧、收获 40 石、牛 7 头、羊 98 只、驴 2 头，其生产生活显然全面超越了过去的富农。

到了皖南事变前后，敌人对边区采取了日益严密的经济封锁，物价飞涨，边区人民的生活产生了很大的困难，一般来说，法币兑边币的黑市到了 1∶3，而且还在向上波动，边币下跌，引起物价高涨，造成了人民生活不安。延续到 1942 年下半年，物价总指数涨了 19 倍多，金融则涨了 4 倍多。边区出去的东西，在边区很便宜，一到外面就贵；外面的东西进来，一到边区就非常贵。再加上自然灾害的影响，群众的生活更是雪上加霜，一些地方甚至吃粮都困难。

中央和边区政府一面积极赈灾，一面发动群众开展生产，经过几年，特别是经中共中央西北局高级干部会议之后，边区经济有了巨大发展，基本的生活资料如粮食、棉布等都自给有余。在干部战士们的帮助下，在党的政策的引导下，特别是组织变工队等，在边区人民群众的努力下，生活有了很大改观。例如，1943 年提出的“耕三余一”的号召虽没有完全实现，但家家有余粮则已完全做到。

人民是不是得到了实实在在的经济利益，我们还可通过一个雇农马大家庭收入的前后对比来加以考察。

1939 年时，马大全家 9 口人，4 个全劳动力，2 个半劳动力（婆姨和父亲只能算半劳动力），3 个小伙子种地 20 余垧，收成不大好，也不减租与地主对半分，只能分五石多粗粮（高粱、黑豆、少部分小米）。除去归还春天的借粮外，所余的粮食，一年到头吃高粱“测测饭”（高粱不去皮）还不够，没有穿过一件新衣裳，一件棉衣穿过三四年，补了又补。过新年买 5 升软米蒸糕、1 斗黄米、几斤豆腐和 1 斤多肉，到了旧历新年的初三后就没有米了。

到了 1943 年，全家 7 口人，因马大和马三去给人揽长工，实际上在家吃饭只有 5 人，就连 2 个人上工前和下工后（此地习惯做长工的人在立春以后雨水节上工，到小雪节前就下工）的时间在家吃饭计算，也只有 5 个半人。全年的收入情况大为改观：马大工资 7500 元，马三工资 5500 元，二人合计 13000 元，折合小米 3 石 7 斗多。马大兄弟下工回到家后打窑背石头得工资 5000 元，父亲贩菜赚 65000 元，合计为 70000 元。因这笔钱来的时间不一致，粮价逐月上涨，以 4200 元 1 斗计，折合小米 1 石 7 斗。马大之妻纺线赚了布 10 丈 5 尺，每尺布以市价 250 元计，得 25000 元，以 4500 元 1 斗小米算，折合小米 5 至 6 斗。这样算来，马大一家全年总共收入折合小米约6石。

以这种收入情况，他们的生活情形好了许多：全年买小米约3石，黑豆约2石，混合起来吃（钱钱饭），有时还吃“捞饭”。1944年过新年时，他们还买了1斗多麦子磨面吃了“扁食”（饺子），买了2斗黄米蒸馍煮饭吃，8升软米蒸糕，还吃了4斤肉和2升豆子的豆腐，过年后还有米吃。除了吃得好，穿衣方面也不赖，全年4个大人和1个6岁的男孩都换了新棉衣。

边区群众生产生活的巨大变化，用铁的事实证明，共产党全心全意为人民服务，不是高喊的口号，而是广大党员干部不惧风霜辛劳、切切实实帮助群众发展生产、改善生活的实际行动。

第七章 鱼水

三大改造完成之后，中国的社会主义制度基本确立。展望未来，毛泽东十分警觉，他再次告诫广大党员干部：“党群关系好比鱼水关系。如果党群关系搞不好，社会主义制度就不可能建成；社会主义制度建成了，也不可能巩固。”

其实，毛泽东很早以前就把党群关系比作鱼水关系，这也是以他为代表的中国共产党人在长期群众工作实践过程中对党群关系认识的总结，更是其对群众深厚感情的具体体现。

延安时期，李维汉在文章中提出党群关系是鱼水关系的论断，毛泽东审阅该文时批注：“水可以没有鱼，鱼不能没有水”。

这是中国共产党人对党群鱼水关系认识的深化：没有水，鱼活不了，而党离开了群众，也就无法生存。

延安时期，广大党员干部响应中央要求，无论在什么问题上，共产党员都尽可能同群众相结合。每到一地，都能和那里的群众打成一片，都能细心倾听群众的呼声。他们在实践中经风雨、见世面，这个风雨，就是群众斗争的大风雨，这个世面，就是群众斗争的大世面。那些真正团结一致、联系群众的领导骨干，正是从群众斗争中逐渐产生的。

一、八路与七路半

“我们的八路军新四军是共产党领导的军队、革命的军队、人民的军队……它今天在全中国，也是一支最好的军队。我们的绝大部分干部与战士，为了人民与民族的利益，十余年未曾放下过枪，未曾停止过战斗，他们奋不顾身，坚持奋斗。这样的军队，是古今中外所罕见的。”这段话是朱德总司令在1944年元旦干部晚会上讲的，是对人民军队的高度肯定，也是对当时军队整风成果，尤其是对军队在开展拥政爱民活动中取得成效的肯定。军队拥政爱民，处理好党政军民关系，关乎军队的作风与形象、党的作风与形象，最终关乎革命的成败。

朱老总在晚会上说，我们军队里面的一部分同志忘掉了过去的优良传统，犯了一些军阀主义的毛病。这种毛病主要在于不尊重党的领导、不尊重政府的法令，和人民关系不好，脱离群众现象的滋长。这是一种严重的毛病，必须改正。朱老总的担心不是多余的，更不是捕风捉影的。

1939年冬的一天，留守兵团政治部主任莫文骅到警备四团检查工作，团长陈先瑞向他汇报了战士向老乡借锅借灶遭拒的事。

有一次，部队到某驻地后，人多锅少，做饭的家什不够用，派人去采购。但因路途较远，一时周转不开，便向周围的老乡去借锅。找了好久，好不容易找到一户人家，有一口锅闲置不用，放在墙根下锈迹斑斑。战士们便上前说明来意，希望老乡能借口锅给他们用一下。不曾想，老乡毫不犹豫地一口回绝说：“不行!”战士们劝解说，老乡别担心，我们用完后会还给你的，借给我们吧？老乡沉默了一阵，还是极为简单的一句话：“不行!”“你的锅闲着也是闲着，借给我们用一下有什么关系？”战士们不仅有点生气了，语气也变得生硬起来。老乡也有点生气了：“闲着也不给你们用，我就是扔了也不给你们用!”战士们真来气了，就说：“好啊，那你扔啊!”他们没有想到，这位老乡真生气了，他提起锅几步就出了院子。门外不远处就是一个池塘，塘中水没有多少，烂泥倒挺深，仅有的一点水已经乌黑发臭。只见老乡用力一甩，把那口锅使劲抛到了池塘中央，锅沿的一边砍进泥水，渐渐地就整个陷进烂泥中了。战士们看到这种情形，只好尴尬地走开了。

还有一次，有一个连队换防路过一个村庄，中途休息要用餐，但锅与灶都不够用，临时搭灶也太费时间，为了节约时间，他们决定向老乡借灶做饭。有一户人家，刚刚吃完饭，他们家做饭的灶台下的余火还在，只要在灶下再添一把柴禾、锅里面加点水就可以做饭了。看到这种情形，炊事班的战士甭提多高兴了，他们急忙向老乡打招呼说：“借你家的灶台烧顿饭吃好不好？”看到老乡面有难色，战士们开起玩笑说：“借你们的锅灶做饭吃，又不会把你家的锅灶也吃掉。”但是，老乡犹豫了一阵之后，还是摇头拒绝了。炊事班的战士眼看时间不早了，再拖下去就要耽搁行程了，便不管三七二十一，先抱了一把柴禾填进灶膛，添水下米，硬是做起饭来。他们心想：生米已经做上饭了，你不借还能怎的？可是，老乡被战士们这一举动着实激怒了。只见他怒气冲冲地抱了一团干草，爬上梯子，把灶台的烟筒堵得死死的。一时间，浓烟倒灌，灶膛里火势迅速减退并熄灭，几个战士也被浓烟呛得鼻涕眼泪齐下，咳嗽不止，这饭显然是没法做下去了。

类似的事情一再发生，战士们心里想不通："我们在前线流血流汗，还不是为保护你们的安全？到了地方上，你们就这样对待我们？"一时间，战士们的怨气很大，不断找领导反映。听了陈先瑞的汇报后，莫文骅也觉得事关军民关系，就写了一份较为详细的材料，上报给兵团领导，司令员萧劲光等最后将材料转给中央领导。朱老总看到材料后，也觉得地方上的群众做得太出格，就把材料转给边区政府、西北局并批评政府在教育、引导群众方面做得不够。西北局不服气，又向毛泽东直接反映情况，认为责任不全在地方政府，军队也有责任，指责军队不尊重地方党委、政府，不尊重群众，不遵守群众纪律等。毛泽东全面了解情况后，当着中央军委、西北局领导的面，严厉批评了留守兵团领导：军民关系不好，自己不检讨，还向中央告状？

军队是人民的子弟兵，军民关系出问题，老百姓不再善待自己的子弟兵自然事出有因，而这多半与军队的作风有关系，军队的检讨是必须的。在相对和平的后方环境里，军队的干部战士面临着新的考验，一些人的工作和生活作风出现了问题，军纪松弛、腐化堕落、欺压百姓等事的发生，给曾经亲如一家的军民关系注入了不和谐的音符。例如，西北局在表彰22位生产英雄的同时，也曾宣布惩处一批贪污腐化的军地干部，军队方面的一些干部的劣迹被刊登在延安的《解放日报》上：

王华亭　警备五团供给处主任。一、违犯政府法令：甲、蟌蜊峪他所管理的货栈莫不违法放赌，主持人为其亲戚王荣祥，并曾为刘某付赌账千余元。乙、纵容部下在晋西北买货，假冒留守处名义，拒不交税。二、违犯军纪，仗势欺人：甲、蟌镇市民李某驱逐房客土婊"洋水糖"搬家，因王与"洋水糖"有来往，忿而强征李某房屋，口称装货，并将李某用皮带抽打，用手枪威胁。乙、因口角，将同事王坚随意捆绑。丙、纵容部下，仗势打人。三、敲诈商人：为商人包庇走私复赖不还账，竟以死马抵还，商人损失万余元。四、贪污腐化：甲、嫖婊子；乙、赌博；丙、大修窑洞，已成三间，合现时法币二万余元；丁、小孩过百日，请客六十余人，老百姓送吹手，收礼千元。五、滥用人员，麻木不仁；属下分子复杂，暗藏有破坏分子，为害边区，仗势欺人。现王华亭已开除党籍，撤职，军法处看押审讯中。

王鸿荣　三五九旅骑兵大队长，一九四一年初王鸿荣即曾因以下错误被撤销大队长的工作：一、在瓦市破坏法令、包办赌博，以供其挥霍并参加聚赌。二、在破坏分子旁边，公开讲说部队番号和部署。三、常在家居住，对部队工作和生产工作放弃不管。四、自高自大，说没有他骑兵队就要垮台。五、借公款私人生产，账目不清，贪污千余元。经在训练班受教育后于年底复职，仍不改悔，更犯以下罪过：一、一年中大吃大用，直接贪污二万元，以公款资助其岳父生产，致富四五万元。二、吞没货物四五万元。三、最近部队改编，与政委黄炜通同作弊，对上级隐匿公草二十万斤不报，部队资金二三十万元报告有十余万元，企图饱其私囊。

黄　炜　三五九旅骑兵大队政治委员。他前在九团工作时即曾贪污公款数百元，任政委后，在瓦市口防时结婚用费七八千元，衣着耗费，最近更伙同王鸿荣匿报公粮及公款。

军队一些干部的劣行不但破坏军纪，也在地方群众中间产生了极坏的影响，及时整顿刻不容缓；军队的普通士兵们在日常生产生活中与群众相处时，不注意细节，不遵守纪律，也是直接招致群众不待见的重要原因。

有些战士，生产生活中借老乡的生产工具、生活用具的事时常发生，但是个别人只借不还、损坏之后也不给予赔偿，一来二去，老乡们就不愿意借东西给部队了。群众哪管是张三还是李四干的，反正都是你八路军，欠群众的人情、物品债就这样记在部队身上了，恶果也可能回报在一些完全不相关的部队身上，结果就是军民两厢都在叫屈。还有，为了补充供给之不足，有些部队在驻地自己生产，部分保障供给，这是减轻老百姓负担的好事。可是，细节处理不好，好事就可能变成坏事。比如，有些部队开荒种地，结果可能把老乡看中的好地块（肥沃平坦点的、交通便利一点的）开掉了，甚至把老乡正在种植的，或者轮休的二茬地开掉了。再有，有的部队为了提高自给，也在搞多种经营。他们发现，在交通要道开大车店的群众挣了不少钱，便加入这个生意行当中，也开一家店。两家店自然在经营上有所竞争，部队的店成本是公家的，打价格战自然是有恃无恐，把价格一压再压，直至对方破产关门大吉为止。

俗话说，好借好还，再借不难。只借不还，再借时自然不会有好脸，这是军民交情下滑的一个原因；另外，生产中的与民争利，让群众产生了怨恨情绪，所以一些人采取了较为极端的做法。从这个角度来分析，借锅遭拒、借灶被堵烟囱的主要原因就找到了。

找到了原因，事情就好办多了。留守兵团迅速对症下药，出台了《留守兵团司令部及政治部关于拥护政府爱护人民的决定》，强调，边区政府是边区人民和边区部队自己选举出来的政府。它的一切措施，均是为了人民、为了抗战利益的，所以它是一个模范的民主政府。在边区物质极困难的情况下，边区政府领导人民积极生产，征收救国公粮，帮助军队解决粮食被服困难，支持前方抗战。边区部队之所以能够发展与巩固，是有赖于边区政府的扶植和领导的。

边区人民，是经过长期革命斗争的，他们响应政府号召，积极参加生产，缴纳救困公粮，为军队、为抗战，尽了应有的力量。边区军队与边区人民，像鱼和水一样，是分不开的，军队脱离了人民，就无法打胜仗、无法存在。边区部队之所以能够存在与发展，就是有赖于边区人民的拥护与帮助。

边区政府是革命的政府，边区人民是很好的人民，这样的政府与人民，我们军队应该拥护它、保卫它、爱护它。拥护政府、爱护人民，是我们革命军队的责任，是响应党的领导的具体表现。过去，军政民关系出现了某些不融洽的现象，军队方面应负主要责任，必须深刻检讨，彻底纠正。于是留守兵团制定并公布了拥政爱民十二条规定与《留守兵团拥政爱民公约》：

一、服从政府法令；

二、保护政府、帮助政府、尊重政府；

三、爱惜公共财物；

四、不侵犯群众利益；

五、借物要送还，损坏了要赔偿；

六、参加生产，减轻政府和人民负担；

七、帮助人民春耕秋收和冬藏；

八、帮助人民进行清洁卫生运动；

九、了解民情风俗，尊重民情风俗；

十、向人民宣传，倾听人民意见。

十二条规定与《留守兵团拥政爱民公约》一出，军人们雷厉风行的特点便表现出来了，他们严格遵守制度，模范履行公约，谱写出一个个拥政爱民的新篇章。

以三五九旅部分官兵为例。

驻扎在临镇的某连，看到一家抗属（抗日军人家属）的谷子熟了也没人收割，就利用星期日的一个下午，动员全体同志，一阵生产冲锋，就把这家抗属的四垧多地给收割完了，一直背到该抗属的家里。直到这时，这家人才知道自己发愁的事已经被战士们办完了，激动得直掉眼泪。

在姚家坡，有一个老婆婆一个人孤独度日，没有人担水背柴，生活非常困难。炊事员王升富知道了，便利用自己的闲暇时间，经常给老人挑水送柴。老人感激之余，也把王升富当作自己的儿子一样疼爱。老太太经常对人说："就是我的亲生儿子，也不会对我这样好哇!"

还有，一个连队驻扎在石村，看到一户群众没有牲口，不能送公粮，他们立即帮助背送到金盆湾区政府，使政府和百姓深受感动，都说这是天下少有的事。

某连派出一个班的战士到林家沟一带去砍柴，住在一个木匠的窑里。不久，木匠要给他的徒弟娶媳妇，便给战士们谈，想暂时拿窑作新房用。木匠只有两孔窑，实在没办法才向战士们开口。他原以为战士们是不会答应的。可是他没有想到，战士听说后，干部们一商量，立即搬了出去，到别的地方挤着住去了。而且，他们还凑了40元礼钱，给木匠去贺喜。这件事完全出乎木匠的意料，办完喜事不久，木匠便高高兴兴地又请战士们回去住。这样一番"倒腾"，他与战士们便无话不说了。他说，队伍未来之前，有些人曾说，队伍怎么怎么凶，怎么怎么不好，现在看起来完全不对呀！此后相处的日子里，木匠经常给战士们送酒送肉，但他们全不吃，照样给送回去。过了些日子，木匠的邻居家死了人，请木匠做棺材。按照当地人的习俗，做棺材一定要在好窑洞里。战士们住的正是木匠家最好的窑洞。这一回，因为双方关系非常融洽，木匠实在不好意思再让战士们搬家，显得十分尴尬。战士们看出房东肯定有什么为难的事，便从别的老乡那里打听到内情，立刻自动搬离了。村子里的老乡惊诧不已，见面时窘迫地不知道说什么好。棺材做好了，死人也入了殓，但祖坟在山上，家里只剩下女人和小孩，没人抬棺，村里也没有壮劳力可帮这个忙，只好决定就埋在山下。人死了却无法葬入祖坟，这在家属们看来是多么痛苦的事啊，他们异常悲切的哭声让每个人的心里都很难受。这时，全班战士们开了一个动员会，大家决定帮这家人把棺材抬到山上的祖坟去，没人计较什么晦气不晦气。这一举动，让林家沟的老人们都感动得直落泪，一个劲儿地念叨哪里有这么仁义的军队啊！

砍柴任务完成后，连里调这个班的战士回去，老人们哭着苦苦挽留不住，便把村子里仅有的 3 头毛驴牵来给战士们驮行李。这回可轮到战士们为难了，他们怎么解释老乡都不听，非要用牲口把他们的行李送到 40 里路以外的部队驻地不可。战士们实在没有办法，直到说出如果让老乡送回去，连长和指导员一定会严厉批评并处分的，老乡们这才勉强把牲口牵走了。到了春节，林家沟老乡们跑了 40 里路去给他们拜年，这个班的事迹才为全连所知晓。

战士们亲民爱民，尽可能地为群众办实事办好事，作风上有了极大的改观，群众对军队的看法和态度自然也有了惊人的变化。正月里，旅政治部派人到附近各乡给老乡们拜年，同时也借此调查统计各团与旅部直属机关借群众东西及归还情况。在麻洞川，人们聚集在合作社的院里，干部代表军队向老乡们道歉："老乡们，军队上多打扰你们了，请老乡们原谅，有违反纪律的，老乡们可把他送区政府，军队上一定严加制裁。"村主任说："什么事都是一个巴掌拍不响哇！军队来拜年，又道歉，咱们可承受不了呀，也得自我批评批评哩。实在说，你们是扛枪的八路军，我们也是扛镢头的八路军！我们老百姓里也有不少不好的，捣蛋的……"借物登记完成后，干部们向老乡宣布："这次登记起来的东西，有原物在，一定马上还原物，没原物了，也作价还钱。"

到了下午，军队代表又到几家抗属家里去看望，给他们讲"优抗条例"，询问他们的困难。每家人都十分惊异："队伍给我们拜年？太足劲了，真是千百年没见过的事！"一户一户走下来，天渐渐晚了，一家抗属便留他们吃晚饭，同志们挣脱手要走，老主人便有点恼怒，生气地说：

“嫌饭菜不好吗？都是现成的东西，干什么这么客气？你们军队上请我们时，七个碟子八个碗的，又是烟又是茶，我们这一点家常便饭还不给面子！”同志们只好勉强坐下来，只见酸菜粉条端上来了，烧酒也烫好了，油馍大米饭全端上来了。“你们是八路，我们也是七路半呀，用得着这么客气！你们的医生给老百姓看病，你们到处都帮助锄地、秋收，老百姓是长着眼睛的，分得出黑白好歹。”

二、决不能够特殊化

在《延安一月》一书中，赵超构介绍了延安的标准化生活。依据标准，延安每个人的基本生活，如衣食住日常用品以及医药问题、文化娱乐大体上都有了保障。延安的机关学校部队工作人员的生活，大体是标准化的，没有什么差异。即使有差异，距离也不会过远。赵超构发现，若说有差异，除标准规定差异外，主要原因在于本单位及本人的生产情形。生产努力，生活就可以好一些。赵超构的结论是："就我们在延安观察，一般工作人员的生活享受，虽说有小小的差异，也只是量上的差，而不是质上的异。"也就是说，延安的生活中，并无特别。

延安是共产党局部执政的政治中心地带，但共产党人从未追求生活特殊化。即使是在标准化的供给制下，党员干部"不遵制"而在生活上追求低标准的事非常普遍，比如穿衣。艾青就曾说过，不止一次看见毛泽东同志穿着他那件右肘上破了一大块的、褪色的灰布衣服。

再说所谓的美食，现在有很多材料可以证明，延安当时最高级的伙食也不过四个菜一碗汤，日常也就大、中、小灶三个差别。经常往来国民党统治区与边区的人或者来自大后方的人自然清楚，延安的饮食最高等级还不如大后方普通机关里一般官员的来得讲究呢！延安学生的日常饮食是一天一餐稀粥，两餐小米饭，每周可以吃一两次馍，菜是大锅菜，有的学校伙食管理得好，时不时还可以吃到肉。

所以，延安情况可以借著名法学家陈谨昆形容边区的一句话来概括：“解放区虽非天堂，非解放区则确为地狱！”

在延安时期，毛泽东等共产党人并不严格“遵守”供给的规格，反倒是时刻注意自己的言行，时刻约束自己身边工作人员，决不能够使自己特殊化。

1937 年全国抗战爆发后，为加强抗日战地服务工作，丁玲和吴奚如等在延安发起成立“西北战地服务团”，组织文艺团队为战地抗日将士开展文化服务活动。毛泽东对战地服务团给予高度评价，认为这是用笔和口与日本打仗，是从文的方面和武的方面夹攻日本帝国主义。

西北战地服务团出发前，在延安先搞汇报演出，也算是对他们的准备工作进行一次检验。有一次，服务团准备在晚会上演话剧《王老爷》。由于演员极缺，丁玲这个服务团的大团长也只好临场救火，在剧中扮演一个角色。丁玲是个地道的湘妹子，一口浓重的湖南腔，再加上也没怎么化妆。所以，当她往台上一站，刚开口讲出一句台词，台下便笑翻了天。她念一句台词，观众就要笑半天，剧场的气氛几乎达到了沸点。

就在这时，毛泽东急匆匆赶来看戏。他这次来得实在是太晚了，密密麻麻的观众早把前门挤了个水泄不通，就是场内的通道也无法挤身而过了。警卫战士见状，就习惯性地把毛泽东带向后台，准备从台口跳下去看演出。可是，事不凑巧，服务团刚刚出了新规矩：为了保障演出秩序和提高演出质量，在演出进行中，任何人都不得从台口下，以免影响观众观看演出。毛泽东对此并不知情，就跟随警卫战士走到后台。

后台工作人员见是毛主席来了，个个兴奋得满脸通红，但也十分犯难，这可怎么向主席开口讲那个新规定呢？毛泽东见工作人员面有难色，便问是不是不方便从台口下？团里的同志只好把新规定告诉了毛泽东，问他是否可以等一出戏闭幕时再到前台去？毛泽东听了立刻回答说："这个规定好！遵守你们的规定！"可是，丁玲的台词和台下观众的笑声就像一把痒痒挠一样，把毛泽东的好奇心彻底勾起来了，一个劲往前凑，想看个究竟。他终于忍不住了，便问工作人员：我先不下去，就站在台子侧面往前看看行不行？工作人员说：行！他们立刻引导毛泽东从舞台侧面幕布间隙里静静地望着舞台。就这样，毛泽东站在舞台侧面幕后看戏，一直等到这出戏演完。大幕拉开了，台下观众为丁玲等的演出热烈鼓掌。就在这时，毛泽东突然出现在舞台上，他从幕前一侧高高兴兴地走下舞台，坐到观众中，人群中欢呼声四起，人们的掌声更加热烈了。

通过这次观看演出，毛泽东用自己的行动向人们生动地阐释了什么叫作不搞特殊。在特殊面前根本就不存在规则，规则面前人人平等就是真正的不搞特殊。

对于革命队伍里的特殊人物来说，与群众打成一片，其政治和社会影响的正能量是不可限量的，对于带队伍、服务群众以及处理好党群关系，都是极有帮助的。周恩来在甘泉住小店、睡通铺，就是一次特殊的不特殊之旅。

1937 年的一天，周恩来从西安返回延安，走到甘泉时天完全黑了，那时的道路通行状况很差，走夜路存在很大危险，他们便决定在甘泉住宿。警卫员小张请示："周副主席，咱们到甘泉县政府去住吧，那里条件好一些，安全也有保障。"

周恩来摆摆手说："我们是路过，只住一晚上就走，不要打扰地方政府了，会给人家增加许多麻烦。"

"那我们找一家好一点的旅社住一晚吧，条件好一点的人少，安静、安全。"

“不用。”周恩来指着县城北边一个骡马小店说，“这个店就挺好，我们就住这里。”

小张走进小店一看，全店总共才四间半客房，再有就是后院几间牲口棚，院中是一口水井，这店的条件也太差了点，不由得皱起了眉头。周恩来明白小张的意思，他环视一周，微笑着说：“我看蛮不错嘛。俗话说，好店也不留久客，咱们就住这里了。”

掌柜的看见来了客人，急忙上前来迎接。

小张说：“老板，我们要一间上房。”

老板满脸歉意地说：“对不起，包房没有了，只剩下大通铺。”

没等小张回应，周恩来便笑着回答：“好啊，那我们就睡通铺吧。”

小张看了周恩来一眼说：“这……”他想说安全问题，但又怕暴露首长身份，一时语噎了。

周恩来当然明白小张的心思，忙接过话音说：“这很好啊，和赶牲口的老乡同睡一张炕，这才是军民一家嘛！”

到了房间一看，被子很单薄，炕上也只有黑羊毛毡。小张准备把随身带的线毯拿出来铺上，却被周恩来制止了，他说：“不用了，这样就显得咱们特殊了。老乡住得，咱们也住得。”

店老板进来取盆为客人打洗脸水，周恩来接过盆说：“不麻烦了，我们自己来吧。”老板看着这位浓眉大眼的八路军干部，心里不由得赞叹：“八路军干部就是好啊，这么没架子。”心里一高兴，声音也洪亮了许多，便招呼说：“同志，请问要点什么吃的？言传一声，我马上去准备。”

“你们店里都有什么好吃的啊？”

“好吃的可多啦，小米饭、大米饭、蒸馍、烙饼、饸饹、刀削面……”老板一口气报出了一长串。

周恩来说：“那就吃小米饭吧，陕北的小米营养丰富，最能养人了。”

“那你们吃什么菜呢？”

“吃小米饭，搭配个肉粉汤最好了。”小张抢先说，几百里长途跋涉，他一心想让首长多补充一点营养。

“不，还是来个炒土豆吧。”周恩来坚定地说。

老板开玩笑道：“首长可真细致，舍不得花钱，走了一天的路，连个肉粉汤也不舍得吃。”

周恩来解释：“我们不吃肉菜，还是素菜可口。”

老板想了想说：“不如这样，你们就来一盘我们甘泉的名菜炒豆腐干吧，好吃不贵，价钱和炒土豆一样，老百姓都叫它肉不换哩。”

“好，那就客随主便了。”小张这下终于做了一回主。

不久，金黄的小米饭和香喷喷的炒豆腐干就端上来了。周恩来尝了一口菜，不禁称赞道：“我们住在延安，还不知道甘泉有这样的名菜，果然名不虚传。”小张见首长吃得可口，便建议道：“首长，既然好吃，咱们就再来一盘吧。”周恩来摇摇头说：“不，不，咱们这叫少吃多香。再说了，你别忘了咱们的伙食标准哦。”

就这样，周恩来在甘泉住通铺、吃普餐，住了一次不一般的小店；而这个普通小店，就这样用最普通的方式接待过一位不普通的客人。据传，后来店主还是认出了周恩来，激动地要烧菜整酒，结果硬是被周恩来制止了，他们一杯清茶，像一家人一样聊得十分欢畅。

特殊人物能在大社会里与普通群众打成一片是延安的政治常态，在革命队伍里官兵一致也不是什么稀罕事。就拿吃饭的大中小灶来说，虽然制度规定了中央领导在小灶吃饭，但却无法阻止他们与普通工作人员一样吃大灶。

刘少奇住在枣园的时候，按规定应该吃小灶。开饭的时候，不必亲自去打饭，负责勤务的工作人员会把饭菜打好送到领导的房间去，尽量不耽误首长们工作。可是，刘少奇一个人带着几个孩子，觉得让工作人员打饭太麻烦人家，就决定不吃小灶，自己带着孩子们一起吃大灶。于是，人们渐渐熟悉了枣园的一道风景：每到开饭的时候，刘少奇带着孩子们，每人手里拿着一个饭盆，与工作人员一起排队打饭，再回到自己的住处用餐，小小的孩子们经常自觉地排成一队，端着饭小心翼翼地往回走，看得让人心疼。为什么不让孩子跟自己一起吃小灶，小孩子能吃多少？其实，不为别的，为的就是不搞特殊。

延安时期，刘少奇由于患有严重的胃病，食用粗糙的小米饭很困难：小米饭的优点是吃一碗顶一碗，吃完后能抗饿，这是同志们的主观感受，但说白了，就是不易消化。对于一个患有慢性胃病的人来说，长期食用这种不易消化的小米饭，对其痊愈是极其不利的。食用小米饭后，对别人是一种饱腹后的幸福感，对刘少奇而言则还包括了另外一层感受：痛苦。这种情形，工作人员看在眼里急在心上，就商量着如何去解决这一问题。把粗粮兑换成细粮当然是个最好的办法，但这种特殊待遇在刘少奇这里根本不可能通过；剩下的办法，最好的就是粗粮细做了。于是，工作人员与炊事员们一起努力，把小米碾成面粉，为刘少奇蒸成松软适口的米糕，尽量减小胃的负担以利病情好转。然而，对于这种所谓的特殊待遇，刘少奇也不同意，直到有了医生的医嘱，才勉强接受下来。

还有朱德、任弼时、张闻天、王稼祥、彭德怀，几乎每一位中共领导人，一起工作和战斗过的同志们都能举出他们如何遵守规则、不搞特殊的许多事例，无法一一详述。从这些代表人物身上，人民群众看到的是共产党人朴素、平等、上下一致，与群众打成一片的优良作风。

三、到老百姓中去

如果你是一个文艺爱好者，又或者你是一个从延安时期那个火热的时代走过来的老者，有几句歌词有可能成为你的催泪剂："你们从哪达来？从老百姓中来。你们又往哪达去？到老百姓中去……"

不错，你没有记错，这就是咱们自己的剧团——民众剧团团歌中的几句歌词。一问一答之间，确定无疑地说明了民众剧团所坚持的方向，也说明了它所代表的延安文艺作风。正是沿着这样的方向，民众剧团走过了十一载光辉的战斗历程，走出了延安文艺人的绝代风华。他们把自己的脚深深地扎在人民群众之中，面向群众，积极地运用群众所喜闻乐见的秦腔、眉户等戏曲形式，热情地创作、演出，受到了广大群众极其热烈的欢迎。到老百姓中去，民众剧团成为延安文艺界的急先锋。

延安文艺部队是中国共产党领导下的文艺团体，它传递的是党的声音，代表的是党的形象，展现的是党的作风。到群众中去，作为延安时期文艺界发展进程中的常态，我们先看看民众剧团作为这股潮流的急先锋，他们是怎样到群众中去的，去干什么？群众对他们的态度与看法怎样？

1938 年 7 月 4 日，这是一个特殊的日子，是延安民众剧团的生日。在毛泽东同志的亲自关怀下，民众剧团在这一天成立了，它甫一成立，就为人民群众贡献了自己的产品——《一条路》《回关东》。这些戏是经过精心加工的现代戏，新颖的形式与全新的内容，让群众眼前一亮，耳目一新，一下子把人的心勾住了，获得了极大成功，用群众的语言来说，就是一炮打响了，一下子轰动了整个延安城。

一个新的艺术团体诞生了，但它的家底却穷得怕人，全部道具服装加起来还装不满一个箱子。在这种困难的条件下，剧团的同志巧妇能做无米之炊，坚持为群众服务。就在他们最困难的时候，中央的关怀给了他们无穷的力量，毛泽东个人赠予民众剧团 300 元钱，同志们用这些钱买了毛驴、汽灯，解决了交通运输和演出照明问题，排除了到群众中去为群众服务的巨大困难。有了毛驴，演出道具及其他物品就可以在崎岖的山路上畅行无阻，剧团就可以到达最偏远、最闭塞的小山村里，把党领导下的新文艺、新思想带给最基层的群众。有了汽灯，无论是白天还是晚上，无论光线强还是弱，只要群众有时间观看，都可以为群众风雨无阻地尽力演出。

据回忆，剧团第一次出发到群众中去演出时，他们带去的是《一条路》《查路条》《好男儿》《有办法》《回关东》等秦腔现代戏。到了乡下，这些剧目一登台演出，就受到了群众的热烈欢迎。乡亲们一传十、十传百，许多人都盼着剧团能到自己村子里来演出。这种热情也极大地鼓舞了剧团同志们的激情，他们自己背着铺盖卷和随身行李，一天行军 100 多里路，没有一个掉队的，也没有一个叫苦的。

剧团来到了群众中，与群众打成了一片，他们在舞台两侧贴上对联，上联是：中国气派，民族形式，工农大众，喜闻乐见；下联是：明白事理，尽情尽理，有说有笑，红火热闹。横批是：团结抗战。让人民群众喜闻乐见、让人民群众感受到红火热闹，不知不觉中让群众明白事理、通情达理，达到团结抗战的目的。剧团用极为自然的方式完成了服务民族民主斗争的重任，也完成了服务群众的任务。这一点，群众的眼睛是雪亮的，群众的心声也是感人的。群众热爱剧团，他们把对剧团的爱戴编成信天游到处传唱，“鸡娃子叫来狗娃子咬，咱们的民众剧团过来了”，“一杆大旗崖畔上擂，我把你亲人迎回家”。群众喜欢民众剧团，也体现在行动上。当时，人们曾经议论说：“要找民众剧团，只要顺着鸡蛋皮、红枣核儿寻，就准能找到。”这是因为，剧团每在一地为群众演完戏，离别时群众总要把熟鸡蛋和大红枣送给他们，就这样，边区流传着“顺着鸡蛋皮找剧团”的佳话。

第一次下乡演出，剧团途经延长、延川、安定、张家堡、定边、盐池、靖边、保安等30余个演出点，历时4个月零3天，行程2500多里。这次下乡为群众演出，既完成了任务，又锻炼了队伍，出发时不到30人，返回时队伍已经壮大到40余人。剧团下乡不仅是演戏，也是做群众工作，地方工作同志称许道：你们演戏一天，胜于我们工作一月。剧团团长柯仲平说：“我们很快乐，像一只羽毛未长全的鸟，第一次飞出巢去。什么鸟？民众鸟。飞到哪里去？飞到广大的民众里面去……我们的戏，内容是抗战的故事，有头有尾，唱的是秦腔，老百姓完全熟悉，这当然也是我们受到欢迎的一个主要原因。”

到群众中去的道路不会一帆风顺。不过，无论是大风大雪还是高山洪水，都挡不住剧团为群众送戏下乡的坚定步伐。1940年1月，剧团带着一批新戏，开赴边区的前沿地带关中分区去巡回演出。由于地处前沿，有时剧团需要一边打仗一边演出。在阳坡头，敌人在打炮，剧团若无其事地照样演出，极大地安慰了群众；在马家堡演出时，情况相当紧急，敌人的子弹直接打到了舞台上，幕布都被敌人的机枪子弹打出许多孔洞。此外，一路走来，途中艰辛不计其数。有一次，“三边”举办骡马大会，正是利用现代剧宣传群众的绝好机会，群众也觉得没有几台戏的骡马大会就差了不少成色。为了赶时间，剧团一口气走了9天，有时一天要过72条河，人称“七十二道脚不干”。第二次，民众剧团下乡巡回演出整整一年，同志们走遍了关中分区，转战陇东的庆阳、华池、盐池以及定边等地，行程千余里，在群众中产生了更加深入广泛的影响。

有先锋就有跟进，当民众剧团在走向群众的浪潮中一马当先之际，延安艺术界的正规军——鲁迅艺术学院过去走过几年弯路，求大求全，走“正规化”道路，搞关门提高。延安文艺座谈会之后，延安文艺界响应中央号召，文艺工作者走与人民大众相结合的道路，为工农兵大众服务，使文艺界呈现出前所未有的新气象。在这股大潮中，还是要数戏剧最为抢眼，它与老百姓的生活最贴近，最能为人民群众喜闻乐见；在这股大潮中，最能够开创新局面的，还要数鲁艺所发起的群众性新秧歌运动。

自从毛泽东到鲁艺讲述了走出“小鲁艺”，走进“大鲁艺”的道理后，鲁艺打开门户，走向基层，走进群众中间，创作了一系列反映军民团结抗战等内容的短剧如《军民之间》《民兵》《“三光”政策》等，歌曲有《七月里在边区》《抗战五周年进行曲》《毛泽东同志进行曲》等，开始尝试文艺为工农兵服务。

到了1943年2月，鲁艺组成了一支100余人的秧歌队，在延安的杨家岭、中央党校、文化沟、联防军司令部等单位驻地宣传演出。鲁艺秧歌队主演节目有王大化、李波演出的新秧歌剧《兄妹开荒》，李刚、江雪等演出的四人花鼓《七枝花》，韩冰、王家乙表演的《二流子变英雄》等。再配上快板、跑旱船、耍狮子等，场面相当壮观。鲁艺秧歌队在延安的演出十分成功，群众一时间纷纷奔走相告：鲁艺家的秧歌来了！他们怎么也看不够，跟着秧歌队看了一场又一场，每一场都把演出场地围个水泄不通。特别是在东乡罗家坪演出时，前来观看的群众成千上万。当打花鼓的演员唱到“猪呀、羊呀，送到哪里去”这一句歌词时，周围的群众就齐声接着唱道：“送给那英勇的八路军。”置身于这火一样的热烈氛围中，一时间你都分不出谁是演员、谁是观众。毛泽东、周恩来、朱德等中央领导人观看了秧歌剧《兄妹开荒》后一致叫好，毛泽东边看边称赞说：“这还像个为工农兵服务的样子，你们觉得怎样？”朱德回应道：“不错，今年的节目和往年大不同了！革命的文艺创作，就是要密切结合政治运动和生产斗争啊！”

以鲁艺为代表，各单位的秧歌队先后参加了一系列文艺活动，如1943年2月12日边区文协与延安驻军的军民联欢晚会、机关单位联合召开的拥政爱民大会、延安各界庆祝苏联红军节大会、各文艺团体南门外、运动场文艺晚会、绥德县大秧歌公演、延安国际妇女节大会、延安文艺界金盆湾、南泥湾劳军大会等，秧歌都成为最抢眼、最为人民群众所欢迎的节目。《解放日报》曾在社论中评价：“鲁艺的秧歌舞，因为形式更宜于直接接触群众，在延安市、延安县的群众与干部中，在南泥湾、金盆湾的部队中，尤其受到了空前的欢喜赞叹，那里面的歌曲，至今还在人们的口边流传着。”

1943年3月，中共中央召开了文艺工作者会议，号召广大文艺工作者深入实际、深入基层、深入群众。于是，各种文艺团体都纷纷下乡了，秧歌这种形式便跟随文艺团体迅速从延安扩展到边区的各个角落，把边区1944年的春节简直变成了一个秧歌节。据统计，全边区当时共有各类秧歌队949个，平均每1500人就有一个秧歌队，成为真正群众性的文艺群体。这些秧歌队来到田间地头和农家小院，用秧歌的红火热闹把群众的心都烧醉了。特别是活跃在绥德地区的鲁艺文工团，用3个月时间走遍了全区5个县的城镇与乡村，演出秧歌73场，观众达到10万人之多。

在延安，新春秧歌更是开展得轰轰烈烈。当时，几乎所有的机关单位、驻军部队、大中学校、文艺团体、群众组织等，都建立起了自己的秧歌队。这些秧歌队从元旦一直演到正月十五，锣鼓声、歌声以及欢呼声此起彼伏，把延安变成了一个集体狂欢的大海洋。机关单位和群众的秧歌队总计演出剧目150余种，“把新年变成群众的艺术节了，真是热火朝天”。

到群众中去，除了鲁艺及其代表的秧歌运动外，延安文艺座谈会之后，大批的文艺工作者深入农村、工厂、部队，到前方、到基层，来到了田间地头，成为群众的一分子，深入群众，改造自己，甘当群众的小学生，实现了立场、观点的彻底转变。在下乡大潮中，作家丁玲、欧阳山赴陕北靖边新城区民办合作社体验生活；柳青的身份则有了很大的转变，他出发时带了一封介绍信，目的是“长期在农村做实际工作”，地点就选在了米脂县民丰区吕家检乡，职位也很具体，就是担任乡政府的文书。这一去，真的扎下了根，一直住了3年；其他的几位作家分别去了部队等基层单位，如艾青、萧三、塞克等赴南泥湾了解部队的战斗与生产生活情况，孔厥到延安吴家枣园向群众学习。作家们深入基层、深入群众后，深入体验群众的生产生活，在情感上与群众越走越近，与群众打成一片，在自己的文艺创作中注重一切为了群众而创作的目的性，突出了以群众为写作对象和主要读者的方向性，走上了群众的文艺路线，创作出一大批为群众所喜闻乐见的具有中国作风和民族气派的优秀作品，成为传世的经典之作。

四、鱼不能没有水

延安时期，共产党和人民群众的关系是什么关系？李维汉在参与起草《中国革命与中国共产党》第三章时，曾经在第一节里把党群关系比喻为鱼和水的关系。草稿写成后送给毛泽东审阅，毛泽东看到此处，作了一句顶批："水可以没有鱼，鱼不能没有水。"这深刻阐述了党须臾不能脱离群众，一切依靠群众的道理。李维汉看到这个批注后深受教育，在以后的授课中多次讲到毛泽东的这条批语和他的感受。

经过近20年的发展，中国共产党已经成为当时国内的一个大党。毛泽东曾说，领导中国民主主义革命和中国社会主义革命这样两个伟大的革命到达彻底的完成，除了中国共产党之外，是没有任何一个别的政党（不论是资产阶级的政党或小资产阶级的政党）能够担负的。这样的任务是非常光荣的，但同时也是非常艰巨的。没有一个全国范围的、广大群众性的、思想上政治上组织上完全巩固的、布尔什维克化的中国共产党，这样的任务是不能完成的。

什么是真正具有广大群众性的政党？一个脱离广大群众的党，绝不会成为群众性政党；一个没有广泛群众基础的政党，也不是真正的群众性政党；一个藐视群众，在政治、经济、文化等方面完全否定人民群众主体地位的党，更不可能成为一个真正群众性的政党。密切联系群众，一切依靠群众，充分尊重群众，必须解决一个先导性、基础性问题，那就是要明白党的生命之源是人民群众，生于兹、长于兹并发展于兹，就像鱼生长发育都离不开水。这些道理，需要时常让党员干部入耳入脑入心；这些道理，也需要成为党员干部决策、干事时的基本遵循。

鱼离不开水，共产党搞革命离不开群众的支持。早在土地革命战争时期，毛泽东就深入探讨如何才能依靠群众的问题。1934 年 1 月江西瑞金召开第二次全国工农兵代表大会，毛泽东在大会报告的结论部分说，我们要胜利，不能单纯进行群众动员，还要做很多的工作，领导农民的土地斗争，分土地给农民；提高农民的劳动热情，增加农业生产；保障工人的利益；建立合作社；发展对外贸易；解决群众的穿衣问题、吃饭问题、住房问题、柴米油盐问题、疾病卫生问题、婚姻问题。总之，一切群众的实际生活问题，都是我们应当注意的问题。假如我们对这些问题注意了，解决了，满足了群众的需要，我们就真正成了群众生活的组织者，群众就会真正围绕在我们的周围，热烈地拥护我们。

从关心群众生活入手，解决群众生产生活问题，取得群众真心拥护，依靠群众取得革命胜利，就像鱼依靠水才能生存发展一样。到了延安时期，毛泽东把这方面的思想与边区的实际结合起来，依靠人民群众、带领人民群众解决经济问题与财政问题。他说：我们的第一个方面的工作并不是向人民要东西，而是给人民以东西。我们有什么东西可以给予人民呢？就目前陕甘宁边区的条件来说，就是组织人民、领导人民、帮助人民发展生产，增加他们的物质福利，并在这个基础上一步一步地提高他们的政治觉悟与文化程度。为着这个，我们应该不惜风霜劳苦、夜以继日、勤勤恳恳、切切实实地去研究人民中间的生活问题、生产问题，耕牛、农具、种子、肥料、水利、牧草、农贷、移民、开荒、改良农作法、妇女劳动、二流子劳动、按家计划、合作社、变工队、运输队、纺织业、畜牧业、盐业等重要问题，并帮助人民具体地而不是讲空话地去解决这些问题。

响应党的号召，延安县的同志们在工作中充分体现了向人民群众认真负责的精神。在他们给毛泽东提供的报告里，一些不起眼的词句引起了毛泽东的严重关切："一九四二年农具贷款放迟了一个时期，早一天早开多少荒地！""抓紧时间，迅速解决各种问题是必要的，迟一天少开多少荒地！""制定每个农户的生产计划。""领导上抓得紧，检查严，对于完成任务是有决定作用的。"毛泽东高度肯定延安县同志们的成就：他们对于他们所领导的延安全县人民群众的情绪、要求及各种具体情况是充分了解的，他们完全和群众打成一片，他们有很好的调查研究工作，因而他们就学会了马克思主义的领导群众的艺术，他们完全没有主观主义、宗派主义与党八股。这种情形，对于那些处理问题不根据群众要求而根据主观想象的主观主义者，对于那些完全不作调查研究，工作三年五载、下情一点不知的官僚主义者，又是怎么样呢？岂不又是一个在天上，一个在地下吗！我们希望全边区的同志都有延安同志这样的精神，这样的工作态度，这样的和群众打成一片，这样的调查研究工作，因而也学会领导群众克服困难的马克思主义的艺术，使我们的工作无往而不胜。边区各县同志中像延安同志这样或差不多这样的人是不少的，我们希望这些同志的模范经验，能够很快地推广到一切县、区、乡里去。

延安县同志们是如何与群众打成一片的？他们又是如何学会马克思主义的克服困难的艺术的？我们看看他们的代表，也就是毛泽东曾亲笔题词表彰过的延安县委书记王丕年，看看他的具体行动，自然就会明白其中的秘密了。

延安县是中共中央所在地，中共中央进驻延安后，非常关心群众疾苦，多次指示延安县委，要把群众动员起来，搞好生产，渡过难关。据王丕年回忆，延安县委为落实中共中央和毛泽东主席的指示，他们提出了“发展生产，富裕起来”的口号，为群众办了八件大事：一是成立“变工队”，开展生产互助。二是利用农闲时间，组织群众开荒。三是成立了运盐队，保证群众都有盐吃。四是创建了生产消费合作社，满足群众对日常生活用品的需要。五是努力安置好移民、难民，使他们安居乐业。六是组织游手好闲的“二流子”参加生产。七是在各乡办学校和卫生所，使儿童都能念上书，群众得了病能得到治疗。八是总结推广打深井和饮用水过滤的经验，解决了群众吃“柳根水”的问题，使地方病的发病率大大下降。广大人民群众都从内心深处拥护共产党，干劲十足地投入到大生产运动中来。经过几年努力，延安由一个缺吃少穿的县变成了丰衣足食的县。

在办理八件大事的过程中，王丕年等工作人员深入一线，亲力亲为，充分彰显共产党人的精神风貌。

作为中央机关和边区政府所在地，延安县承担着为中央机关就近供应粮食的任务。供应粮食的前提是发展生产，先解决群众的温饱与富裕问题。王丕年经常带着工作人员深入基层、深入农村，进村入户，到老百姓家里专门了解情况，商讨如何组织群众、发展生产。王丕年曾经背着行李来到柳林区的一个乡村，亲自参加了一支“变工队”，白天和“变工队”一起劳动，晚上到各村了解情况，指导并推动该区的开荒进度。他还和其他县委领导人一起召开会议，专门研究和总结了柳林区“扎工队”“变工队”的经验，在全县推广。

王丕年一方面抓农业生产，解决温饱问题、公粮问题；另一方面发动群众，发展副业生产，帮助群众解决花钱的困难。为了发展合作社，他多次到南区合作社调研，帮助合作社解决资金不足等问题，与合作社干部一起出主意、想办法，终于通过群众入股等方式，不断扩大固定资产与流动资金，解决合作社发展的资金问题，使合作社的生意越做越兴旺。他还组织县委、县政府分管经济的同志起草有关南区合作社的专题报告递给上级，引起了党中央、西北局和边区政府的高度重视。毛泽东看了报告后，亲自写信询问情况，在中共中央西北局高级干部会议上表彰南区合作社主任刘建章并为其题词："刘建章同志，合作社的模范。"

延安县同志们与群众之所以能够打成一片，密切联系群众，还在于他们的工作人员严格要求自己，从不搞什么特殊化。当时，县委机关只有10余人，住在离县城20多里远的一个小村子里，借了老百姓三四孔窑洞。窑洞里的陈设十分简陋，每孔窑洞只有一张桌子、一条长板凳，冬天增加一个烤火盆。没有办公经费，发给个人的工薪也是少得可怜。从县委书记到勤杂人员，一律是每人每月几两油，几角钱菜金。可是，同志们却精神饱满，干劲十足。每天天不亮就起身，深入到各乡、村了解情况，组织生产。白天和群众一起干，晚上开会、学习、做思想政治工作，直到半夜才回来。在大忙季节里经常是白天黑夜连轴转，即使这样紧张的工作和生活，也从没有人叫过一声苦。他们总是坚持自己动手，克服困难。机关没有菜吃，就自己种；没有柴烧，就自己打；旧窑洞不够住，就自己挖。

延安县的同志们能与群众打成一片，更在于他们能够实事求是地调查研究，准确掌握群众的所思所想、情绪与需要，知道群众为革命斗争而付出的承受能力。

1941年，皖南事变后，国民党用重兵包围了陕甘宁边区。为了保卫边区，中央不得不将部分抗日前线的八路军部队调回边区，再加上大批青年陆续来到边区，使得脱产人员大量增加，粮食供应负担加重；国共关系紧张后，国民政府不仅停发八路军军饷，还对边区实行封锁，边区的外援完全断绝。1940年征收救国公粮时，在仁政观点和依赖外援思想的影响下，边区只征收了9.7万石，另外采购了 1.87 万石，距离实际需要尚差 3.4 万石。到了 1941 年春天，发生了春荒，只好另派人到民间借粮，共借粮 4.6 万石，造成“动员频仍，不胜其烦，出现严重扰民现象”。这样，在确定 1941 年公粮计划时，原本要征 16 万石，因要偿还借粮，最后确定征粮指标为 20 万石。

20 万石公粮负担是不是很重？毛泽东在《中国共产党第七次代表大会上的结论》中说：“说什么雷公为什么不打死毛泽东？这些都是闲话，对这些话我怎么看呢？为什么有人希望雷公打死我呢？当时我听到这个话是很吃惊的。说这个话的时间是 1941 年，地方是边区，那年边区公粮征收二十万石，还要运公盐六万驮，这一下把老百姓搞得相当苦，怨声载道，天怒人怨，这些事还不是毛泽东搞的？因为我也主张征收二十万石公粮，主张去运盐。当时不运盐不行，但是运得久了就不好。这就迫使我们研究财政经济问题，下决心搞大生产运动，一九四二年公粮减少了，一九四三年也减少了，这就解决了问题。”

既然是因为公粮负担重而诅咒毛泽东，怨声载道，为什么当年不减少呢？当时，公粮征收是毛泽东非常关心的一个问题。王丕年作了比较深入的调查，实际上当时征收的粮食一般是收成的 1/3，或者一半。通过算账，可以看出农民的负担重，但是能够负担得起，就是征收一半，群众的粮食也够吃。有了对实际情况的深入了解，中央才能够既保持政策的稳定，又注重政策的灵活，随后几年减少了公粮指标，减轻了群众负担，赢得了群众理解与支持，为“鱼”提供了源源不断的“水源”。

五、先做群众的学生，后做群众的先生

在陕甘宁边区，经过几年的生产运动，群众的生活真可以用丰衣足食来形容了。人民群众还有什么问题需要解决？我们做什么、怎样做，人民群众才会更满意？

问题似乎早就有了答案。

1942 年，毛泽东在延安文艺座谈会上曾说："只有做群众的学生才能做群众的先生。如果把自己看作群众的主人，看作高踞于'下等人'头上的贵族，那么，不管他们有多大的才能，也是群众所不需要的，他们的工作是没有前途的。"

因此，党中央和毛泽东要求党员干部：要在人民群众那里学得知识，制定政策，然后再去教育人民群众。所以要当先生，就得先当学生，没有一个先生不是先当过学生的。而且就是当了先生之后，也还要向人民群众学习，了解人民群众的实际困难和生产生活状况。要彻底了解群众在生产生活方面存在的困难，就必须进行全方位的调查研究，向群众了解情况，向群众学习解决问题的基本办法。

在延安时期大兴调查研究之风的大气候下，针对基层群众卫生防疫问题，确有不少深入的基层调查，把问题从群众中找出来，比如针对延安南区南郊乡韩家窑子村的卫生调查，就是其中较为典型的一例。

根据调查，调查组发现了困扰这里群众的一些问题。

一是妇婴疾病及死亡问题。这里的妇女儿童和婴儿的得病与死亡率远比成年男子高，妇女们所得疾病最普遍的是月经病和白带，然而她们对此却并不重视，往往会发展到非常严重以至不能生育。

二是饮食营养问题。群众的日常食品中营养比较缺乏，即使在青菜最多的季节，群众也习惯于吃腌菜，很少吃新鲜菜。有些人家虽然经常吃肉、面、粉条等，但大多数家庭每天都吃腌菜、酸白菜等。还有一种情况更糟，产妇的营养非常缺乏，生产的最初几天里，她们只喝米汤，有的则只吃些捞饭、腌菜或者杂面等。

三是妇女分娩时坐灰的问题。这里的产妇生产时有坐灰三天的习惯，使许多妇女非常痛苦，但当地一些说法深深地影响她们："睡下生，血会归心得血迷。"因此，许多妇女虽然感觉坐灰很痛苦，却不敢不坐灰，迫不得已时采取一点偷工减料的办法，把坐灰三天三夜改为坐灰一天一夜。

还有一些问题，一是对待西医的问题。他们比较信仰中医而不相信西医，有病后都是先找中医或者巫医，待二者都无效后才会送医院请西医治疗，或者只有外伤和传染病才送西医治疗而一般的内科病、妇科病都请中医，更为普遍的则是用一些偏方、土方解决常见病痛，如治疗关节炎（用攒骨草、陈草帽、红白石料胶煮沸之蒸汽熏）、月经病（喝黑糖姜片水）等。

二是妇婴卫生问题。这里的23个夭折的婴儿中因抽风、噘口而死的占1/4左右，原因便是没有用科学的方法剪脐带，这就需要对她们进行妇女卫生教育。

没有这些深入一线调查得来的信息，怎么可能知道群众的切肤疾苦？

只有带着这些问题，深入群众、宣传群众并发动群众开展卫生防疫运动，才能逐步转变群众的卫生观念，真正解决群众在医疗卫生方面的困难，真正做到一切为了群众，回到共产党人的群众观和群众路线上来。在这方面，延安市的群众卫生工作是又一个典型的例子。

由于卫生观念和卫生习惯较差，1944 年前后，延安市群众很多人家粪便乱堆，没有厕所、垃圾坑、水井，长年不拆洗被褥，不少老百姓封建迷信思想还十分严重，相信什么“老天爷叫你生病，讲卫生也不中用”。其后果之一便是经常流行传染病，半年之中全市民众死亡竟达 240 人，牲畜死亡也不少，共计牛 33 头，驴 43 头，猪 582 头，鸡 6575 只。

为了改善群众医疗卫生状况，防止疾病流行，延安市立即派人下乡，在深入调查的基础上广泛动员大批中西医下乡进行诊治，积极推动自上而下建立各级卫生组织，各乡村都设立卫生委员会和卫生小组，指定专人负责。他们召开干部大会、村民大会及卫生委员会等会议进行卫生教育，同时也特别注意利用事实进行宣传，每周作一次人畜病死统计以引起干部群众的注意，还公审害死人命的巫神，当场揭穿他的骗术，组织巫神在庙会的人山人海中自我坦白。

特别是举办大型卫生展览会，引来无论人参观，宣传教育效果更为显著。如杨家岭卫生展览会，对延安市北郊及安塞几个村子的卫生情况作了统计，表明延安北郊乡儿童死亡率达到出生的 60%以上，平均每个妇女流产一次，而流产的起因皆因妊娠卫生问题，如过于劳累、妊娠期不注意营养等；延安柳林区马庄等村子共有人口 540 人，健康者只有 189 人，65%的人有病且以吐黄水病为最多，这多与边区群众喝生水、吃陈腐饭（俗称死气饭）、少吃青菜多吃腌菜等传统饮食习惯有关；展览会还以典型事例向群众说明利害得失，如产妇坐褥问题，传统的光臀坐在土或灰上面的方法，使用了不洁的土和灰，有细菌侵入子宫的危险，而改用纸和棉花也要进行消毒。展览会向群众说明，只要把灰以火炒消毒，用老百姓现有的材料，就可以解决产妇病问题；炕上的虱子，可以用加高温度的方法进行消灭，头上的虱子可以用醋和洋油来消灭。这些都是老百姓容易做到的，效果非常明显。

中央总卫生处还派工作人员到子长、安塞、志丹等县去巡回治疗并开办接生训练班，编发讲义并在《解放日报》发表，为群众普及了妇孺卫生常识，共有13课，依次讲了“怀娃娃的道理”“孕妇的卫生”“怎样作产前检查”“娃娃的衣服和脐带布的准备”“临产时的准备”“接娃娃时要注意的几件事”“怎样照顾娃娃”“产妇产后一月内的休养”“娃娃有病怎么办”“怎样预防传窝病”“家庭卫生”“个人卫生”“简易急救法”等，把影响老百姓人丁不旺的妇女生育和婴幼儿保育知识用群众的语言和浅显易懂的道理告诉群众，为培养接生员和提高群众妇孺卫生知识提供了不可多得的资料。

此外，边区还广泛开展中西医合作，在各地纷纷成立卫生合作社，深入农村创建卫生模范村，举办各种卫生训练班，培养了一大批能够在基层长期扎根且有实际的基本的医疗本领的赤脚医生，解决群众医疗卫生困难的同时，也转变群众的卫生生活习惯，群众卫生运动开展得卓有成效，人民群众解决了财旺人不旺的大问题。

可见，我们的群众工作有没有问题，自己说了不算，要问群众；我们的群众工作要怎样改进，不能一厢情愿，要问群众；我们的党群关系到底怎么样，要看群众的情感，要看群众是不是把我们当亲人。正因为这样，毛泽东在延安时期曾反复强调：人民群众的知识是最丰富的，人民群众的经验是最实际的，只有做群众的小学生，始终坚持群众路线，遇事多和群众商量，工作才能不断进步。

六、一刻也不离开群众

“一刻也不离开群众”，是毛泽东在给马锡五奖状上的亲笔题词。

1942 年 10 月至 1943 年 1 月，中共中央西北局召开高级干部会议，讨论边区党务、政治、军事、文教等工作，为鼓励干部努力工作起见，特于闭幕之前，就几年来领导国民经济建设及公营经济事业成绩昭著而又刻苦奉公、在群众中有信仰之干部，选拔王震等 22 位，予以隆重奖励，由毛泽东亲笔逐一题字的奖状尤为珍贵。马锡五是这次受奖的 22 位模范之一，毛泽东在奖状上给他的题词就是“一刻也不离开群众”。

“一刻也不离开群众”，恰好是马锡五开展群众工作、处理党群关系的真实写照。

马锡五到底是怎样“一刻也不离开群众”的？了解这个史实，不仅是现在的需要，延安时期也非常注重这一点，用他的事迹教育党员干部，用党员干部的实际行动融洽党群关系。

马锡五祖籍陕西延川县马家圪塔，早年随刘志丹、谢子长参加革命，曾任陕甘省苏维埃政府粮食部部长等职。陕甘宁边区政府成立后，长期在庆（阳）环（县）分区、陇东分区工作，能深入群众知民情、解民忧，排解群众纠纷，被群众亲切地称为“马青天”。

关于马锡五的工作，边区政府和人民群众最看重的是他的司法工作成就，曾于 1944 年 1 月 6 日专门作出“提倡马锡五同志的审判方式，以便教育群众”的决定。1944 年 3 月 13 日,《解放日报》发表题为《马锡五同志的审判方式》的社论，提倡学习马锡五“一刻也不离开群众”的精神。或者，我们可以说，以马锡五为代表的“一刻也不离开群众”的做法，集中体现在他的司法工作中，但他的群众观点与处理党群关系的方法却具有较强的普遍性意义。

在《解放日报》上，人们是通过几则案例来诠释什么是马锡五审判方式的。

先看婚姻纠纷案例。

华池县温台区四乡封家园子居民封彦贵，有个女儿名叫捧儿，1928 年时许配给张金才次子张柏儿为妻，只因年纪小尚未过门。1931 年 5 月，封彦贵见女儿既已长大，而现时聘礼又复大增，遂企图赖婚。这位财迷心窍的老爷子一面教唆捧儿以“婚姻自主”为借口与张家解除婚约，一面却以法币 2400 元、硬币 48 元暗中将捧儿许给城壕川南源张宪芝之子为妻。

张家得知详情后便向政府告发，经华池县政府判决撤销与张宪芝之子的婚约。1932 年 2 月，捧儿赴赵家崾子钟聚宝家吃喜酒，遇张柏儿，由第三人介绍，虽未见面谈话，捧儿已表示愿与其结婚。但是，同年 3 月，封彦贵以法币 8000 元、硬币 20 元，哔叽布料 4 匹之数，将女儿另许配给庆阳新堡区朱寿昌为妻。张金才得悉后，立即纠集 20 人，携带棍棒等武器，于深夜闯入封彦贵家将捧儿抢回成婚。封彦贵到县政府控告张家，经审判，判处张金才徒刑六个月，张柏儿、封捧儿婚姻无效。

当时，封张两方均不服判决，附近群众也感到不满意。当时，正好马锡五赴华池巡视工作，受理上诉后，首先详询当地区乡干部，了解了实际情况；其次又问了附近许多群众，了解了一般舆论趋向；接下来就叫平日与封捧儿接近的人去与其谈话；再亲自切实征求她的意见，了解了她不愿与朱姓结婚，她说：“死也要与张柏儿结婚的。”全部真相既明，于是协同华池县同志举行群众性的公开审理，将与此案有关的人一并集合起来，审明：封姓屡卖女儿；张姓以张金才为首，张金贵为次，纠众抢亲属实。以后又征询封捧儿对婚事意见，与前述无异。最后征询到场群众对全案意见，一致认为：“封姓屡卖女儿，捣乱咱政府婚姻法，应受处罚。张家黑夜抢亲，既伤风化，并碍治安，使四邻害怕，以为盗贼临门，也应处罚，否则，以后大家仿效起来，还成什么世界。”群众特别关心的，就是张柏儿、封捧儿两人的婚姻问题，认为一对少年夫妇，没有问题，不能给拆散。

至此，一切都弄明白了，于是判决：张柏儿与封捧儿双方同意结婚，按婚姻自主原则，其婚姻准予有效；但不论新式旧式，均应采取合法手续，黑夜纠众实行抢亲，对地方治安及社会秩序妨碍极大，因之科处张金才、张金贵等以徒刑。其他附和者给予严厉之批评；封彦贵以女儿为货物，反复出卖，科苦役以示儆戒。

群众听到这一判决后，十分高兴，认为入情入理，非常恰当。各当事人听到这一判决后，受罚者也表示自己罪有应得，胜利者（如张柏儿、封捧儿）更是皆大欢喜。尤其重要的是，马锡五用最生动的实例当场教育了群众，教育了工作人员。

再看两个土地纠纷案例。

合永县五区六乡王家庄王治宽，父亲在世时买得高姓之地一块，计四段五亩，约据上写明东南北三面俱靠王统一家的地，西面为庄窑。王治宽企图霸占王统一家的一亩打粮场地地基，遂故意歪曲方向，把南面说成西面，因此发生土地纠纷。当时区乡干部及四邻群众出而调解，认定王治宽为无理。王治宽不服，告到合水县政府，县司法处只凭呈状所说，并未往实地调查，即将场地判归王治宽所有。王统一不服，上诉至分庭，双方辩论，各有各的道理。

马锡五随后派一位推事赴当地实际调查，协同县、区、乡许多干部及约据上所写有关房亲与证明人及四邻居住的老年人等共20余人（出卖人已经不在），一面展开约据，对照方向仔细丈量段数亩数，同时征询老年人及四邻意见，一点一滴加以研究。再审时，群众证人首先发言，干部接着发言，王治宽词穷理屈，遂主动承认自己的占地错误，自请处分，于是旁听群众都哈哈大笑起来。结果，经解释说服，土地仍归王统一，双方互请吃了饭，王治宽给王统一装了烟（农民敬人土俗），和解了事。由此一案，许多群众一致向马锡五欢呼："真是清官断案。"

合水县五区六乡丑家岘子丑怀荣拥有丑家梁山地；同区二乡丁家北堡子丁万福拥有川子河及附近山地。原来地广人稀，大家对土地都不很重视，八路军到来实行生产自给后，才注意起土地来。丁丑双方都企图扩大土地面积，于是丁姓从川子河山上向北发展，丑姓从丑家梁上向南发展。双方地界接触后，发生了冲突。1938年，该案讼至宁县政府（国民党政权），丑怀荣借助于该县保安队队长（侄女婿）之势，得到县政府发给补契承业执照一纸，不仅把丑家梁山地，而且把丁万福老业川子河及附近山地240多亩完全霸占。丁姓不服，上诉平凉高等法院（国民党政权），并于当地杀猪请客，以金钱笼络得力士绅及法院官吏。结果不仅收回川子河及附近山地，而且连丑家梁丑姓土地与坟墓一并归其所有。群众纷纷议论："贪赃枉法，徇情舞弊，两家都无理，谁有面子能抵事，谁有金钱能抵事。"

1940年，我合水县政权建立，丑姓又前来控诉。当时因百废待举，无暇详为研究，暂维持原状。1943年，经马锡五指派分庭石推事前往当地勘查，会同合水县人员至当地后，召集了四邻七八人，公正士绅与老年人4人，一个一个慢慢详谈，两天后才将以上情况调查清楚。第三天，召集群众及干部20余人。勘察地形，然后先与干部讨论，再征求一般群众及公正人士之意见。最后，以石推事与区长为首，又在基层干部及积极群众中组织了一批人，正式分头出面进行调解。在了解双方心理诉求的基础上，最后将川子河及附近山地判归丁姓，丑家梁山地判归丑姓，结果双方都乐意接受调解，最终同意了这一判决。于是，接下来的划定疆界、订立息讼契据等事项一气呵成，数年间争论未决的土地纠纷，4 天内就彻底解决，当事人与其他群众都说："政府处理案件，真正适合人心。"

马锡五的审判方式，完全、彻底地走群众路线，一刻也没有离开群众：

第一，他审判的前提是深入群众进行调查。以上面所举婚姻案来说，他不像华池县初判那样，不调查不研究，片面地认为张金才抢婚不当，于是张家一切都无理，既不征询婚姻当事人意见，也不追究封彦贵以女儿为财物反复高价出售之错误，只定了张家的罪；再以上面所举第一件土地纠纷案来说，他也不像合水县初判那样，不调查不研究，轻信呈状，草率判决，使狡黠者反获胜利。因此，他就能抓住案件关键，就能从本质上，而不是从现象上解决问题。他真正做到了林伯渠在边区政府工作报告里所说的"切实照顾边区人民的实际生活，切实调查研究案情的具体情况，分别其是非轻重"。

第二，他的审判坚持原则、坚决执行政府政策法令，又能照顾群众生活习惯、维护其基本利益，在此前提下合理调解。他的审判善于利用群众中有威信的人物进行解释说服工作，真正体现出一切为了群众，一切依靠群众的群众立场与群众观点。这在上面所列举的 3 个判例中都表现得非常清楚。因为站在群众的立场上想问题、办实事，把自己的身与心都放在群众一边，马锡五办案就能抓住所有人心，就能深入当事人的内心从根本上解决问题，而不是表面上只能一时缓解问题。正因为这样，他真正做到了边区政府所要求的，民事纠纷要"依双方自愿为原则的民间调解"。

第三，他的诉讼手续是简单轻便的，审判方法是座谈式而不是坐堂式的，把办案与群众的生产生活联系起来，极大地便利了群众。马锡五办案不敷衍、不拖延，无论是早晨还是晚上，无论是在山头还是在河边，群众随时随地都可要求拉话、审理案件。上述华池婚姻案，最初就是封捧儿在路上碰到马锡五后，把他拉到一棵树下告的状和受理的案件，这是方便群众的无缝接案。另外，马锡五每年总要往各县巡视数次，在巡视过程中，必严密检视监狱，查问犯人，遇有可以改造者，即令交保释放，以便增加我边区劳动力，增强生产，这是方便群众的无缝审案。

身入基层深入调查研究，心入群众照顾群众利益，上门办案真心服务群众，马锡五同志的审判方式，从接案调查到审判结案，真正一刻也没有离开过群众。